浙江省重点创新团队项目"网络媒体技术科技创新团队"资助项目

浙江省重点学科"新闻传播学"资助项目

浙江传媒学院重点研究机构"新闻传播研究院"资助项目

民意研究：

理论、方法与应用

方建移◎著

中国社会科学出版社

图书在版编目（CIP）数据

民意研究：理论、方法与应用/方建移著. —北京：中国社会科学
出版社，2015.10
ISBN 978 - 7 - 5161 - 6441 - 9

Ⅰ.①民…　Ⅱ.①方…　Ⅲ.①民意测验（人文区位学）—社会调
查—研究　Ⅳ.①C91 - 03

中国版本图书馆 CIP 数据核字（2015）第 152486 号

出 版 人	赵剑英	
责任编辑	郭晓鸿	
特约编辑	席建海	
责任校对	李　楠	
责任印制	戴　宽	

出　　版	中国社会科学出版社	
社　　址	北京鼓楼西大街甲 158 号	
邮　　编	100720	
网　　址	http://www.csspw.cn	
发 行 部	010 - 84083685	
门 市 部	010 - 84029450	
经　　销	新华书店及其他书店	

印　　装	北京君升印刷有限公司	
版　　次	2015 年 10 月第 1 版	
印　　次	2015 年 10 月第 1 次印刷	

开　　本	710 × 1000　1/16	
印　　张	21.25	
插　　页	2	
字　　数	363 千字	
定　　价	79.00 元	

凡购买中国社会科学出版社图书，如有质量问题请与本社营销中心联系调换
电话：010 - 84083683

目　录

前　言 …………………………………………………………（ 1 ）

第一部分　民意及民意研究的历史与现状

第一章　民意的本质与表现 ……………………………（ 3 ）
第一节　民调与民意 ………………………………………（ 3 ）
第二节　民意的表达——新闻 ……………………………（ 5 ）
第三节　社会精英的"民"意 ………………………………（ 10 ）
第四节　民意的另类表达 …………………………………（ 12 ）

第二章　民意调查的历史与现状 ………………………（ 18 ）
第一节　西方发达国家民意调查的历史 …………………（ 18 ）
第二节　欧美政府对民意调查的重视与运用 ……………（ 21 ）
第三节　我国民意调查的发展 ……………………………（ 24 ）

第二部分　民意研究理论

第三章　态度与态度改变 ………………………………（ 31 ）
第一节　什么是态度 ………………………………………（ 31 ）
第二节　知识、态度与行为 ………………………………（ 34 ）
第三节　态度的形成与改变 ………………………………（ 37 ）
第四节　态度的测量 ………………………………………（ 45 ）

第四章　沉默的螺旋 ……………………………………（ 50 ）
第一节　核心概念 …………………………………………（ 50 ）

第二节 理论观点 …………………………………………………… (53)

第三节 网络环境下的沉默的螺旋 ………………………………… (58)

第四节 对沉默的螺旋理论的批评与反思 ………………………… (62)

第五章 二级传播 …………………………………………………… (66)

第一节 源起与意义 ………………………………………………… (66)

第二节 核心概念 …………………………………………………… (71)

第三节 发展与应用:从二级到多级传播 ………………………… (74)

第六章 议程设置 …………………………………………………… (80)

第一节 议程设置理论的提出 ……………………………………… (80)

第二节 议程设置理论的发展 ……………………………………… (84)

第三节 网络环境下的议程设置 …………………………………… (89)

第四节 国内议程设置研究的现状与问题 ………………………… (92)

第三部分　民意研究抽样与设计

第七章 抽样 ………………………………………………………… (99)

第一节 为什么要进行抽样 ………………………………………… (99)

第二节 相关概念 …………………………………………………… (102)

第三节 抽样方法 …………………………………………………… (104)

第四节 抽样的一般步骤 …………………………………………… (107)

第八章 问卷设计 …………………………………………………… (109)

第一节 问卷的结构与类型 ………………………………………… (109)

第二节 问卷设计的原则与步骤 …………………………………… (113)

第三节 问卷设计的注意事项 ……………………………………… (116)

第四节 问卷质量的评估 …………………………………………… (116)

第九章 问卷的信度与效度分析 …………………………………… (120)

第一节 信度 ………………………………………………………… (120)

第二节 效度 ………………………………………………………… (126)

第三节 信度与效度的关系 ………………………………………… (130)

第四部分 民意研究的具体方法

第十章 电话调查 ………………………………………………… (133)
第一节 电话调查的优势与不足 ………………………………… (133)
第二节 电话调查的基本步骤 …………………………………… (136)
第三节 电话调查的抽样 ………………………………………… (137)
第四节 如何减少电话调查误差 ………………………………… (139)
第五节 计算机辅助电话调查 …………………………………… (143)

第十一章 自填问卷调查 …………………………………………… (148)
第一节 什么是自填问卷调查 …………………………………… (148)
第二节 自填问卷调查的优缺点 ………………………………… (150)
第三节 邮寄问卷调查 …………………………………………… (152)

第十二章 访问调查 ………………………………………………… (158)
第一节 什么是访问调查 ………………………………………… (158)
第二节 访问调查的抽样与测量问题 …………………………… (162)
第三节 小组访谈 ………………………………………………… (165)
第四节 计算机辅助访问调查 …………………………………… (168)

第十三章 内容分析法 ……………………………………………… (171)
第一节 什么是内容分析 ………………………………………… (171)
第二节 内容分析的步骤 ………………………………………… (174)
第三节 抽样与编码:两个关键步骤 …………………………… (178)
第四节 内容分析的应用 ………………………………………… (180)

第五部分 民意研究方法的新发展

第十四章 在线调查 ………………………………………………… (185)
第一节 数字化调查的发展及相关概念辨析 …………………… (185)
第二节 在线调查法的类型 ……………………………………… (190)
第三节 在线问卷调查的设计和组织实施 ……………………… (196)
第四节 在线调查法的特点和存在问题 ………………………… (205)

第十五章　协商民意调查 …………………………………………（213）

　　第一节　协商民意调查的理论基础 ………………………………（213）

　　第二节　协商民意调查的基本方法 ………………………………（215）

　　第三节　协商民意调查的实施 ……………………………………（222）

第十六章　网络舆情监测与语义分析 …………………………（235）

　　第一节　网络舆情新挑战 …………………………………………（235）

　　第二节　语义搜索与语义分析方法 ………………………………（238）

　　第三节　网络舆情语义分析的具体应用 …………………………（245）

第六部分　民意研究的应用

第十七章　政治选举 ……………………………………………（259）

　　第一节　民意调查与政治选举的渊源 ……………………………（259）

　　第二节　选举民调中的抽样 ………………………………………（263）

　　第三节　影响民调的主要因素 ……………………………………（265）

　　第四节　民意调查在国内干部选拔中的运用 ……………………（268）

第十八章　公共决策 ……………………………………………（272）

　　第一节　公民参与公共决策的意义 ………………………………（272）

　　第二节　民意调查——公民参与公共决策的重要方式 …………（279）

　　第三节　公共决策中民意调查的使用问题 ………………………（283）

　　第四节　完善民调制度，提高公共决策质量 ……………………（285）

第十九章　新闻报道 ……………………………………………（289）

　　第一节　新闻媒体与民意调查的渊源 ……………………………（289）

　　第二节　我国民意调查报道的发展阶段及其特点 ………………（294）

　　第三节　民意调查报道存在的问题 ………………………………（296）

附录　世界民意研究会（WAPOR）专业守则 ………………（304）

参考文献 …………………………………………………………（308）

前　言

Public Opinion "是社会科学中最重要、最恒久的词"（Price, V., 1992），也是社会科学研究中最具跨学科性质的术语之一。对政治学研究而言，它是民主理论的核心概念，可用以检验政府的政治决策是否反映公众意愿。对历史学家来说，它是理解社会变迁以及重大历史事件发展或演变方式的因子之一。社会心理学家则将之视为影响公共领域中个体行为的一种力量，以及作为不确定情境中决策的一种辅助（Hofstätter, 1971）。而法学研究者感兴趣的是，立法和司法应该在多大程度上反映民意的变化。Public Opinion 也是社会控制理论和社会规范执行理论中的重要概念，许多社会学家将之作为"大众社会"中具有威胁性质的一种现象进行研究。传播学者则将大众媒体看作了解公众所思所想的信源之一，并通过研究大众媒体对民意的影响，用以描述民意并解释民意的变迁。

Public Opinion 一词在汉语中有多个对应的"称呼"，如民意、舆论、舆情、群意等，但这些"称呼"其实存在着一定的内涵差异。有研究者（王来华、林竹、毕宏音，2004）认为，舆情与民意在概念上的相似性更强，而跟舆论在概念上的相似性较弱。舆情和民意都包括公开与不公开的"民众意见"，但不一定是媒体上的信息，也不一定完全依赖媒体上所呈现的思想或观点。舆论则从了解公开的意见出发，更加倚重各类媒体中表达的信息，也更加强调大众传媒与舆论之间的关系。国内研究者似乎更偏爱"舆情"这个词，但本书不打算"从众"，倾向于使用"民意"一词。这主要基于几点考虑：第一，民意这一概念外延更宽泛，它不仅包含媒体上公开的意见，而且包括那些未经公开但又可通过科学方法测量的"沉默的声音"；第二，舆情蕴含着"有情况"之意，在现有语境中，它常常跟"应对"联系在一起，让人觉得舆情就是指那些不期而至的、令人棘手的情况；第三，采用民意一词有利于跟包括港、澳、台在内的各方学者进行学术沟通，有利于在"世界民意研究会"这类行业框架中进行业务交流。

有两项技术改变了现代政治体制，这就是电视和民意研究。电视将政治普及到社会的每个角落，一些研究者甚至认为它已取代传统的政治体制而成为权力的中心。运用现代调查技术进行民意研究，似乎已成为民主国家政治决策的基础。电视以及今天已经普及的互联网，跟民意研究一道，已经成为当今政治选举、公共决策的重要组成部分。当然，也有人对民意调查提出质疑：从总体中所抽取的样本所获得的数据跟民主理论研究者的经验是否存在关联？用样本所测量的多数人的民意存在多少的"理性"？我们是否能够或者必须避免公民受到所发表的民调数据的影响？更何况，民意不一定等同于民调数字所展示的内容，因为公众除了在投票时、在回答民调问题时发出自己的声音外，还可以通过签署请愿书，举行罢工、集会、游行、示威，采取不配合、不服从，甚至采取参与社会革命或犯罪等极端方式，来表达自己的不同意见。

现代民意研究发端于20世纪30年代现代调查技术的出现，它是在统计学、心理学、社会学等诸多学科的滋养下，得以逐步成长和发展起来的。自1935年盖洛普创建美国民意研究所以来，民意调查在抽样方法、访问方式、误差控制、理论阐释等方面均取得了快速的发展。20世纪70年代后，计算机辅助电话调查、计算机辅助面访、计算机辅助自主访问、计算机辅助网络调查系统相继得到应用。调查方法的科学规范为调查结果的客观、公正提供了可靠的保证。然而，民意研究不仅仅是民意调查，民意调查也不仅仅是定量的调查。近年来，在线调查、协商性民调、网络语义搜索与分析等新方法的诞生与应用，进一步促进了民意研究行业的发展。

民意调查应用广泛。在西方国家，自科学的民意调查诞生之日起，就与政治、经济等领域的运用联系在一起。如今，民意调查除了用于政治选举外，还广泛应用于调查人们对某项政策、某种产品、某个事件以及社会福利、环境污染、种族偏见、吸毒现象等问题的态度。

在中国大陆，民意调查日益受到重视，但在调查机构、调查内容、调查方法、调查结果使用等方面均存在不同程度的问题。虽然近年来有关民意调查的著作和论文增长很快，但从内容上可以看到这样一个现象，即舆情研究多，民意研究少；网络民意研究多，科学民调研究少；民意解读研究多，民调方法研究少。可以说，民意研究还没有为决策的科学化和民主化发挥应有的作用。近年来围绕 PX 项目、垃圾处理、城市管理等议题进行公共决策时所呈现的"沉默立项开始，聚众反对叫停"[①]，一次又一次地证明，要走出这一怪圈，必须重视民意研究，及时把握公众的立场和态

---

① 参见 2014 年 5 月 12 日央视新闻频道节目《新闻 1 + 1》：《"城市垃圾"为何变成"情绪垃圾"？》。

度，并在此基础上进行有效的社会沟通和舆论引导。只有这样，才能提升公共决策的科学性，降低政策执行的成本，促进社会的稳定和谐。在媒介高度发达的现代社会，公民参与已成为社会生活不可或缺的一部分，也是政府和公共管理者必须面对的环境和情形。将民意研究狭义化地理解为舆情应对，将舆论引导简单化地等同于突发事件、负面事件处理中的信息屏蔽或发布，这样的思维或行为不仅不合时宜，而且必将导致"适得其反"的后果。

本书将民意研究作为一个完整的系统进行分析阐述，旨在使读者对之形成一个较为完整的理解，并能运用书中的相关方法开展民意研究。本书既有相关的概念辨析，也有研究的历史与现状；既介绍民意调查的经典方法，也介绍近年来民意研究方法的新发展；既包括民意形成与发展的理论，也包括民意调查在一些主要领域的应用。希望本书的出版对于民意调查的实施者选择合适的调查方法、规避相关的错误和误差具有一定的实践意义，对民意研究者的理论创新、民调选题的价值导向和民调方法的科学规范提供一定的启示。

本书由六个部分组成，共计十九章，外加一则附录。

第一部分：民意及民意研究的历史与现状，包括两章内容。

第一章"民意的本质与表现"，主要阐述民意与民调的关系，民意的表达途径以及社会精英的"民意"；

第二章"民意调查的历史与现状"，包括西方发达国家民意调查的历史与现状、欧美国家政府对民意调查的运用，以及我国大陆和港台地区民意调查的发展状况。

第二部分：民意研究的主要理论，包括四章内容。

第三章以心理学为视角阐述民意的形成与改变，主要介绍态度的结构、态度形成与改变、态度的测量，以及知识、态度与行为的关系；

第四—六章以传播学为视角阐述与民意形成密切相关的三个理论，即沉默的螺旋、两级传播和议程设置。

第三部分：民意调查抽样与设计，包括三章内容。

第七章阐述抽样的目的、概念、方法和步骤；

第八章介绍问卷的结构与类型、问卷设计的步骤与注意事项，以及问卷质量的评估；

第九章阐述检验问卷设计质量的两大指标——信度与效度，以及信度与效度的关系。

第四部分：民意研究具体方法，包括四章内容。除了阐述电话调查、自填问卷调查、访问调查等常用的传统民调方法外，还添加了一章内容分析，因为民意研究不仅仅是民意调查，对现有的文献资料特别是媒体报道内容的系统分析，有助于探究民意变化的轨迹和深层次因素。

第五部分：民意研究方法的新发展，包括三章内容。民意研究不仅仅是定量的调查，也包括定性的分析。该部分除介绍近年来运用较广但颇受争议的在线调查外，还设专章阐述仍处于探索与试验阶段的协商性民调（DP），以及这几年兴起的网络语义搜索与分析方法。

第六部分：民意研究的运用，包括三章内容。分别从政治选举、公共政策、新闻报道三个方面介绍民意研究理论与方法的应用，以及应用中存在的问题。

附录：世界民意研究会（WAPOR）专业守则。为推动民意调查的科学应用及履行机构的公众责任，世界民意研究会专门制定会员专业守则，要求其成员恪守，以维护公众的信心，保护公众免受鱼目混珠的"研究"的误导或利用。最新版的专业守则自2011年12月1日起生效。

这本书从构思到完成费时整整三年。三年来，我时时鞭策自己，提醒自己不能懈怠。"久孕不育"是一种煎熬，但随着资料的日益丰富，写作思路的日益清晰，写就的初稿日益丰厚，就像孕妇看着日渐隆起的肚子，成就感也越来越强烈。在付梓之际，我要特别感谢几位友人的协助：崔波博士、孟慧丽博士和黄宏讲师分别撰写了第十五章（协商民意调查）、第五章（二级传播）、第十四章（在线调查），上海易步信息技术有限公司总经理张克旭博士撰写了第十六章（网络舆情监测与语义分析），浙江传媒学院管理学院葛进平教授和复旦大学在读硕士生马剑通读了全部书稿并提出了诸多意见，在此谨表深深的谢意。

近年来，本人一直致力于受众心理和民意调查等领域的教学与研究，通过学术会议等平台与国内外同行进行了多种形式的交流，受益匪浅。2012年，本人申请的"公共决策与舆情研究实践基地"获得了浙江省提升地方高校办学水平专项资金的资助，这为民意研究服务于公共决策提供了良好的物质基础。一些党政机关、企事业单位对我们所完成的舆情研究报告的肯定成为我们进一步要求自己、提升研究水平的动力。2014年所中标的杭州市决策咨询委招标课题《重大政策、重大项目决策的社会沟通协商和舆情应对机制研究》进一步坚定了我们将民意研究服务于公共决策的决心。

由于本人水平有限，错误和疏漏之处在所难免，在此诚恳地请各位同行和读者提出批评，给予指正。

第一部分

民意及民意研究的历史与现状

第一章 民意的本质与表现

Public Opinion（民意）这一概念诞生于欧洲的启蒙运动，不过"Public（公众）"和"Opinion（意见）"这两个词单独使用具有更悠久的历史。在国内，民意也称为舆论、舆情、群意等，尽管它们之间存在一定的内涵差异。天津社会科学院舆情研究所的王来华等研究者曾撰文对舆情、民意和舆论几个概念进行辨析，认为舆情与民意在概念上的相似性更强，而跟舆论概念的相似性较弱（王来华、林竹、毕宏音，2004）。舆情和民意都包括公开与不公开的"民众意愿"，但不一定是媒体上的信息，也不一定完全依靠媒体上的思想或意见信息。舆论则从了解公开的意见出发，更加倚重各类媒体中表达的信息，也更加强调大众传媒与舆论之间的关系。本书不打算对这些概念做进一步的区分，而是在一般意义上等同使用这些词汇，即本书所涉及的舆论、舆情、民意，均指公众对所关心的社会事务、事件和问题等所持的公开或非公开表达的意见。正如普赖斯所认为的，Public Opinion"是社会科学中最重要、最恒久的词"（Price, V., 1992, p. 1）。尽管对它的界定还不统一，但不管怎样，它已经受到不同领域和学科的学者们越来越多的关注。

第一节 民调与民意

一 何谓民意

"民意"一词似乎通俗易懂，无论是普通民众还是诸如政治学、传播学等领域的学者都广泛使用之，然而对其内涵进行界定，却不是一件容易的事。1965 年，哈伍德·切尔兹（Harwood Childs）在遍查相关文献后，总结出 50 种定义。1968 年，戴维森（W. Phillips Davison）为《国际社会科学百科全书》撰写了"民意"这一条目，并得出结论说"对于这个词，还没有一个普遍意义上公认的定义"（p. 188）。此后，民意定义并没有变得更清晰，在经过了差不多半个世纪的实证研究之后也没有太大的改变。

对民意的界定之所以存在分歧，一是由于民意研究者的学科背景和观念上的差异，二是由于研究者对民意的了解是基于不完全相同的事实。政治学者和历史学者倾向于强调民意在政府公共决策中的角色，心理学者则强调公众意见表达的心理过程，而社会学者通常认为民意是社会互动和传播的产物。

如果有人从社会科学发展整个历史背景去考察"民意"这一术语，并试图去构建一个"术语家谱"，就会清晰地发现五个不同的研究传统。一是政治学传统，以哈贝马斯的著作为代表，民意是描述理想过程的规范性概念，通过民意，有教养的市民可以在知识和良好意愿的基础上实现理性的判断，并最大程度地造福于社会。二是实用主义的传统，以李普曼（1922）和麦克卢汉（1970）的著作为代表，民意被视为帮助人们应对社会现实之复杂性的社会制度。李普曼更关心新闻，而麦克卢汉将民意作为一种工具用以将政治议程简化为少数可控制的议题和政策。三是社会学传统，民意被看作一种制度，通过这一制度，社会可对个体施加影响。"社会控制是从根本上关注人类世界的秩序"（Landis，1956，p. 12），而民意是创造人际和谐的力量之一。四是调查研究传统，发端于 20 世纪 30 年代现代调查技术的出现。它将民意定义为一种测量，即通过有代表性的样本来测量人们对某一问题的看法，这是最简单、最直截了当的对民意的界定。五是社会心理学的研究传统，它跟社会学研究传统最接近，但是综合了前面所提到的四种研究传统的要素。在社会心理学看来，民意是指人们对于某一有争议议题的意见分布，或对或错，部分意见被认为是社会的主流意见，并影响个体在公众场合谈论自己所持意见的意愿。这就是诺依曼"沉默的螺旋理论"的核心。

二　民调结果不等于民意

根据上述分析可知，民意调查只是民意研究的五个传统之一。民意调查，也称民意测验，是迅速、准确地收集公众对公共事务的意见，以考察公众态度变化的研究方法。民意调查是对公众意见的一种科学调查、分析和研究（王石番，1995 年）。民意调查的功能，主要是为了了解各阶层民众对于公共事务的看法，并作为政府政策制定、执行以及检讨的参考依据。

然而，民意在很多情况下并不等同于民意调查所测量的结果，被调查者对民调问题的即时性回答只是反映了部分民意，民意还包括人们头脑中深层次的价值，以及李普曼称之为我们头脑中对于外部世界的图画。如果只是简单地将民调结果视为民意，那么它是否意味着，没有民意调查的时候和尚未进行民意调查的地方就没有民意？

民意调查自 1935 年在美国兴起以来，在方法和技术上都取得了长足的进步，但质疑声从未停止。这些质疑包括：（1）民调只是对个人意见的汇总，但忽略了个人意见的相对重要性，也漠视了样本以外可能存在的不同意见；（2）民调结果不见得是被调查者基于事实或个人经验、经过理性判断而表达的真实想法；（3）不当的民调可能误导民意；（4）问卷设计、抽样、调查时机与情境的不当，以及统计分析可能存在的瑕疵，都可能致使民调结果不能准确反映真实的民意；（5）民调机构的独立性问题。民调机构如果依附于政府或某一利益集团，就难以确保信息不被筛选。20 世纪 60 年代，美国国会曾要求政府与其主办的所有民调机构脱钩，其核心即在于解除利益牵扯。

尽管民意调查遭受着这样那样的质疑，民调结果也并不完全等同于真实的民意，但不可否认的是，设计缜密、实施科学的民意调查仍是准确获取民意的主要手段。

第二节 民意的表达——新闻

如今的新闻媒体不仅仅起着监督社会不良行为、维护公民对公共事务关注的职责，它们还被赋予引领公共辩论的角色。一次面向德国、瑞典、意大利、英国和美国五个西方民主国家所进行的研究发现，每个国家的记者都认为"新闻报道"要比"国会辩论"更能准确地表达民意（Patterson & Donsbach，1992）。

美国著名记者李普曼（1922，p. 19）认为，民意如果要发出声音，就必须根据新闻的要求进行组织。然而，也有研究表明，新闻内容并不能很好地反映公民的所思所行。与某些记者所认为的不同，新闻并不是社会的"镜子"（Mickelson，1972），而只是对现实进行描述的可选版本之一，新闻记者根据某些常规提供有限的民意，有时甚至是误导的民意。

一 新闻中的民调

民调是新闻报道的一个经常性的组成部分，尤其是在选举期间

（Welch，2002）。美国总统大选期间，如果哪一天不发布新的民调，那是很稀罕奇怪的（Erikson & Wlezien，1999）。有研究者统计，在2004年大选的最后两个月里，由少数几家美国主流媒体发布的各种民调有200多项（Rosenstiel，2005）。一些国家的媒体尽管不一定受到民调的驱动，但其新闻报道越来越多地包括民调结果却是不争的事实（Brettschneider，1997；Hardmeier，1999；Anderson，2000）。

在报道民调时，如今的新闻记者通常会提到抽样误差，这相比以前是一种进步（Patterson，2005）。然而，研究也表明，新闻记者在解释民调数据时难以始终尊重这一参数。在选举中，最新的民调与前一次民调之间的微小差异，尽管在抽样误差范围之内，也常常被描述成民意的真实变化（Erikson & Wlezien，1999）。肖和罗伯茨（Shaw and Roberts，2000）认为，在一个相对较短的时间段内民调结果的小小变化，如果不是因为出现特别引人关注的事件，通常可归结于民调误差而不是真实的民意变化。

新闻记者常常根据民调数字对候选人和选民进行分析。瑞伊（Rhee，1996）研究发现，随着新闻报道中民调内容的增加，有关候选人竞选策略的报道也会增加。新闻记者想当然地使用民调数据，以此来断言候选人的竞选策略有没有获得预期的效果。他们眼睛盯着候选人，对民调结果的解释总是着眼于候选人试图获得什么，而不是公众的意见，这种倾向源于记者早已养成的通过领导人的言行来挖掘新闻的习惯。

二　新闻媒体的过滤

媒体对现实世界的描述充其量只是一张不那么精确的地图，这是因为新闻媒体可能从三个方面对现实世界进行过滤：时新性、事件、领导人。

1. 时新性

《纽约时报》的詹姆斯·赖斯顿[①]曾将新闻报道描述为"对'现在'的令人兴奋的搜索"（Taylor，1990，p. 25）。最新消息会迅速替代老消息，新闻更新的速度以及对新鲜故事的不间断搜索，驱动着新闻记者不断关注事件的发展。例如，2006年2月，美国许多报刊在头版大量报道南部农村教堂的爆炸案以及阿拉伯世界的骚乱，但很快这些主题就从头版消失了，当然不是因为这些问题都得到了解决，而是这些新闻被美国时任副总统切尼在得克萨斯狩猎时不慎打中同伴的新闻所取代。有关切尼的这些

---

① James Reston，1909—1995年，美国著名记者，曾任职于美联社、纽约时报社，1961年荣获密苏里大学新闻学院荣誉奖，1991年荣获四大自由奖，被誉为"美利坚的良知"、"继李普曼之后最卓越的新闻人"等，著有回忆录《截稿线》。

新闻占据头条整整一个星期，尔后，它也同样不见踪影。

在新闻以外的世界里，议题源于社会问题和价值观，并被编织成社会网络。但新闻的根基要浅得多，它是对当前事件发展的选择性描述。议题丰富多样，但能否成为新闻，依赖于这些议题是否具有新闻记者视为新闻的价值。突发性事件能够攫取新闻记者的视线，而习以为常的问题则不能。

在其他条件等同的情况下，大问题要比小问题更能获得关注。然而，在新闻世界里，"其他条件"很难等同。时新性和破坏性要胜过规律性。20 世纪 40 年代末至 50 年代，随着每天数以百计的非洲裔美国人迁入北方一些城市寻找工作，原先的白人定居者因担忧种族冲突以及受到郊区环境的诱惑，纷纷迁出市中心。在短短的十几年里，美国城市的政治、社会和经济版图发生了很大的变化。可以说，在 20 世纪中叶，很少有什么事件可跟南部黑人的北迁相提并论，它对美国社会产生了巨大的影响，但这件事却很少在新闻中提及，在头条中出现更是凤毛麟角。直到 20 世纪 60 年代，当黑人社区压抑已久的挫折和怒火演变成暴力时，美国的城市转型才引起新闻记者的关注。1992 年，洛杉矶一名白人警察野蛮殴打手无寸铁的黑人却被全部由白人组成的陪审团宣判无罪释放后，这一愤怒的情景和相关的报道再次出现。在以上每一个例子中，新闻报道都是随着暴力的升级而升级，也随着暴力的消失而消退。

关于"元叙述"——具有自身生命周期的故事情节（Rosenstiel，2004）——的研究，再次验证了新闻报道并不一定是客观世界的真实反映。布林顿及其同事（Blendon, etc., 1997）研究指出，大多数美国人认为通货膨胀、失业、犯罪和联邦预算赤字在过去五年里变得越来越糟，而事实并非如此。研究者据此认为，媒体不间断地唱衰政府是一个主要的因素。凯普林格（Kepplinger, 1989）根据他关于德国人对环境污染之民意的研究得出了类似的结论。这些研究都提出了这样一个问题，即新闻记者是如何形成其关于社会现状的判断的？当他们的判断发生偏离时，有没有对其进行提醒的反馈机制？

2. 事件

新闻大多是关于事件的。尽管没有什么精确的标准来判断哪些事件会受到关注，但过去一天所发生的事件应该是新闻的焦点。与之相应，只有那些具有事件形态的议题才有可能出现在新闻中。尼斯贝特和卢恩斯坦（Nisbet and Lewenstein, 2002）研究发现，在过去的 30 年里，除了克隆议题外，生物技术只是在取得重大的科学突破时才成为新闻议题。另一个例子是美国 9·11 之前关于恐怖主义的报道。斯托林（Storin, 2002）发现，尽管媒体对 1993 年发生在世贸中心的袭击、1998 年同一天发生在美国驻肯尼亚和坦桑尼亚大使馆的爆炸，以及 2000 年发生在也门港的针对美国科尔号舰船的爆炸事件都进行了密集的报道，但它们没有突出恐怖主义这一更大的议题。媒体完全忽视了政府对于不断增长的恐怖主义威胁的警告，即便是美国的顶级报纸也对政府在这些事件发生之前发出的警告视而不见，没有新闻记者对 9·11 恐怖袭击之前所发生的这三起重大的恐怖事件之间是否存在关联进行探究。

如果没有刺激性的突发事件，社会问题很少受到新闻媒体的关注。大多数社会问题今天看跟昨天看都是一样的，这使其新闻价值大大下降。相反，任何以刺激性的形式出现的事件，即便是常规性的，也会受到新闻媒体的关注。犯罪就是一个明显的例子。犯罪就是事件，在每个案例中都有犯罪行为、受害者、犯罪主体、时间和地点。毫不奇怪，犯罪一直是新闻报道的一个主要内容，有时还是核心内容。1992—1993 年间，美国电视中犯罪报道的数量扩大了三倍。在广播电视节目中，关于犯罪的报道超过了其他所有议题，包括经济、保健和波斯尼亚危机，这对民意产生了极大的影响。在过去的几十年里，将犯罪列为首要问题的美国人不超过 8%。然而，在 1994 年 8 月份的盖洛普民调中，出乎意料的有 39% 的美国人将之视为这个国家最大的议题，尽管美国司法部的统计数字表明，包括暴力犯罪在内的犯罪率在最近三年里一直呈下降趋势（Patterson，1999，p. 308）。

那么，新闻报道完全偏离了社会现实了吗？一些研究对同一时段的新闻报道与政策发展进行内容分析，结果表明，新闻现实与社会现实之间常常是不一致的。韦斯特斯达尔和约翰森（Westerstahl and Johansson，1986）研究了瑞典 7 个主要政策领域（包括经济、犯罪和国防等）的新闻报道，发现几乎不存在"事实与报道相一致的情况"（p. 141）。里奇特和斯密斯（Lichter and Smith，1994）在美国的一项研究比较了 1982—1987 年间的经济报道和经济数据，得出了类似的结论。事实上，他们发现两者之间还有着负相关，即"随着经济的增长，经济新闻却变得越来越悲观，悲观报道的比率从该项研究第一年的 5∶1 发展到最后一年的 7∶1"（p. 84）。

这些研究表明，新闻短视可能缘于记者通过事件这一有色眼镜看待社会。事件就像轶闻，它们只是例子，而不是系统的观察。凯普林格和哈伯迈尔（Kepplinger and Habermeier，1995）在一项有关德国媒体的研究中发现，一些关键性的事件改变了记者对新闻的选择。当某一重大的事件发生时，新闻记者往往寻找并报道类似的事件，因此给人们一个印象，即类似事件的频率和数量都增加了，即便实证数据表明并非如此。

艾杨格（Iyengar，1991）研究发现，电视记者只是偶尔根据新闻主题对基于事件的故事进行架构，也就是说，将之纳入更大的现实背景进行报道。当记者根据主题架构新闻事实时，观众通常会考虑社会现状与公共政策之间的关联。然而，这类报道只占基于事件之报道的一小部分。新闻记者通常运用情节框架，即聚焦于某个特定的事件而不是把它放在一个更大的背景中。情节框架使观众更加关注直接涉入的个体，而没有将之跟更广义的社会联系起来。尽管艾杨格的研究促进了框架效应的研究，但它并没有激发研究者利用内容分析来考察记者运用情节框架与主题框架的不同情境。

3. 领导人

从传统意义上说，新闻是关于大人物的故事。新闻记者聚焦于可以找到大人物的地方，大多数报道也源于大人物的所作所为。例行的官方活动——新闻发布会、国会辩论、公开演说等等，这是政治报道的主要内容。正如斯蒂尔（Steele，1995）所指出的，记者具有支持最高领导人的"操作性偏差"。即便新闻记者将视线转向官方圈子以外的地方，也通常是专家和前官员，这些人被视为政策共同体的组成部分，他们关于政府内部所发生的事件的权威陈述是可靠的。普通公民以及其所代表的民意，处在新闻金字塔的底端，它只是作为官方行为的背景，只是在赋权或限制高层领导的情况下才被赋予重要的位置（Weaver，1972，p. 69）。

新闻记者依赖信息来源，而提供信息来源的大多是高层官员。如果高层官员同意某种做法，与之相左的意见就往往被媒体所忽略，即便这一意见广为流传。只有当高层领导人的意见发生分歧时，新闻记者才会听取草根民意。本奈特（Bennett）据此认为，这一倾向使得高层官员能够"对民意做出自己的界定"（p. 123）。

我们必须首先考察新闻在多大程度上反映了民意。一些研究考察了精英群体在新闻报道中的分布情况，这些精英群体包括候选人、议员、首席执行官等等。在什么情况下，某个群体能够成为新闻的主体？是什么决定了其在新闻中表征的方式？对某个未做报道的群体的突然关注会提升新闻记者对其他群体的意识吗？在选择过程中存在意识形态和阶级偏见吗？这些都是相关研究所要探索的内容。

由此可见，新闻世界里有价值的是时新性，那些比较突出的事件远比将这些事件推向人们视野的社会力量更引人关注，民意也只有在官方行动的情境中才能变成新闻。然而，我们不能据此认为，所有的新闻媒体都会以大致相同的方式处理民意。即便同在西方国家的新闻体系中，处理民意的方式也有着重要的差异（Hallin & Mancini，2004）。跟英美国家相比，欧洲大陆的新闻记者更不易受到时间、事件和领导人这些因素的驱动（Donsbach & Patterson，2004）。比如，德国的新闻记者在某种程度上将自己视为社会分析家，在某种程度上承担着研判社会趋势的责任（Kocher，1986）。

第三节　社会精英的"民"意

精英阶层作为社会的重要组成部分，其意见往往举足轻重。

在多元化社会中，权力和影响力依赖于各种各样的资源，其中最重要的资源就是政权、司法自由裁量权、经济权力，以及专业知识及其对民意的影响力。精英通常被认为是政治机构和私人组织中处于现任领导地位的人，他们利用对组织内部权力资源的控制，实现对重要决策的影响。

精英们经常性地参与政治事务，他们对政治的了解一般比普通公众多。这是因为他们对公共事务具有更强烈的兴趣，更多地参与公共政策协商，并经常性地跟其他组织的精英互动。可以认为，精英们的价值取向和政治态度不同于普通民众。因此，要研究民意形成的决定性因素，光靠民意调查是不够的，通过对精英的研究获取相关的补充资料是必要的。

一　运用结构性问卷研究精英

尽管基于概率抽样的一般人口调查已广被接受，但对于能否运用结构性问卷研究精英群体，却始终存在极大的争议。许多学者声称，精英们不愿意暴露自己真实的想法，而且对结构性问卷反感，因为他们认为其政治观点的独特性无法用那些带有固定选项的问卷进行测量。因此，一直有人认为精英调查需要采取不同的方法，这使得对精英—普通大众进行比较研究即便不是不可能，也变得非常困难了。

然而，在各个不同国家快速增加的精英调查已经表明，研究精英并非想象中的那么困难。经验表明，只有极少数精英拒绝接受结构性问卷调查。而且，在被调查的精英中因"不知道"或拒绝回答而遗漏的值往往更少（cf. Wildenmann，Kaase，Hoffmann-Lange，Kutteroff，& Wolf，1982，p. 20；Czudnowski，1987；Sinclair & Brady，1987）。不过应答率总体偏低，这主要是因为精英阶层一般都是忙人，即便他们愿意，也常常挤不出时间来完成费时较长的访谈。时间限制以及对研究目的和研究者的不信任都是应答率不高的原因。因此，组织对精英们的现场调查，需要花费更多的努力来解释研究目的，预约好时间并切实完成访谈。应答率还因研究所涉及的精英所处的部门而异。对于国会议员的调查，应答率跟一般人口调查差不多，但企业精英、军事精英和宗教领袖的应答率往往要低一些，更不用说那些对政治不满的"在野精英"了（Wagstaffe & Moyser, 1987）。

与普通民意调查相比，对精英的调查要少得多，同时包括精英和非精英的研究更是少之又少。而且，大多数同时包括精英和非精英的研究往往局限于对民主政体里的国会议员和选民进行比较。这些研究的优点不容否认，但显而易见我们还需要更全面的精英调查，即研究各个不同领域的精英，以更好地考察精英态度和意见的区分性特征。遗憾的是，这类研究很少。目前最有影响的研究是 1981 年和 1985 年在德国进行的两次综合性调查，既包括了广泛类别的高层精英，也包括了领域广泛的普遍大众（Hoffmann-Lange, 1992；Burklin & Rebenstorf, 1997）。此外，一些社区调查也包含了同时对精英和普通选民的访谈（如德国的 Arzberger, 1980；英国的 Parry, Moyser, & Day, 1992）。美国有两项对公民自由主义的态度调查也提供了精英和非精英的数据（McClosky & Brill, 1983；Lock, 1999）。

二 社会精英与非精英的对比研究

西方国家一些研究考察了社会精英与普通大众在民主价值理解上的差异，如赫伯特·麦克洛斯基（Herbert McClosky）研究表明，对于民主根本原则（普遍选举权、自由的竞争性选举、大多数原则）的支持，政治精英与普通大众接近，而对于不那么显而易见的制度意义，如法律法规、公民自由和少数人的权利、政治平等、有组织地进行反对的权利、党派竞争、自由市场经济等，则普通大众的支持要低于精英们（McClosky, 1964）。麦克洛斯基由此得出结论，精英阶层应该被视为"民主信念"的主要承担者。此后在美国和其他国家的一些调查也证实了这一结论。

对于社会精英与普通大众的区别，可以用几个因素进行解释。一是精英们的受教育水平更高。二是精英们享受着更安全的社会地位，因此更能够容忍持不同意见的少数群体。三是精英们被认为更倾向于支持现有的政治秩序，因为这一秩序为他们提供了优越的社会地位。关于这些论点的总结，可参见麦克洛斯基和布里尔（McClosky and Brill, 1983）以及洛克

（Lock，1999）的相关文章。

尽管上述提到的研究都是在社会经济水平较为发达的西方发达国家进行的，但其中的一些实证数据仍能给我们提供启示。首先，社会精英与非精英之间存在的实质性差异表明，精英政治文化本身就是一个值得研究的主题。精英的价值取向和政治态度不能简单地从有关总人口的调查中进行推论，相反，需要开展一些比较社会精英与普通大众民意的专门调查。其次，所有的研究都表明，正规教育对于个体意见的形成具有重大的影响。较高的教育水平不仅可以培育公民对社会和政治事务的兴趣及参与度，政治知识水平较高也意味着公民能够更好地理解社会与政治制度运行的方式，以及具体政策议题与更抽象的价值和意识形态之间的关联。

当然，现有研究数据也表明，无论是社会精英还是非精英都不应被看作一个统一的整体。相反，两者都因年龄、教育水平、政治思想、所属政党和专业背景的不同存在内部差异。因此，对精英与非精英的分析应该进一步考察这些方面的因素。

第四节 民意的另类表达

公众有多种方法对公共事务发出自己的声音，在投票时、在回答民调问题时，这种声音大多是直接的。当然这不是他们仅有的选择。站在与国家机器的对立面，他们既可以采取不配合、不服从等消极方式，也可以通过签署请愿书、举行罢工、集会、游行、示威等来表达自己的不同意见，甚至采取参与社会革命或犯罪等极端方式。人们采取这些另类的民意表达方法，大多是因为常规方法难以奏效。这些另类的民意表达与选举和民调所展示的民意往往是相冲突的。

近年来，随着公民意识的逐渐觉醒，这对社会问题的表达诉求也日益强烈，然而民意机构与民意通道却难以满足公众的表达愿望，导致群体性事件及其他非理性表达方式的频发，对社会稳定构成了显而易见的威胁。

没有自由顺畅的利益表达或民意表达就不可能建设真正意义上的和谐社会。虽然理论上我们似乎从不缺乏公众表达民意、反映意见的渠道，诸如人大、政协职能的发挥，还有各类民主恳谈会以及市长信箱、市长热线等形式，但实际操作中民意表达渠道却往往未能实现真正顺畅，甚至不时出现"肠梗阻"现象。因此，公众除了通过听证会、信访以及各类民意调查等体制内的表达方式外，还不得不通过签署请愿书、集会、游行、罢工,甚至诉诸暴力的方式,对普遍关心的社会问题表达自己的意见。我们将这类体制外的、非正式的,特别是非理性的民意表达方式称为民意的另类表达。在各类矛盾凸显的当今社会,研究另类的民意表达所蕴含的民意,并基于此进行有效的舆论引导,具有重要的现实意义。

限于篇幅,本节主要讨论网络民意表达、手机短信、群体性事件等近年来比较突出的几种另类表达。

一 网络民意表达

网络民意表达既有积极促进社会发展进程的一面,也存在着非理性的一面。当前,互联网已经成为国内影响最大、势头最盛的民意平台。据中国互联网络信息中心发布的第 33 次"中国互联网络发展状况统计报告",截至 2013 年 12 月 31 日,我国网民的数量已达到 6.18 亿人,其中超过一半的人是高中以上受教育程度,将近 3/4 居住在城市地区,九成以上处于劳动力年龄段。因此,把网民整体上视为中国社会的主流人群、把网民整体的意见视为主流民意、把网民整体中的不同意见视为整个社会多元化的反映,是符合事实、合乎情理的。随着网民数量的增加,中国普通民众在网络上发出的声音也得到了前所未有的重视。一些高层官员常常通过互联网络倾听网友的意见和建议,有的官员开设的微博影响力很大。2003 年发生的孙志刚事件也主要是在网络民意的推动下进而引发广东本地媒体、中央和各地官方媒体的竞相报道,最终促成国务院宣布废除实行 20 多年的"收容遣送制度",同时公布惠及千百万人口的《城市生活无着者流浪乞讨人员救济管理办法》。2013 年唐慧诉永州市劳教委一案更是受到了网民的广泛关注,引发了社会对终结劳教制度、构建公平正义和司法公信力的期待,并最终促使全国人大常委会做出了关于废止有关劳动教养法律规定的决定,已实施 50 多年的劳教制度被依法废止。

网络流行语、网络雷词传递着老百姓的"意愿"、"诉求"和"风向",也是民意的表达方式。中国社会科学院近几年都会公布年度网络流行语排行状况,如 2008 年排名前 8 位的分别是:"囧"、"被自杀"、"山寨"、"很黄很暴力"、"俯卧撑"、"雷"、"很傻很天真"、"打酱油的"。这些看似尖酸刻薄的网络流行语,其实就是社会民意的另类表达,里面蕴含了公众对社会对政府的意见和态度。

微博开启了民意表达的新方式。微博尽管出现时间不长,但用户数量处于高速上升的状态。截至 2013 年 6 月底,我国微博用户已达 3.31 亿户,较 2012 年底增长了 2216 万户。由于微博操作简单便捷、准入门槛较低，而且提供手机等多种终端登录，使其成为公众发出声音和获取信息的重要场所。微博对网民话语方式和思维方式的影响，对社会舆论和媒体议程设置的影响，已经充分显现，从李开复的离职声明到纷扰至今的"学历门"，从春晚后的网友回馈到日本大地震募捐争议，这些大小媒体争相报道的热点话题，大多出自微博。

尽管存在网络民意表达主体（网民）分布不均以及网民发言匿名性导致的表达内容真实性存疑等问题，使得网络民意难以获得规范性民意调查那样的代表性，但即便是网民的非理性言论，也聚合着公众的某种愿望和诉求，因而具有常规民意表达所不具备的许多优势和特点。在温州购房门、云南"躲猫猫"事件、山西"黑砖窑"事件、环保局长被邀游泳等一系列网络公共事件中，网民们的言论不仅直接推动了事件真相的调查，而且网民对事件公开讨论本身就是在践行公民权利，因为表达权和监督权是公民权利的重要组成部分。

二 手机短信

美国学者保罗·利文森在他的《手机》一书中提到了一个很有趣的例子：他经常问学生一个问题，如果他们被迫在书籍、广播、电视、电脑、固定电话、手机等媒介中选择留下一种，会选什么？结果表明，大多数学生选择的是手机。

截至 2011 年 8 月底，我国手机用户数量已达到 9.3 亿，用户平均每周收到短信息 34.6 条，短信让内向害羞、不善言辞的中国人更爱"说话"了。当然，对中国公众而言，短信并不止于表情达意或增加人情味。当中国改革步入深层次的攻坚阶段，短信的"超能量"也随之爆发，"戏说官场"位列中国短信分类"前三名"表明，短信已成为一种全新的民意表达路径。2007 年被中国传媒界视为短信力量的"释放年"。这一年，一则群发短信激起了厦门 PX（对二甲苯）事件"千层浪"。从 2007 年 5 月下旬开始，厦门百万市民互相转发一条关于 PX 危害性的短信。一条短信演变为"百万短信"，进而在社会底部自动凝聚起一股强大的民意，最终实现下情上达。尽管厦门事件具有其特殊性，但短信已跃升成为一种不可漠视、必须对其有所敬畏的民意载体。

其实，短信作为民意表达的路径，早在 2005 年 3 月的黎巴嫩就已充分展现其威力。在黎巴嫩前总理哈里里遇刺一个月之际，以手机短信作为主要传播方式之一，只有 400 万人的黎巴嫩爆发了 80 万人参加的大游行，把整个国家 1/5 的民众推上街头进行抗议。

人不但是一个自然人，而且是一个社会人，人作为社会中的活动主体，无不生活在一定的社会群体中。趋同心理和自我表现欲望是短信作为民意表达重要方式存在的社会心理土壤。腾讯公司2011年初推出的微信，功能更加丰富，使用更加便捷，已成为公众相互交流、表达民意的重要载体。

三　群体性事件

德国社会学家乌尔里希·贝克在其1986年德文版的《风险社会：走向另一种现代性》一书中提出了"风险社会"这一概念，并认为现代社会正处于从工业社会向风险社会的转变之中。近年来，我国各类群体性突发事件处于多发态势。据中国社科院主编的2005年《社会蓝皮书》指出，从1993年到2003年，我国群体性事件数量由每年1万起增加到6万起。另据《2009年中国社会形势分析与预测》一书披露，2007年全国各类群体性事件已上升到8万余起。近两年，群体性事件数量仍在逐年上升，其中突发性群体事件所占比例以及所产生的负面影响越来越大。

群体性事件反映了当前我国民意表达不畅的现实困境。以比较温和的出租车司机罢运来说，据《中国经济周刊》2011年9月26日的报道，近7年来共发生了数量超过百起的集体"停运"事件。由于油价不断上涨、道路日益拥堵等，每天工作时间常常超过12小时的出租车司机的收入却在逐年下降，集体停运成为每个城市出租车司机多次向运管部门反映无果后的无奈选择。

2011年底发生在彭湃烈士故乡广东陆丰的乌坎事件表明，自9月份以来，部分村民之所以频频上访，缘于对村干部处置土地、财务、换届等问题的不满。如果能认真倾听民意，及时抓住利益诉求点，直面并解决突显的矛盾和问题，就不会小事拖大、层层升级，演变成群体性冲突。以广东省委副书记为组长、包括数名厅级干部的省工作组也正是因为能够以"民意为重、群众为先、以人为本、阳光透明、法律为上"，才让一度情绪激烈的当地村民趋于平和。

始于2011年9月17日的"占领华尔街"和平示威活动，尽管与出租车罢运等群体性事件有很大的区别，但其通过和平静坐等形式表达对金融制度偏袒权贵的不满，它们在本质上都是以另类的方式表达公众或相关利益群体对政府和社会的诉求，各类口号、标语、请愿书、倡议书等等，都是他们民意的表达。

由此我们可以得出一个具有普遍性的观点，即心怀不满的民众即便保持沉默也仍可能以各种方式"用脚投票"，如移民海外、向国外转移资产、抵制向红会捐款、不行使选举权、藐视他们不赞成的法律法规等等。但是，除非这些不满转化为集体的行动，否则以上任何一种另类表达都不足以引起政府的重视。尽管如此，上述表达方式都蕴含着公民支持与反对的信号，包括：什么是他们可能忍受的，他们在多大程度上愿意承担作为公民的义务，他们在多大范围内支持或不支持他们的政府及其政策。所有政权包括专制政权的合法性，最终都取决于民众的意志（Hume，1752/1906，pp. 243ff.）。

在那些禁止民调的国家里，另类表达依然是了解民意的不可或缺的信息源。即便在许多民调得以广泛利用的国家，在反映那些未被作为民调议题的某些群体内搅动的暗流时，抗议事件也常常比民调数据更有用。李（Lee，2002）通过对有关种族问题的民调跟美国民权运动的相关性进行考察后发现，某一年民权运动引发事件的数量跟次年民调中的种族态度问题有着清晰的相关性（p. 89）。尽管民调常常滞后，但监控这类事件往往能够加强我们对民意的理解，即民意在形成之前受到哪些力量的影响。

四 时尚文化

时尚传播和时尚文化是考察民意的风向标之一。文化研究学者对公众如何运用大众传媒的符号世界以及通过对时尚文化的吸纳、消费或拒绝、抵制来表达观点和态度进行了深入的研究。

时尚文化由于受到商业化和工业化的影响，在主流社会和主流教育中起着导向的作用，由此促进人们对社会规范的遵从。

音乐和时装看起来都是"好玩"的东西，因此人们很容易忽略它们在增进社会凝聚力、制造社会等级标记方面的作用，及其迫使人们遵从的"纪律惩戒力量"（Noelle-Neumann，1984，p. 117）。男孩乐队、Hip Hop、校服、着装标准，都被用于区分年轻人与老年人、男人与女人，区分不同社会等级、职业、态度、价值观和信仰。音乐和时装是有效的社会控制机制和社会整合手段，如果哪个个体被认为在时装或音乐方面落伍，就可能面临被排斥和孤立的恐惧，其能量不容忽视。音乐和时装作为主流意识形态的表达手段，它们既是功能性的（可听、可穿），是传播和政治陈述的形式，也是社会遵从的工具、思想表达的机制和社会抗拒的武器。

文化研究理论指出，受众或消费者对喜欢和不喜欢的表达，不仅反映在人们的价值取向和欲望，而且反映在制造商想要他们建立的价值取向和欲望。因此，作为声音的音乐和作为衣服的时装，既可以是一种偏离界限确认的行为，也可以是文化区隔的破坏者。作为一种物质的、商业的、传播的现象，作为一种政治工具，音乐和时装既可建构也可解除个人身份上的界限。由此可见，作为传播的音乐和时装既是对消费者的隐匿，又制造了消费者与企业之间的距离，而企业则可从连续不断的时装周期中获益。作为产业的音乐和时装涉及各方面经济利益的融合，包括制造商、广告商、评论员、批发商、模特和杂志，这是一个"结构上相互依赖的经济利益体以利润为驱动的联盟"（Davis，1992，p.12）。最后，作为思想观念的音乐和时装，通过对群体间各种区隔的建构、强化、主流化，起着再生产的作用，而不管这些区隔是基于种族、性偏向、性别还是阶层。

然而，要测量音乐和时装承载的民意，并非那么容易。大多数报告依赖于业内人士发布的销售数字和年度报告，我们无从知晓人们对自己所买和所不买的音乐和时装持什么态度。对很多民意研究者来说，这两大行业被视为不足道的、娱乐性的甚至"好玩的"。然而，这些挑战为研究者提供了机会，他们希望考察这些作为民意表达方式的喜欢与不喜欢和遵从与反叛。今后的研究，可从传播学的视角出发，通过多层次的分析，考察各种各样的流行文化形式背后所隐藏的企业、内容和受众，以进一步了解流行民意的文化表达、经济表达和政治表达。

第二章 民意调查的历史与现状

民意调查也称舆论调查或民意测验，其目的在于通过对样本的问卷调查来客观、精确地了解公众对某些政治、经济、社会问题的意见和态度，并通过一定渠道特别是媒体向公众公布调查结果，以期说明和解释问题的趋势或倾向，引起社会公众或被调查者的关注和重视，借此造成舆论并形成影响。

西方的民意调查是从市场研究发展起来的。研究者采用科学的抽样方法从总体中抽取样本，测量消费者对某种商品的品种、质量等方面的意见，以改进商品并提高销售额。20 世纪 30 年代，民意调查在美国被广泛地应用于政治、经济等重大社会问题的意见征询。1935 年，心理学家 G. H. 盖洛普创立民意调查研究所，开始对美国当时的政治和社会问题开展全国性的大规模民意调查。如今，民意调查除了用于政治选举外，还广泛应用于调查人们对某项政策、某种产品、某个事件以及社会福利、环境污染、种族偏见、吸毒现象等问题的态度。在中国大陆，近年来开始越来越多地运用民意调查对青少年理想、道德，党政机关的工作作风、社会热点问题、公共政策的制定与实施以及一些商品品种、质量等问题进行考察和研究。

第一节 西方发达国家民意调查的历史

近代民意调查，是在统计学、心理学、社会学等学科的滋养下，得以逐步成长和发展起来的。关于西方发达国家民意调查的历史与现状，国内很多学者作了介绍和研究。如，温淑春（2007）、陈月生（2007）等人以综述的形式对国外民意调查理论和实践的发展历程做了历时性的系统介绍；李莹（2007；2009）等人对国外政府对民意调查的应用进行了研究；林竹（2007）等人对国外民意调查方法和技术对国内民意调查的借鉴价值进行研究；董海军、汤建军（2012）对国外民意调查理论和实践的发展进行梳理的基础上对国外民意调查的特点做了归纳。此外，台湾学者胡幼伟翻译的《解读民调》（Sheldon R. Gawiser ang G. Evans Witt 著）和王石番著的《民意理论与实务》都对民意调查的历史与现状做了比较细致的介绍，王石番还以民意调查在美国的发展为主要内容将民调的发展历史划分为三个阶段。

一 萌芽期：1935 年以前

1935 年世界上第一个科学的民意调查机构——盖洛普民意调查研究所在美国成立，王石番将在此之前的这个阶段称为民意调查发展的萌芽期。

套用一句德国心理学家艾宾浩斯评述心理学发展历史的经典话语，民意调查的发展也可以说具有"悠久的过去，短暂的历史"。在人类社会早期以氏族为生存单位的原始社会中，就已存在民意调查的雏形，那时氏族成员常常以会议讨论和表决的方式决定事关氏族大局的事务。城邦制度下的希腊奴隶民主制则是古代社会重视民意调查的典范，这一时期的民意具有裁决一切的至尊地位，并且是以口头方式进行直接的全民性民意调查。

19 世纪初，美国少数地方报刊为追求新闻的趣味性，在总统选举之前举办具有明显"游戏性"和"趣味性"的民意调查，预测哪位候选人将赢得选举。这被称为"假投票"（straw vote，也有人译成"模拟投票"）。比如，1824 年夏，为了预测选民对当时的 4 位总统竞选者——亚当斯、杰克逊、克劳福德和克莱的态度，美国《宾夕法尼亚人报》的记者对选民进行了调查并于同年 7 月 24 日发布了调查结果。假投票式的民意调查，多半是在报纸上印好调查单，并要求读者把圈选好的单子寄回报社（Bradburn and Sudman, 1988：13），也有人进行假投票是通过将选单寄给各种名册上的人。此前，媒体一直依赖专家或政界人士的意见来预测谁能赢得选举，而此时，恐怕这些专家或政界人士在预测选举结果前也得先看看民调结果。

这个时期最著名的例子就是《文学文摘》杂志。1912 年美国总统选举时，《文学文摘》主办了规模空前的调查，将局部性民意测验推广到全国，并成功预言了总统选举的结果，从此民意调查就成了一种有影响的调查方法。此后，《文学文摘》成功地预测了 1924 年、1928 年和 1932 年美国总统的选举结果，这使其名声大振，成为美国民意调查的重要机构。

当然，早期的报刊民意调查所问的问题一般过于简单，问卷内容和顺序的重要性还未能提上议事日程。这类民意调查的过程大多草率，方法不够科学，而且往往忽略统计的基本原则。因此，这个时期的民意调查只能算是处于萌芽状态。

二　成长期：1935—1960 年

随着统计学、心理学、社会学等学科的快速发展，民意调查方法的科学性和社会的认同度也进入快速的成长时期。这一时期最重要的标志就是盖洛普民意调查研究所的建立以及盖洛普民调战胜《文学文摘》取得对总统选举的准确预测。

1935 年是民意调查发展史上具有里程碑意义的一年。这一年，盖洛普民意调查研究所宣告成立，并在 10 月份发布了第一篇民调报告。《幸福杂志》（Fortune）也于同年成立民调机构，并定期刊登民调报告，刊登的内容包括抽样、访问过程和其他调查要素。如果以 1935 年作为科学民意调查的起点，那用"短暂的历史"来概括其发展史是恰如其分的。

民调方法在科学性上的不断发展是这一时期的重要特征。盖洛普锐意探索民意调查的新方法，如摒弃过去调查样本越多越精确的观点，采用配额等比抽样，选择与问题有关的人群的类别及状况，按各类人群在全国人口中的比例，确定其在样本中应占的百分比，然后进行调查，从而使得一个相对较小的样本群能够比较科学地代表全国居民总体；放弃邮寄调查，采用面访法，提高了问卷回收率和填写质量等等。1936 年罗斯福和兰登竞选总统时，《文学文摘》通过邮寄的方式发出模拟选票 1000 万张，回收 237 万张。而乔治·盖洛普的调查样本仅 3000 人，结果却战胜《文学文摘》，对这场大选做出了准确的预测，这主要归功于盖洛普采用了科学的抽样方法。盖洛普采用"分配法"，力求使调查对象在州、市、镇、村的大小、年龄、性别、社会阶层、人种等方面，能准确地代表美国的所有选民。

盖洛普的成功使民意调查走出了模拟选举的狭小范围，进入了对社会生活领域的全面调查，涵盖政治、经济、文化、社会等一系列问题。1937 年，《民意季刊》在普林斯顿大学问世。1940 年，心理学教授坎特里尔（Hadly Cantril）在普林斯顿大学建立民意研究室，探索民意调查技术，并编撰民意调查档案。第二次世界大战后，民意调查在世界范围内兴起，各国纷纷建立了专门的民意调查机构。1947 年，美国民意研究会（AAPOR）和世界民意研究会（WAPOR）相继成立。自此，民意调查借助更科学的抽样方法、更高质量的数据采集方法，逐渐发展成为一个庞大的产业。

三　成熟期：1960 年迄今

1960 年，美国总统候选人肯尼迪和尼克松各自聘请哈里斯（Louis Harris）和罗宾森（Claude Robinson）为民调顾问，为其提供选情分析，这是民意调查开始系统性地服务于总统竞选的重要年代。基于此，一些研究者（Bradburn and Sudman，1988：12 - 36）将 1960 年迄今的这个时期称为民意调查的成熟期。

20 世纪 60 年代后，民意调查不仅成为西方国家各种竞选活动的重要组成部分，成为判断候选人知名度、选情和募集竞选资金的重要参考，而且成为各级政府制定、实施、检讨政策的常用工具。民意调查开始全面渗透到公共政策领域，民意调查主体开始具有相对的独立性以保证调查结果的公正客观。电话调查技术的使用与改进，特别是始于 20 世纪 70 年代的计算机辅助电话调查（CATI）技术的广泛应用，极大地提高了民意调查的质量和效率。

随着现代高新技术的发展，民调方法日新月异，新技术设备层出不穷。计算机辅助人员访问（computer-assisted personal interviewing，简称 CAPI）的出现，大大提高了调查的真实性和时效性，并可有效保障受访者的隐私。近年来，研究者还研发出一套用计算机软件替代并提升传统纸笔访问调查（paper-and-pencil interviewing，简称 PAPI）的工具，如同 CATI 之于电话调查那样，它可减少因人为因素所造成的非抽样误差。

美国是当代民意调查最发达的国家，但联邦政府没有设置专门的民意调查机构，这有助于避免政府操纵民意。为了准确掌握民意动向，美国的政府机构、商业部门和民间团体都很注重民意调查，作为决策的重要依据。为了保证调查结果的准确性，同时又不致花费太大，美国的民调机构一般都把调查对象的人数限定在 500—1000 人。美国民众参与调查的积极性也比较高，据统计，1996 年美国人口中曾经接受过民意调查的比例为 35%，其中男性为 32%，女性为 38%。这说明美国民意调查业的发展有较好的公众基础。

第二节　欧美政府对民意调查的重视与运用

民意调查是西方一些民主国家了解民意的主要方式，西方的民意调查已经走进了科学的殿堂，调查数据所显示的民意相当客观，公民、政府和学者能够对这些数据进行恰如其分的使用。在相关文献中，我们可以发现存在着大量善用民意调查的例子。苏德曼（Sudman，1982，p. 302）认为，"一个民选的官员，如果不了解公众对大多数问题的意见，就不可能进行明智的治理"。

一　欧洲国家政府对民意调查的运用

在欧洲，有关民调的研究和运用有比较长的历史。根据斯达尔夫人（Madame de Stael）（cf. Kircheisen，1912）的研究，当年拿破仑就认为政府需要民意的支持。在普鲁士，早在 1816 年，"文艺局"就开始系统收集新闻信息以影响新闻界。在更早的 1806 年，卡尔·奥古斯特·冯·哈登登（Karl August von Hardenberg）发表了著名的《里加备忘录》，强调研究并影响民意的重要性。那时，普鲁士正在进行名为"自上而下的革命"这一政治体制改革（cf. Kunczik，1997，pp. 71ff. ）。

在第二次世界大战中的德国，纳粹宣传部长戈培尔十分关注民意并擅长利用民意调查。戈培尔在自己的办公桌上放着一本伯内斯（Bernays）所著的《民意的具体化》一书。伯内斯在他的回忆录（1965，p. 652）中写道，1933 年夏天，他获悉戈培尔将他的著作用于指导纳粹针对德国犹太人的毁灭性战役，这使他非常震惊，但他明白，人类的任何发明发现既可用于亲社会性目的，也可被滥用于反社会性的目的。戈培尔不断利用当时的安全部门来收集并影响民意，正如都伯（Doob，1950，p. 422）所指出的，戈培尔认为安全部门已经采取"盖洛普公司那样的统计调查"（cf. Unger，1965；Boberach，1984）。

20 世纪 30 年代，伊丽莎白·诺·纽曼（Elisabeth Noelle-Neumann）有关民意的研究进一步推动了欧洲国家政府对民调的运用。1940 年，她完成了有关民调的学位论文。1950 年，时任德国总理阿登纳（Konrad Adenauer，1949—1963 年在位）跟纽曼的"阿伦斯巴赫民意调查研究所"签署协议，要求该研究所持续分析德国的民意并根据民意为政府提出建议（cf. Schmidtchen，1965，pp. 31ff. ）。

二战失败后，德国迫切希望采纳美国的社会科学研究技术。阿伦斯巴赫民意调查研究所进行的第一批研究课题就包括应该由谁担任外长（1950 年 12 月），以及如何对德国军队进行重新宣传包装。1951 年，该研究所调查了民众对于总理以及"萨尔"①的态度。此后，该研究所还进

---

① "萨尔"原是法国的受保护领地，1957—1959 年重返德国后即为萨尔州。

行了包括欧洲防务、德国统一以及如何建立针对俄罗斯的安全防御等一系列民调（cf. Mixa，2004，p. 25）。

阿登纳是第一位聘请民意调查研究者担任顾问的德国总理。阿伦斯巴赫民意调查研究所在 20 世纪 50 年代初期所做的民调表明，那时的德国民众大多对企业家持负面态度（69% 的雇员认为企业家是反社会的），而且他们不了解社会市场经济的含义。此外，阿伦斯巴赫民意调查研究所还发现，人们似乎拒绝民主。该研究所因而提出建议，即政府和企业家都需要进行公关。据此，1952 年 9 月，德国工业界成立了"促进社会公平协会"，该协会旨在塑造支持企业家的民意以及支持社会市场经济的观念。1950 年，56% 的德国人不了解社会市场经济意味着什么，到了 1961 年，则有 64% 的德国人支持社会市场经济，这似乎有力地表明了长期进行宣传和舆论引导的效果。

二　美国政府对民意调查的运用

在美国，白宫对民意的关注始于 19 世纪，那时使用的是包括报纸分析、假投票以及征求意见等非正式的技术来测评民意（Jacobs and Shapiro1995，p. 164）。富兰克林·罗斯福是第一位对科学的民意调查感兴趣的总统，他有由自己的团队进行的私人民调。艾辛格和布朗（Eisinger and Brown，1998，pp. 238ff.）将这些私人民调称为"美国政治的历史性转折点"，因为它使罗斯福"在没有政党、媒体或国会认可的情况下评估民意"。他们认为，"一些民调只是用于评估如何更好地改进总统的沟通能力……"（p. 248）

1939 年，当欧洲战争似乎无法避免时，罗斯福对于美国是否参战始终"密切关注民意调查的态度"（Freidel，1990，p. 422）。凯西（Casey，2001）考察了罗斯福是如何了解战争期间国内的民意的，包括美国民众在多大程度上认同他对纳粹的认识。凯西（Casey，2001，p. 33）对罗斯福在他著名的"炉边闲谈"中就如何运用民调结果进行了深入的分析："在每次演讲前，罗斯福和他的助手都会根据所涉及的各类主题，收集从民调到剪报和信件中获得的大量信息。"

在罗纳德·里根任期内，美国总统对民调的运用达到了新的高度。赫德里克·史密斯（Hedrick Smith，1988，p. 404）分析了民意测验专家沃斯林（Richard Wirthlin）对里根总统的影响："尽管沃斯林从来没有加入过白宫团队，但他作为里根政府年薪一百万的民调战略专家列席每周举行的战略研讨会，因此他的发现常常对其他人具有指导意义。"沃斯林的决策信息有限公司，会在里根就相关议题巡回演讲前，就民众的态度进行调查分析。穆雷和霍华德（Murray and Howard，2002，p.541）根据对"总统日程安排登记簿"的研究证明，里根总统与沃斯林有着频繁的会面：每月平均会面一次。

里根政府还运用民调研究来推动公众对争议性问题的讨论。穆雷和霍华德（2002，p.540）引用里根的通信主任大卫·格根（David Gergen）的话说："沃斯林的民调对了解如何建构议题非常有价值，在了解如何表述观点时更有价值。"加能（Lou Cannon，1991，p.342）研究了1980年大选期间里根是如何利用美国公众对巴拿马运河所有权的讨论的，里根因为关注这一议题，因而在北卡罗来纳州的初选中获胜。

克林顿政府将民意调查在管理中的运用提升到又一高度。在克林顿任职的第一年，他支付近200万美元委托民意调查者斯坦利·格林博格（Stanley Greenberg）进行调查和焦点团体座谈。在决定自己说什么及如何说方面，克林顿对民意测验和焦点团体的依赖超过了以往任何总统。

美国各级政府都在不同程度上应用民调，从联邦政府到州政府和地方政府都会通过民调来收集数据。从发展趋势来看，政府部门对民调的需求与应用呈增多的态势。

第三节　我国民意调查的发展

跟欧美一些国家相比，我国民意调查的发展历史相对曲折。由于政治、经济、文化等方面的差异，中国大陆与香港、台湾等地的民意调查也具有明显不同的发展轨迹和特征。下面分别予以阐述。

一　中国大陆民意调查的发展

在中国，《诗经》可以说是最早的民调雏形，但科学的民意调查却是一种舶来品。在科学的民意调查引入之前，政府管理者只能依靠自身经验和智慧来把握民意，比如采取微服私访等方法深入社会底层了解民意。然而，由于社会成员数量巨大且分散，而管理者个人能力又非常有限，再加上生活在社会底层的民众对于有关自身的公共事务和现象的意见和态度常常缺乏清晰表达的渠道和能力，因此，在没有科学获取程序保证的情况下，民意往往是难以捉摸的力量。

中国大陆的民意调查，最早可以追溯到1922年11月由心理学者张耀翔组织实施的、针对北京高等师范（今北京师范大学）14 周年校庆来宾的时政热点调查，主要内容涉及总统选举、宗教信仰、社会习俗、公共管理等当时较为敏感的问题。

由于历史原因和政治现实，中国大陆的民意调查在经历最初所谓的"趣味性阶段"之后，并没有迎来随后的稳步成长期。在从 1922—1949 年近 30 年的时间里，中国大陆没有出现一家专门的民意调查机构，也没有进行过一次全国规模的民意调查活动。新中国成立后的前 30 年里，由于意识形态等方面的因素，以及对实证社会科学的不重视，民意调查一度销声匿迹。总体而言，这个时期的民意调查社会影响力很小，因为民意调查的客观环境基础是开明的政治环境和社会成员的主人翁态度。

新中国成立后的首次民意调查是 1979 年 9 月《北京日报》内参部在北京维尼纶厂进行的。该次民意调查希望了解不同层次的企业职工对一些重大问题的看法，例如，对实现四个现代化的信心、对真理标准问题讨论的看法、最反感和最感兴趣的事情、认为我国急需解决的问题等。

进入 20 世纪 80 年代后，中国大陆从事专业民意调查的机构相继诞生。1986 年 10 月中国人民大学舆论所成立，12 月中国社会调查所成立，1992 年零点调查公司成立。2000 年中国市场调查行业协会的成立，标志着民意调查开始走上稳步发展的道路。

有研究者（汤建军等，2012）将改革开放以后我国大陆的民意调查发展划分为 3 个阶段：一是 20 世纪 80 年代中期至 90 年代初。这个阶段各类商业调查公司如雨后春笋般涌现，在数量和规模上超过了传统的调查组织。同时，民意调查日益为社会所接受，并受到决策部门的重视，各级党政部门、企事业单位和科研教学机构纷纷开展不同规模、不同内容的民意调查。二是 1992 年邓小平南方谈话后至 2000 年。这个阶段，对于民意调查的需求迅速增加，境外一些著名的调查公司，如美国盖洛普调查公司、澳大利亚的模范市场研究社、香港亚太市场研究公司都进入大陆市场，或者设立分支机构，给中国民意调查事业带来了全新理念及调查技术，催生了民间独立市场研究与民意调查机构的成立。与此同时，新闻媒体开始介入民意调查领域，政府机构也开始设立各类民意调查机构。三是 2000 年至今。这一阶段，民意调查呈现事业发展的多元化、资金注入的多元化、调查内容的多元化等特征，民意调查进入飞速发展时期。

二　中国香港民意调查的发展

成熟的公民社会离不开民意调查。香港的民意调查有广泛的社会基础，无论是媒体报道，还是普通市民的日常交流，"民意调查"都是一个高频使用的词汇。

在香港，民意调查通常由大学里的学术机构实施，香港大学、香港中文大学都设有民意调查中心，政府、社会团体一般均委托这些机构进行民调，而媒体往往只是发布民调的平台。香港人自港英时期就对社会事务很关注，只不过在当时大多数市民只能做个"关注的旁观者"，回归后关注公共事务的空间不断提升，科学的民意调查成为普通市民了解社会脉络、表达自己观点的重要途径。很多香港市民认为，民意调查可以让自己知道他人所想，如果有相当比例的人跟自己有同样的关注，他们就会大胆表达，政府也不敢无视。

民意调查的功能不仅仅是表达意见，更重要的是，它已成为香港市民监督政府、参与社会事务的重要途径。注重民意的传统在港英时期就已形成了。香港推行的一系列至今仍让市民受益的政策，如免费教育、公费医疗、公屋政策，大多是通过层层民意调查、融合市民意见后制定并修改完善的。

从最后一任港督彭定康开始，香港大学民意研究计划几乎每个月对官员进行一次满意度和支持率的调查，并形成惯例。官员的满意度调查只是香港几乎天天进行的民调的一部分，大大小小的公共事务几乎都会有民意调查，这些调查同样是对政府的有力监督。2010 年香港特区政府曾宣布要申办亚运会，结果，立法会基于民意调查毫不留情地否决了亚运申请的拨款要求，务实的香港纳税人准确地表达了对这个"耗资巨大但是没什么人参加的运动会"的反感。

当然，民调并非总是处处跟政府"对着干"。香港政府其实是一个熟练使用民调的高手。香港理工大学社会政策研究中心在过去相当长的一段时间内几乎每周都有为政府做的民意调查。这些调查政府不一定公布，但是他们会拿来作为内参，尤其是有新政策出台或者大的公共事件发生时，这些调查有助于及时准确地了解民众的想法。

香港的民调经历了几十年的苦心经营，不断积累起口碑和信誉，才有了今日备受关注和信任的地位。几家尤其受尊重的民调组织各自都有严厉到近乎苛刻的标准。香港大学民意调查研究计划给自己设立的第一条规定就是：无论谁给钱做调查，调查的学术范围问题任何其他人不得插手。这也是全港民调共同认可的原则。第二条，自己所做的调查，不予评价。第三条则是不会给媒体独家新闻的机会。最后一条是，如果需要公布结果，必须完整地、全面地把调查公布出来。委托方不能只选取对自己有利的部分题目，如果片面地或者在调查未完成前就公布出去，民调机构会立即在媒体澄清，并且公布全部结果。

调查是否科学中立是民调口碑的成败所在。基于此，各个民调机构非常注重调查的透明程度，几乎所有可公布的民意调查研究资料向所有公众开放，调查问卷、调查方法、调查资金流向等等都会存档归类，供公众查询。若是影响到调查对象资料泄露或者资金使用不明、不公正的情况，甚至可以向警方和香港廉政公署（ICAC）投诉。

三　中国台湾民意调查的发展

一般认为，台湾地区民意调查的发展最早可追溯到 1952 年 2 月《新生报》所做的"对日合约"民意调查。这次民意调查以夹报方式共寄出 28.3 万份问卷，回收约 5.8 万份，调查结果于 2 月 22 日发表于该报的第一版。另一项早期的民意调查是 1954 年由《联合报》所举办的针对"简体字运动"的读者意见调查。由于受限于当时统计学和计算机技术的发展，调查方式略显粗糙。

1956 年 6 月，《新生报》成立"民意调查部"，下设研究、编辑、统计三个小组，这是台湾第一个专业民调机构。1958 年台湾成立"中华民国"民意测验协会，这是台湾第一个专门从事民意调查研究与实践的学术团体，该协会成立后承办了许多政府机关、团体及企业委托的调查项目。这一时期，由于台湾仍处于国民党威权统治时期，民意调查的制约因素较多，且民调结果无法深度反映到政府的决策中，总体而言，民意调查数量少、规模小，在理论、方法和内容上少有创新。

20 世纪 80 年代以后，台湾民调机构迅速增加，调查规模开始扩大，民调方法的科学性、调查的效率和品质受到越来越多的关注。《联合报》《中国时报》等媒体相继成立民调机构，并经常就重大新闻事件进行民意调查。1988 年始，《联合报》率先使用计算机辅助电话调查，以改善民意调查的效率与质量。

1987 年台湾"解严"后，随着媒体报道自由度的提高，民意调查得到了快速发展。电视、互联网等电子媒体的迅速发展为媒体机构充分运用现代技术进行民意调查提供了便利。计算机技术的发展，改变了传统民意调查的技术门槛。除媒体外，学术机构如"中研院"、政治大学选举研究中心及一些政府部门，也开始进行各种各样的民意调查。此时台湾的民意调查可谓进入了多元化发展的时期。

台湾民意调查的应用十分广泛。首先，从台湾当局组织的民意调查来看，往往以政策方向、施政措施反应为主题。自 1979 年起，台湾"行政院研考会"即开始组织大规模的面对面访问调查，其中的议题之一就是了解受访民众对施政措施及各机关公务人员服务态度的满意度，这类调查如今已形成惯例。其次，从台湾各个政党的民调中心看，民意调查被广泛地运用于日常决策，并且在选举时发挥了极大的作用。这种以选举为主要目的、为选举服务的政党民调中心，不仅能够在选战的各个阶段及时掌握民意的变化，从而做出政策调整，而且已被用于党内的初选。最后，从岛内媒体所做的民调看，其选择的议题更加多样，除了政治议题外，还包括新近发生的社会、经济、民生等方面的大事。

第二部分

民意研究理论

第三章 态度与态度改变

态度不是先天生成的，而是人在后天社会化的过程中形成的。社会心理学起始于态度研究（Thomas & Znaniecki, 1918），而且态度研究一直占据社会心理学的重要位置。对社会心理学来说，没有哪个概念比态度更重要了。如今，态度研究已经很难成为社会心理学的"专利"，民意调查、社会学、政治科学、决策学等都开始从不同的角度探索态度的形成与改变。

第一节 什么是态度

态度会影响人的决策、人的选择，决定着人的生活、学习和工作方式以及一切社会行为。就像社会科学领域的大多数概念一样，态度概念也是在实证发现和理论演变这两个方面历经发展的。

一 态度的含义

态度一词在英语中最早指身体姿势、姿态，后来演变为专指心理状态的术语，特指主体对一个特定客体的行为反应准备。态度所具有的评价系统和心理反应倾向表现在每个人对待任何事物都会做出肯定或否定、赞成或反对的评价，同时还表现出一种心理倾向性。比如，在人际接触中，我们能够彼此觉察到对方的接纳与拒绝、热情与冷漠的心理反应倾向。

态度是社会心理学中定义最多的概念之一，不同的学者对它有不同的定义，但是有代表性的界定主要包括以下三种：

一是奥尔波特（G. Allport, 1935）的定义。奥尔波特深受行为主义影响，认为态度是一种心理与神经的准备状态，它由经验予以体制化，并对个人心理的所有反应过程起指示性或动力性的影响作用。他的定义被社会心理学家誉为态度的古典定义，强调经验在态度形成中的作用。

　　二是克瑞奇（Krech, 1948）的定义。克瑞奇认为态度是个体对自己所生活世界中某些现象的动机过程、情感过程、知觉过程的持久组织。该定义忽略过去经验，强调现在的主观经验，把人视为会思考并主动将事物加以建构的个体，反映了认知派的理论主张。

　　三是弗里德曼（G. Freedman）的定义。弗里德曼认为态度是个体对某一特定事物、观念或他人稳固的心理倾向，由认知、情感和行为倾向三个成分组成。他的定义强调了态度的组成及特性，是目前被大家公认的较好的解释。

二　态度的内部结构

　　社会心理学一般认为人的态度由三个要素构成，即认知、情感和行为意向。态度的认知要素指人作为态度主体对于态度对象或态度客体的知觉、理解、观念和评判。认知是基础，它是在直接或间接经验的基础上形成的，如同摄影一样，过去的阅历经验形成了认知的底片，底片对认知对象起着定"型"的作用。态度的情感要素指个体对态度对象的一种情绪反应，表现为情感体验的程度。态度的意向要素是个体对态度对象的一种行为倾向，即行为的准备状态。

　　三个组成部分均有评价性的维度。例如，某人认为垃圾分类是一项利国利民的举措，实施垃圾分类的邻居让其尊敬，他自己也积极关注并尽可能参加有关垃圾分类的宣传，所有这一切均表明其对垃圾分类具有积极的评价。尽管态度的三个组成部分常常趋于一致，但也有不合拍的时候。当我们的大脑与心脏冲突时（"我知道西兰花有利健康，但我不喜欢吃！"），或者行为意向不能反映我们的情感（"不是我不想参加莫扎特音乐会，而是我不得不出差"），这样的情境很容易想象。三个要素的相互关联程度并不均衡，情感与意向的相关程度高于认知与意向或认知与情感。在态度的认知要素与情感要素不一致的情况下，个人的行为取决于情感因素。另外，态度缺少三个组成部分当中的一个或两个也是可能的。扎荣茨（Zajonc, 1980）的研究有力地表明，在没有支持性的认知的情况下，也可出现情感性的评价，这类认知缺失的态度缘于经典条件反射或反复暴露于某潜意识刺激等过程。

　　米勒和泰舍尔（Miller and Tesser, 1989）的研究对传统的态度结构理论做了修正。他们的研究表明，有些态度（consummatory attitudes，全面性态度）主要基于情感因素，而另一些态度（instrumental attitudes，工具性态度）则主要基于认知因素。如果所隐含的态度主要基于情感，而测量程序强调的是认知（例如要求被调查者解释其态度的原因），那么最后的态度报告就难以准确预测一个人的行为，也难以反映一个人对态度客体的真实评价。

此外，还有一种研究态度内部结构的观点认为，对一种客体或行为过程的评价是基于对该客体或行为的效用的知觉（如，Fishbein，1967）。比如，某人对投票的态度取决于他对投票可能产生的结果的认知以及对每种可能结果的评价。同样地，人们对具体某个群体（如银行家）的评价取决于他认为银行家应具备哪些品质（保守，富有？）以及他对这些品质的评价。

$$A_o = \sum_{}^{n} b_i e_i$$

这里 A_o 是对某行为或客体的态度，b_i 是该行为过程导致结果 i（或客体具有 i 特征）的主观可能性，e_i 是对该结果或特征的评价，n 是相关结果或特征的数量。态度结构的这一观点显然跟预期主观效应（SEU）有关。从本质上说，对某个客体的态度即是它的 SEU，人们往往喜欢具有魅力特征或高预期回报的东西。

三 态度的特性

由态度的定义和内部结构可知，态度主要具有以下几个特性。

1. 态度的社会性

态度是个体在长期的社会生活中，通过人际交往与相互作用，通过社会环境的持续影响和文化濡化，在逐渐获得了对社会事务和人的认识、学会了选择判断的基础上形成的。态度一经形成，又会反过来影响人们的交往与社会生活。然而，态度作为在后天社会环境中习得的心理状态，不是一成不变的，而是随着社会环境的不断变化以及个人社会经验的积累不断调整。

2. 态度的对象性

态度都有特定的对象，或是人（他人、群体、民族），或是物（自然事物），或是社会事件、制度、政策等，只要一旦成为态度的对象，就称作态度客体。没有客体的态度是不存在的，任何一种态度都具有主体与客体的对应关系，如居民对生活垃圾分类处理的态度，华人对南沙群岛争端的看法等等。

3. 态度的稳定性与持续性

态度的稳定性是指，在不同的情境下个体对同一对象的态度会倾向于一致，在行为反应模式上表现出某种规律性。一般来说，态度的形成是一个漫长的过程，态度一旦形成以后，却又是比较稳定的、持久的。基于态度的稳定性与持久性特点，在态度发展的初期，导入新信息、新知识，容易引起态度的改变。

4. 态度的内在性

态度是一种内在的心理体验，它是通过个体的言论、表情和一系列行为间接表现出来的。态度表现于外的，称作态度行为或表态。但是，态度本身并不等于言语、表情和行为。态度是内隐的，是一种内在结构，是一种尚未表现于外的内心历程或潜在的心理状态，它跟思维、想象等其他心理现象一样是看不到、摸不着的，不能直观把握。要了解一个人的态度，不能简单地以外显行为作为评判指标，而是要考察其行为的目的性特征。

5. 态度的核心是价值

价值是一种伦理或道德的规则。价值构成态度的基础，任何态度都是对特定对象的重要性或意义进行评估后产生的看法或意向。人们对于态度对象所具有的态度取决于其对人的价值和价值的大小，而态度对象对人的价值和价值的大小受到个体的需要、兴趣等个性倾向制约。因此，同样一件事，由于人们的价值观不同，就会产生不同的态度。能满足人们需要和兴趣的事物，人们会表现出积极的态度，反之则会持否定或消极的态度。

态度一旦形成以后，便成为个体的习惯性反应，成为人格的一部分，从而影响个体的社会性判断，对人的学习和工作效率以及行为选择将产生重要的影响。

第二节　知识、态度与行为

一个健康的民主政体的运行需要让公众充分了解相关信息并通过参与选举表达其政治态度，行使其政治权利，从而以有序且有效的方式寻求自身利益和公共利益的实现。然而，跟前面提到的态度的三个要素并不始终合拍一样，知识、态度与行为之间的关系也不是线性的、简单的正相关。

一　知识与行为

知识在多大程度上影响一个人的行为？政治知识水平较低，会影响普通公民参与民主过程的能力吗？一些学者指出，现在还不清楚什么知识是公民行使民主所必要的，或者说，呈现给被调查者的问题能否准确地测量所需要的政治知识（Krosnick，1998；Kuklinski & Quirk，2001）。另有一些学者质疑政治知识评估的方式，认为典型电话调查中的"弹出问答"格式是一种误导，公民在相应的判断和决策中并不是这样利用信息的（Prior & Lupia，2005）。他们指出，大多数人并不拥有随时可提取的百科全书式的政治知识，并不意味着他们所做的政治判断和决策是毫无根据的。当人们面对相应的判断或决策时，肯定会寻求并利用相关的信息。洛奇等人（Lodge，Steenbergen，& Brau，1995）认为，人们将信息融入相关的意见，而不是选择花费精力去记住信息。

但我们并不能因此就否认知识对于态度和行为的作用。知识除了有助于对新信息的理解和保持外，还可增进相关判断的速度（如，Fiske et al.，1990；Paull & Glencross，1997），提高人们完成决策任务时利用线索的能力（Paull & Glencross，1997）。这表明，政治知识较多的人更能够有效地整合各方面的政治议题，权衡具体政策的利弊和综合政治候选人的各种特征。

与此相一致，有大量的证据表明，拥有较多政治知识的人更能认识到某一政策与其物质利益或其他核心立场的关联，因而更可能鉴别出哪些政治候选人与自己的观点一致并能制定他们所支持的法律（Zaller，1992；Delli Carpini & Keeter，1996）。熟知政治知识的人也能更好地认识各种政策立场的意识形态基础，并更可能采纳与其意识形态一致的态度（Delli Carpini & Keeter，1996）。

知识还可提高人们批判性地评估劝服信息的能力（Wood，Kallgren，& Preisler，1985；Ratneshwar & Chaiken，1991），并对劝服诉求形成有效的反制观点，从而对态度改变进行抵制（Wood，1982；Wood et al.，1995；Muthukrishnan，Pham，& Mungale，1999）。也就是说，政治知识越丰富，其表现出的态度稳定性也就越强（Delli Carpini & Keeter，1996）。

知识可为人们提供计划并实施行为策略所需要的信息，使人们有效地参与到表达态度的行为中。例如，有研究表明，关于环境保护的知识可以促使那些支持环境保护的人在行为中表达自己的观点（例如，Kallgren & Wood，1986；Meinhold & Malkus，2005）。政治知识还能很好地预测投票行为：拥有丰富政治知识的人在选举日参加投票的可能性要远远大于政治知识较少的人（Delli Carpini & Keeter，1996；Popkin & Dimock，1999）。

然而，知识的影响是有限的，或者说知识本身不足以改变人的判断和行为。比如，在美国抗击艾滋病的初期，公共健康官员曾设想，如果能给民众提供关于艾滋病的知识，他们就可能对自己的行为做出恰当的调整（Helweg-Larsen & Collins，1997）。随后美国开展了大规模的艾滋病教育运动，到 20 世纪 90 年代初，几乎所有的美国成年人都知道什么是艾滋病，它是如何传播的，以及应该采取哪些措施来避免（DiClemente, Forrest, Mickler, & Principal Site Investigators, 1990；Rogers, Singer, & Imperio, 1993）。但是就更广泛的目标而言，这一公共教育运动对公众的实际行为并没有产生可靠的影响（如，Mann, Tarantola, & Netter, 1992）。近年来，国内多个城市开展的垃圾分类活动也是如此，尽管通过各类宣传，公众对垃圾分类的意义和知识的了解都显著增加，但垃圾分类的行为仍极大地滞后于知识和态度。

知识是一种有力的促成力量，它赋予人们特定的认知和行为能力，但如果没有足够的动机，即便有足够的知识，对判断或行为的作用也非常有限。除非人们已经具备相应的动机，这样一来只要增加相关的知识就有可能对其判断和行为带来适度的影响。

由此可见，知识的影响取决于任务的性质。知识赋予了人们大量重要的认知和行为能力，对于那些仅需要这些能力的任务而言，知识具有强大的影响。然而，对许多任务而言，仅有能力是不够的。对于那些主要受动机驱动的任务，知识显然是微不足道的。而对于那些既要求能力又要求动机的任务，知识是必要的但不是充分的条件。

二 态度与行为

态度与行为的关系也很复杂，态度与行为的一致性问题受到外界各种因素的影响。

有研究表明，态度与行为是一致的，由态度可预测行为。凯利和米尔（H. H. Keney and T. W. Mirer）对 1952 年至 1964 年期间有关美国四次总统选举情况的民意调查进行分析，发现选民在投票前两个月的民意测验结果与实际投票情况一致的占 85%，这表明选民的政治态度与投票行为是一致的。

然而，社会心理学家拉皮尔（R. T. Lapiere, 1934）进行的一项著名研究表明，态度与行为并不一致（R. T. Lapiere. Attitude and actions. Social Forces, 13, 230—237.）。20 世纪 30 年代初，绝大部分美国人对亚洲人持有负面种族偏见。为了研究这种偏见的影响，拉皮尔邀请了一对来自亚洲的年轻夫妇驾车环美国旅行，观察他们所经过的旅馆和饭店的老板会不会因他们对亚洲人的偏见而拒绝接待。结果表明，他们经过 66 家旅馆，只有一家拒绝他们住宿，而 184 家餐馆没有一家拒绝他们用餐。六个月后，拉皮尔教授通过写信的方式询问他们经过的旅馆和餐馆是否愿意接待亚洲人。结果在收到的 128 封回信中，回答不愿意接待的占总数的 93.4%；回答不确定、视情况再说的旅馆有三家，餐馆有六家；回答愿意接待的只有一家旅馆。这一实验结果证明态度与行为是不一致的。

杭州市民情民意办公室曾于 2010 年 8 月份对垃圾分类试点小区的 1200 户居民家庭进行调查，结果表明高达 98.3% 的市民对垃圾分类的重要性表示认同。然而，市民的行为与其态度存在很大的落差。调查数据显示，有 65.1% 的市民表示垃圾容易分错，37.7% 的市民仍把产生的所有生活垃圾混装到一个垃圾袋，扔到垃圾桶中。

不同的研究得出了不同的结论，那么应该如何看待态度与行为的关系呢？我们认为，影响态度与行为一致性的条件，首先是态度的强度。个体赞成或反对的信念特别明确、强烈，态度与行为的一致性就高；反之，态度软弱或模棱两可，态度就容易受其他因素的干扰，态度与行为的一致性就低。其次，社会情境对态度与行为的一致性也有很大影响，当个体的行为遭受到社会情境的很大压力时，态度与行为的一致性就降低。如果社会舆论或外部压力特别强大，个体很可能做出违心的事来。此外，态度测量与行为的时间间隔也有关系，两者间隔时间越短，其一致性越高。拉皮尔所做的旅行跟问卷调查如果不是前后相隔六个月，而是旅行结束后立即实施，那么态度与行为之间的差距就可能不会那样大。

事实上，不仅态度影响行为，行为也会影响态度。社会生活中，个体承担不同的社会角色，实施与角色身份相符合的行为，当角色转换、承担新的社会角色时，就要从事新角色规定的行为，角色态度也会随之改变。我们平时俗称的"屁股指挥脑袋"就是这个意思。

第三节 态度的形成与改变

一 态度的形成

在谈到态度的形成和改变时，美国心理学家加涅非常明确地指出，我们的许多态度是通过与别人的一系列的相互作用，如与父母、朋友、同事的相互作用而获得的。态度既可因一次体验的结果突然地获得或改变，也可能要经历多年，兴许要通过一系列的体验的结果才可能发生逐步的改变。

1. 条件反射。包括巴甫洛夫的经典条件反射和斯金纳的操作性条件反射，被认为是态度形成与改变的重要机制。行为主义心理学认为，个体的某些莫名其妙的害怕，如怕蛇、怕蜘蛛或怕其他的一些小动物，可能就是通过经典条件反射中的一些偶尔的刺激配对而形成的，这些态度时常持续多年且很难抹去。在斯塔茨（Staats, A. W., 1967）看来，通过条件反射获得的态度，主要是通过这种手段使某一刺激对人产生了某种情绪意义。

斯金纳的操作条件作用是态度学习的重要方式。对于这种方式的另一种解释是，态度产生于成功的体验，而成功的体验是因得到强化而产生的。日常生活中的许多事例可以证明，人在某项活动上的成功，对于获得对这一活动的积极态度是相当重要的。在学校里，学生对某一学科之所以会有积极的态度，主要是因为他们对于该学科经常具有成功的体验和成就感。

2. 社会学习。在对态度的形成和改变的研究中，影响最广的可算班杜拉及其同事对于榜样及模仿现象的系列实验研究。研究表明，看到榜样人物的行为受到强化，这对儿童以后的行为将产生重要的影响，即看到对榜样人物的侵犯行为予以奖励的儿童，其攻击性行为将有所增加，看到对榜样人物的侵犯行为予以惩罚的儿童，其攻击他人的行为将有所减少。这就是班杜拉所说的替代强化（vicarious reinforcement）。

加涅认为，在有效的态度学习中，人实际上起到了至关重要的作用。由于榜样人物往往受人钦佩，这一形象中的情感成分完全是一种正面的情感。学习者做出与榜样人物相同或类似的个人行为选择，也可能获得强化。当然，态度的形成主要是因为学习者先前看到对榜样人物的奖励，即通过替代强化建立起来。由此获得的态度并不限于榜样人物所表现出来的特定行为，还可能会扩展到其他的行为或其他的情境中去。

在有关模仿学习对态度影响的研究中，心理学家进一步发现，模仿学习可以在多种情况下发生，而并非一定限于真实的人物情境。在电影、小说、文学作品中所描绘的那些人物连同对他们的成功史的描述，都是人们追随和仿效的榜样，都可能引起人的态度转变。在信息社会，大众传媒在人的态度形成与改变中起着尤其大的作用。

3. 劝服。美国耶鲁大学的一些研究者对不同的交流内容对态度改变所起的作用进行了深入的考察。一般认为，简单的劝说不能使人回心转意，那么如果给这种简单的劝说做出各种引申或扩充，如在你的奉劝中提出有说服力的论据，或摆出困惑的正反理由，或在你的规劝中增强感情色彩，或在你的劝说中添加一定的威胁，或在你的奉劝中忠告对方某些特定的结局，是否更有效？实验的结果令人意外，凡此种种信息对于态度的改变并无明显的作用！与此相反，传递这些信息的人或信息源的特征，在影响态度的改变中起着相当重要的作用。20 世纪 70 年代初，特里安蒂斯将这些能够影响他人态度改变的信息传递者的特征概括如下：（1）外表上的魅力；（2）象征着地位的着装和谈吐；（3）劝说者的年龄、种族与国籍；（4）劝说者的态度；（5）获悉劝说者过去的行为得到奖励或惩罚的证据。

沿着这一研究路线的态度理论家一般都强调劝说者对态度改变的重要性。例如，凯尔曼曾提出，要使态度能够得以有效的改变，第一，传递信息的人应具有一定的权力，从而向听者传递了一种"屈从的交流"（compliance communication）；第二，传递信息者受人尊敬和敬佩，从而使听者产生一种"认同的交流"（identification communication）；第三，传递信息者是某一方面的权威，因而具有更高的可信赖度，从而促使听者形成一种"内化组合的交流"（internalization combination）。信息提供者显然是榜样的另一个名称。由此得到启示，从对态度问题的不同界定及从不同的探讨途径出发，经两条甚至更多的研究路线所得到的一致意见是，人的力量在态度的学习与改变中是一个至关重要的条件。

二 影响态度改变的因素

态度改变是指在一定的社会环境影响下，个体或群体在接收某些信息和意见后，原有的态度发生变化。态度的改变可分为两种：一是一致性的改变，即改变原先态度的强度，但方向不变，这是量变。另一种是不一致性的改变，指以性质相反的新态度取代原有的旧态度，或说是方向性的改变，即质变。

社会心理学研究表明，要使传播的信息能够改变人们的态度，必须考虑四个方面的因素，即传播者（信息源）、信息传播的内容与形式、信息接收者以及传播环境。

（一）传播者（信息源）

社会生活中，人们接收信息时对信息传播者的评价越高，受他的影响就越大。因此，要说服人们采取或改变某种态度，信息传播者本身具有的影响力或可信度尤为重要。

1. 专业性。专业性是指信息传播者在相关领域的学识水平、资历条件和社会声望。传播者本身所具有的权威性越大，其传播的信息越容易被接收，信息接收者改变态度的可能性也越大。霍夫兰等人用实验证明，威信高的传播者比威信低的传播者更能引起受众的态度改变。该实验用生物医学杂志和大众月刊杂志向被试宣传抗阻剂的效用，然后测定被试在接受宣传之后的态度变化。在实验前，先对两种杂志提供的信息可信度进行测定，有81%—95%的被试对前一种杂志提供的信息评价为可信的，有1%—21%的被试对后一种杂志提供的信息评价为可信的。在被试接受宣传后发现，前一种场合，有23%的被试态度发生了变化，后一种场合只有6.6%的被试态度有变化。

2. 可靠性。所谓可靠性主要是指传播者的意图和动机是否公正和客观。这与其学识、权威等身份标志无直接关系。传播者说服的动机是否出于私利，直接关系到说服的效果。如果传播者宣传的内容跟自身利益无关，其说服力就会上升，对改变人们的态度会有较大影响。如商品推销商推销其商品，极尽溢美之词，人们未必十分相信，反而是无意中听到其他人谈论某商品价廉物美时，极有可能萌生购买的念头。

3. 吸引力。吸引力是指信息传播者具有引人喜欢的内、外特质。传播者的吸引力会影响到说服的程度和效果，比如人们常在电视广告中见到影视明星、歌星、体育明星推销商品的情况，这就是利用传播者的吸引力来达到说服的效果。一般情况下，人们认为名人不会说不负责任、影响其形象的话，使用他们推荐的商品有一种安全感。人们对名人的外表产生的心理悦纳，也有助于对其宣传内容的关注和记忆。青少年常常把自己喜爱的明星当作偶像，从言行举止上模仿他们的一举一动，并为能与他们使用某件同样的商品而自喜。

4. 从属群体。这里群体的含义是广义的，大至国家、阶级，小到班级、单位甚至某个球队等等。个体态度改变与其所属的群体有密切的关联。当一个人对其所属的群体有强烈的归属感、认同感和忠诚度时，该群体对他而言就是一个十分可信的具有强大说服力的说服者，群体的规范和价值就成为他自身态度和行为的标准。当他的态度不符合群体标准时，就很容易改变自己的态度。这可以用马斯洛的需要层次理论中爱与归属的需要进行解释。

5. 传播者的人格特征。传播者的人格特征、仪表以至讲话的表情、形体动作都与其是否具有可信度有关。一个品德高尚、态度诚恳、措辞得当的传播者，容易得到别人认可、信任，而品行不良、态度蛮横、居高临下的传播者特别招人反感。亚里士多德有一至理名言：个人的特点可以永远被看作他拥有的最有效的劝导手段。

（二）信息传播的内容与方式

要引起态度改变，不光要注重传播者的条件，信息传播的内容和方式也会影响到对信息接收者的说服效果。

1. 信息差异。信息差异是指欲传播的信息和说服对象的原有态度之间的歧异程度。信息差异越大，它所引起的紧张感就越强，促使态度改变的程度也越高。但是差异如果超越某个节点，态度改变的效果反而会下降，甚至招致信息接收者对信息可信性的怀疑，以至于出现抵制、贬低信息来源的状况。信息差异的程度跟传播效果呈现一种倒 U 型的关系。不过，如果传播者的可信度较高，信息差异的程度就可以大一些。反之，如果传播者的可信度较低，差异即便在较小的水平上，亦难以引起态度的改变。

2. 信息的恐惧效应。信息唤起恐惧感是使接收者改变态度常用的一种方式。日常生活中我们劝说某人不要做某事，或呼吁全社会制止某种行为，往往是将其行为可能导致的不良结果作为重要理由，以引起恐惧感，从而改变其态度。

一般来说，信息越是能引起恐怖，在改变态度和行为方面就越有力量。但是，高强度的恐怖信息也可能使说服效果适得其反。心理学家曾做过这样的实验，让两组吸烟的人看一部彩色影片。第一组看到的是一个因吸烟而患肺癌的人接受肺癌手术的过程，被试者可以清楚地看到胸腔内糜烂的肺叶被切除、癌细胞侵噬过的创面等恐怖情形。第二组被试者只看到肺癌患者的肺部 X 光照片以及对病状的口头叙述。事后表明，第二组比第一组改变态度的效果要好。可见，恐惧诉求也需要掌握好一定的度。

一般认为，恐怖的信息可以使人产生两种反应。其一是控制由威胁而引起的恐惧感，称为恐惧控制反应。控制恐惧的行动可能是直接应对引起恐惧的威胁，也可能是一些与消除实际威胁无关的消极行动，如将威胁信息合理化，或发表与之决然对立的言论。高强度的恐怖信息可能反而被认为是一种出于某种目的的夸大宣传而导致对它的逆反态度，不被信息接收者采纳。其二是对威胁产生抗衡反应。产生这种反应的人承认并正视威胁的存在，接收传播信息所主张的应对方式或采取其他可以免于威胁的手段和方法，以此探寻更多的应对威胁的相关信息。可见，恐怖的传播信息只有在引起抗衡反应的情况下，才能产生说服效果。此外，恐惧的说服效果与提出的预防措施的有效性相关。

3. 信息的组织。关于传播信息的组织与说服力的关系，可从三个方面进行探讨。

第一，单面传播与双面传播。单面传播是指只叙述传播者所赞同的立场，对对立的观点闭口不谈，或一味强调其不足与缺点。而双面传播是指传播信息包含正反两种立场和观点，承认与自己对立的看法也有可取之处，但巧妙委婉地表示自己的一方更胜一筹。

对于单面传播和双面传播的说服效果，美国心理学家霍夫兰曾通过一系列实验进行研究。研究结果表明，单面传播与双面传播的效果要视信息接收者受教育程度以及阅历的深浅而定。对于受教育程度较低、阅历较浅的接收者，单面传播比双面传播更能使其改变态度，列举相反的观点反而可能使他们感到迷茫，甚至错误理解传播内容；对于受教育程度较高、阅历较深的接收者，双面传播比单面传播有效。如果只传播单方面的内容，他们会感到说法片面，不足以相信。

信息接收者的初始态度也是影响单面或双面说服效果的一个重要因素。如果信息接收者的初始态度与传播者立场一致，那么采用单面传播效果好，可以引起认可和热烈反响；提出相反意见反倒可能引起疑惑和困扰。如果信息接收者原来的态度和传播者的意见不同，采用双面宣传的方法则比较有利，这样可提高传播信息的客观性，有利于接收者参考比较，进而接受新的观点。

第二，不同信息的呈现次序。如果有两种不同的或者相对立的言论要依次发表，其他因素保持不变，那么先发表的说服效果好，还是后发表的说服效果好呢？社会心理学家研究认为，有时先发表有利，有时后发表有利，视具体情况而定。研究者把先呈现的传播信息比后呈现的传播信息产生较大作用的现象称为首因效应，而把后呈现的传播信息具有较大影响的现象称为近因效应。比如先发言者水平高，会产生"先入为主"、"先声夺人"的效果；如果后发言者根据先发言者的不足，来修改、补充自己的讲话内容，使其更全面、更准确、更有说服力，先发言者就不具有这个优势了。对于一些流动的听众，先发表演说较为有利，因为听众很可能听完第一个人的演讲后就离开了。在各类比赛中，倘若水平势均力敌，第一位出场参赛的选手往往很难拿到名次，为此有"倒霉的1号"之戏称。

第三，逐步提出要求，有助于促成个体或群体的态度改变。美国社会心理学家弗里德曼和他的助手曾通过实验研究对此进行验证。他们以家庭主妇为被试者，第一步先到一些家庭向家庭主妇们提出一个要求，请她们支持"安全驾驶委员会"的工作，在一份呼吁安全驾驶的请愿书上签名。这件事办得很顺利，几乎所有受访的主妇都同意并签了名。两周以后，实验者再分别找一些家庭主妇，提出在她们的院子里竖立一块上面写着"谨慎驾驶"的大木牌，结果显示，先前在请愿书上签名的主妇们有55%以上的人同意这一要求，而先前没有被登门要求在请愿书上签名的主妇们，只有17%的人接受了这一要求。最初提出较低的要求、进一步又提出较高要求的方法，比一开始就提出两项要求或较高要求，更容易使人接受，由此产生的心理效应就叫"登门槛效应"。这是利用人的一种心理，即人们意图表现出行为前后一致的形象：在答应他人的第一个要求后，即使后面的要求过高或过分，但为了维持形象的一致性，不至于产生心理上的不协调，也要继续做下去。中国有句俗语叫"好人做到底"，即是如此。

（三）信息接收者

信息接收者作为说服过程的终端，常常对说服信息表现出接纳或抵制的反应。这跟信息接收者自身的因素也有密切的关系。

1. 信念强度。影响信念强度的因素很多，常见的有以下几种：一是既成事实。指个体自身已经采取的行动对自己态度的影响。例如一个人买了一台电脑，更促使其喜爱电脑。即使有人指出电脑的种种弊端，如对视力的影响等，也很难改变购买者的看法。因为电脑的缺点在购买行为实施后已退居到次要地位，而优点则占据显要地位。二是公开声明。公开声明过的态度承诺性强，不易改变。公开声明过的态度要改变，即意味着自我否定，这种出尔反尔的行为既不符合社会行为规范，也容易导致他人的不信任。三是自由选择，对于一种观点或态度的自由选择，将会比被迫做出的选择引起更强的信服态度。这是由于自由选择是出于自觉自愿，如果改变就等于否定自己。四是卷入程度。态度的卷入程度是指个体在某一种观念中涉足的深浅。如果对某一观点涉足尚浅，对其信奉程度低，态度就容易改变；涉足程度越深，信奉程度越高，信念越坚定，态度也就越难改变。

2. 人格因素。社会心理学家霍夫兰和杰尼斯在他们的实验研究中发现：在一种情境中较易被说服的被试者，在其他情境中也较容易被说服。他们指出，这种可说服性的现象是与个体的人格特征相一致的。个体人格因素中的自尊使其在接收信息时产生不同的反应。许多研究表明，自尊低的被试者比自尊高的被试者更容易被说服。这是因为自尊低的人对自己的观念评价低，一遇到不同观念、意见，就容易放弃自己原来的观念和意见。自尊高的人则很看重自己的观念、态度，在遇到他人的说服时，会认为是对自己价值的贬损而加以抵制。此外，自我防御机制强的人，态度较难改变，他们会尽力保护已有的态度以维持自尊。场依存性比场独立性的人更易改变自己的态度。

3. 智能水平。研究表明，智能水平的高低与个人抵制说服的程度并不必然相关。智力与抵制说服在某一类的传播信息中呈正相关关系，在另一类传播信息中可能呈负相关关系。对于含义复杂而深奥的传播信息，高智能者比较容易了解，形成自己的认识；低智能者可能难以理解，缺乏判断力，或对传播信息加以抗拒，或迫于某种外力被动地改变态度。

（四）传播环境

信息传播的说服过程离不开一定的社会环境或情境条件。社会环境或情境因素虽然不直接作用于说服本身，却对态度的改变起到不可忽视的辅助作用。传播活动必然以某种形式处于一定的环境之中，而一定的环境因素也必然以某种形式影响、规定和制约着人类的传播活动。

拓扑心理学创始人库特·勒温（Lewin, K.）在他关于心理场的理论中提出了 $B=f(P \times E)$ 的公式，认为人的行为是个人与环境相互作用的函数。也就是说，个体的行为随着人与环境这两个因素而发生改变。不同的人在同一环境下可以产生不同的行为，同一个人在不同的环境下也可以产生不同的行为，甚至同一个人在不同的情境下，对同样的环境也可以产生不同的行为。该理论对我们在进行传播活动时更多地考虑受众的环境因素具有重要的启示。

现代心理学在考察人的行为时，常常引入生态系的概念，即以动态的观点，从传播环境与传播行为相互作用的角度研究传播过程以及传播内容对受众的影响。这也是媒介生态学研究的一个重要方面。

生态学的观点，要求我们不能仅仅局限于对某一种传播行为进行孤立的研究，还应充分考虑影响该行为的各种环境因素，将传播行为与该行为产生的环境作为一个整体去理解。美国心理学家布朗芬布伦纳（Bronfen-brenner, 1979）在研究儿童心理发展时提出了一个颇有影响的理论模型。他强调研究"环境中的发展"或者说"发展的生态学"的重要意义。他将影响儿童发展的生态学环境分为四级。一是微观系统（microsystem），这是个人直接体验着的环境。二是中观系统（mesosystem），指儿童直接参与的微观系统之间的联系与相互影响。三是外部系统（exosystem），指儿童并未直接能动地参加，但对其具有影响的环境。四是宏观系统（macrosystem），指儿童所处的社会或亚文化中的社会机构的组织或意识形态。参照这一模型，我们可将传播环境简要分成三种不同的层次，即宏观环境、中观环境与微观环境。在这里，宏观环境主要指包括政治、经济和意识形态在内的社会环境。中观环境主要指家庭环境和学校、社区等环境。微观环境则是指受众接触大众传媒的具体情境。

受众生活在社会环境中，社会环境是现实的，包括政治法制环境、物质经济环境、科学技术环境、文化教育环境与精神道德环境等。在社会环境中，每个传播者与受众一样，都与社会形成了广泛的联系，使他们处在各种自然力量、社会力量、信息力量的相互作用之下，这些作用共同决定着受众选择、接受大众传媒信息的方向与范围。

家庭是社会的细胞,受众都生活在各自的家庭之中,价值观念、思维方式、教育程度、风俗习惯等都必然受到家庭的熏陶与制约。在考察大众传媒对受众的影响时,必须注意到家庭结构、家庭气氛等因素对受众的影响。

另外,个体在接触大众传媒时是群体还是独自进行的,是与长辈还是与同龄伙伴一起,是仅受到某种传媒的影响还是受到多种传媒的包围,当时的情绪是轻松愉快还是焦虑不安,等等,都影响着个体对媒介内容的选择和理解,影响着个体对媒介内容的态度。

第四节 态度的测量

态度尽管难以直接观察,但是可以测量。在社会心理学中常用的态度测量方法有态度量表、问卷等。在设计态度测量方法时首先必须明确态度对象。态度对象可以是比较具体的,也可以是比较抽象的,但必须能与其他概念清楚地区别开来。态度的主要属性是评价性,亦即对一定态度对象的积极或消极的反应倾向。

根据态度测量的组织程度的不同,可以大致分为无结构的和有结构的两类测量。无结构的测量方式是由被试自由表达对某事的看法,有结构的测量方式则给被试提供多个选项,供其选择。二者各有利弊,前者可以取得较多信息,了解到事先未想到的问题;后者则易于记分,不易发生歪解,使反应集中于主要问题上,并适用于较大群体。

一 最常用的态度测量方法

态度量表是最常用的态度测量方法,其前提是假定被试意识到并愿意表达自己的态度。在某些敏感问题上被试可能不愿意表达自己的态度,这时就需要采用间接方法,间接方法是使被试不意识到自己受到评价,或者虽然意识到但不知道评价的是什么,比如假借评价其他方面如逻辑思维能力的名义评价态度。态度量表通常是由一系列有关所研究态度的陈述或项目组成,被试就每一项目表达自己同意或不同意的方向以及同意或不同意的程度。把反应分数加以整理得出一个表示态度的分数。

1. 瑟斯顿量表

该量表是由 L. L. 瑟斯顿及其同事 E. J. 蔡夫于 1929 年提出来的,故称之为瑟斯顿量表法。使用该方法，首先要搜集一系列有关所研究态度的陈述或项目，而后邀请一些评判者将这些陈述按从最不赞同到最赞同方向分为若干类。经过淘汰、筛选，形成一套约 20 条意义明确的陈述，沿着由最不赞同到最赞同的连续线分布开来。要求参加态度测量的人在这些陈述中标注他所同意的陈述，所标注的陈述的平均量表值就是他在这一问题上的态度分数。瑟斯顿量表法比较复杂、费时和不方便，今天已很少使用了。

2. 利克特量表

1932 年 R. 利克特提出了一种简化的测量方法，称之为相加法。它不需要收集对每个项目的预先判断，只是把每个项目的评定相加而得出一个总分数。利克特量表也是由一系列陈述组成，利用 5 点或 7 点量表让被试作出反应，5 点量表是从强烈赞同（5）、赞同（4）、中性（3）、不赞同（2）到强烈不赞同（1）。7 点量表则分为强烈赞同、中等赞同、轻微赞同、中性、轻微不赞同、中等不赞同、强烈不赞同。这两种量表是使用得最广的。利克特量表的一种改进形式是强迫选择法，即排除中性点，把原 7 点量表改为 6 点量表，迫使被试做出有倾向性的选择。利克特量表法的结果与瑟斯顿量表法的相关系数约为 0.80。

3. 社会距离量表

社会距离量表与瑟斯顿量表和利克特量表按赞同或不赞同因次的测量有所不同，主要用于测量人际关系亲疏态度。J. L. 莫雷诺的社会测量是测量人际亲疏态度的一种形式。E. S. 博加德斯于 1929 年提出的社会距离测量主要用来测量种族之间的社会距离。

博加德斯量表包括一系列陈述，按从最近社会距离到最远社会距离排列开来，如可以结亲（1）、可以作为朋友（2）、可以作为邻居（3）、可以在同一行业共事（4）、只能作为公民共处（5）、只能作为外国移民（6）、应被驱逐出境（7）。括号内分值越大表示社会距离越大。

4. 语义分化量表

C. E. 奥斯古德等人 1957 年提出的一种较为全面的测量方法。以往的态度测量基本上是在赞同或不赞同一个维度上的测量，不易表达出态度的复杂性。语义分化量表提出了 3 个不同维度的态度测量，所以又称为多维度量表法，这 3 个维度是评价、强度和活动。在这个方法中，态度对象的评定是通过由对立形容词构成的一些量表进行的，如好—坏、强—弱、主动—被动。好—坏是评价方面，强—弱是强度方面，主动—被动是活动方面。

用语义分化法测量时，需要给被试者提出一个态度对象，要求他按照自己的想法在有关系列中圈定一个数字，各系列分值的总和就代表他对有关对象的总态度。

上述态度测量方法是具有代表性的几种，其他方法如投射测验、行为观察、生理记录等，也是研究者常常采用的方法。

二 避免虚假反应

在态度测量上常出现两类问题：客观解释问题和主观偏向问题。研究者发现，态度量表有时并不能反映出被测者的真实态度。如果某个项目编制用语模糊，被试者发生误解，那么对这个项目的反应就不可能反映出被试者的态度。这是客观上的解释问题。要避免这种错误，在编制态度量表时应当用多个项目测量同一个态度，这样可以克服理解上造成的偏差，测量到真实的态度。更严重的问题是主观偏向问题。如果人们由于某种原因而不愿表达真实的态度，那么就可能做出虚假的反应。有时，人们可能自己也不了解与行为不同的内心深处的态度，在这种情况下作为测量工具的态度量表的效度就成了问题。对此，社会心理学家已提出一些避免这类问题的办法。

在许多情况下，人们做出虚假反应是由于他们知道哪些态度是社会赞许的，哪些是社会不赞许的。为了解决这个问题，有人提出了一种称为"假通道技术"的方法，研究者声明采用一种仪器可以探查到被试者的真正态度（实际上这是做不到的）。如果被试者不了解实情，而相信研究者真能做到，就可能做出真实的反应。H. 西戈尔等人1971年的研究证明，采用假通道法与传统量表法相结合比单用传统量表法更能揭示出真实的态度。该研究的基本假设是，由于社会压力，大学生倾向于对美国人表现出比实际态度差一些的态度，对黑人表现出比实际态度好一些的态度。他们共用60名白人大学生做被试，分为两组。第1组30人对美国人品质表做出反应，第2组30人对类似的黑人品质表做出反应。每一组有15人连通一架标名为"肌电图"的仪器，其余15人只做反应，不连通仪器。结果表明，结合假通道技术的确能探查出更真实的态度。

除了假通道技术外，还有人提出利用行为指标的办法。一般认为，当人们倾听他们赞成的信息时往往点头而不是摇头，这种运动也可以用来探查真实态度。其次，皮电反应和肌电图也是可以利用的。虽然这类生理反应与态度没有直接联系，但有助于了解唤起水平，从而查明不真实的反应。

某些人格特征也会造成反应偏向。社会心理学家发现，某些人对问卷或测验总是以一定模式反应，而不管态度如何。有些人有赞同反应倾向，他们对问卷项目倾向于做出肯定的回答；有些人有否定倾向，他们对问卷项目倾向于做出否定回答。对此可采用对一个态度运用多个问题的方法，而且问题的表述采用不同方式，对同一问题有时要求用"同意"回答，有时要求用"不同意"回答。

三 测量中的无态度

康弗斯（Converse，1964，1970）在看到许多调查对象在不同的时间对同一问题做出不一致的回答之后，杜撰了"无态度（nonattitude）"这个词。他的"黑白"模型认为，"相当多的公众缺乏对所争议问题的信息，其所提供的意见毫无意义，经常发生随意的改变"（1964，p. 243）。

有大量研究对无态度提供了相关证据，包括被调查者对不存在的国家（Hartley，1946）、虚构的行为，以及真实但模棱两可的议题（see Bishop，2005 for a review）做出反应。

康弗斯（Converse，1964，1970）对公众"乌合之众"的责备，加上研究所表明的"无态度"证据，引发了大量旨在恢复公众声誉的研究。比如，亚琛（Achen，1975）将这种态度的不稳定性归之于由方法不当的调查项目带来的测量误差。扎勒和费尔德曼（Zaller and Feldman，1992）则对此持中庸观点，他们认为，反应的稳定性是被调查者和调查工具的函数，"调查问题并不是简单地测量民意。它还通过问题的框架、选项的顺序以及问题的情境设置等方式塑造和传达民意"（p. 582）。图安格等研究者（Tourangeau，Rips，and Rasinski，2000）认为，除了明确的态度（被调查者有预先形成的意见，可以轻易提供给访谈人员），被调查者所报告的态度部分来自一念之想、先前存在的可能影响和图式，以及问题的措辞或顺序。

研究者对无态度之来源的研究有助于采取措施减少伪意见的发生。比如，如果表现自己见多识广的欲望可能引发无态度（Converse，1970），那么在真正的态度问题之前加上一个过滤性问题（如"你对 × 议题有什么意见吗？"）就可以减少无态度出现的可能性（Bishop，Oldendick，&Tuchfarber，1980）。毕竟，被调查者一般不太愿意主动回答他们没有什么意见的问题（Bishop，2005）。

也有一些研究者认为无态度反映了被调查者试图对调查问题加入自己的理解。因为访谈情境类似于交谈，被调查者没有理由相信访谈人员会问一些根本不存在的问题（Schwarz，1995，cited in Bishop，2005）。因此，被调查者为了回答态度问题，就会利用问题的情境帮助自己界定该问题。

由于访谈情境预先假定各种"真实条件"（Tourangeau et al. , 2000, p. 247）——即问题涉及真实的议题，而且要被调查者选择所提供的封闭式问题的选项——一些研究者解释为无态度的东西可能真的是被调查者的态度，它是基于问题情境所推导出的意义而得出的。因此，添加"无意见"选项可能减少调查中出现无态度的可能性（Bishop, Oldendick, & Tuck-farber, 1986）。

由于康弗斯最初提出的无态度涉及态度的稳定性问题，研究者已采用各种新老方法来考察被调查者态度的波动。盖洛普（Gallup, 1947）提出用一系列调查问题来评估被调查者意见的各个维度。他的"5 维度计划"包括：（1）用过滤性问题测量被调查者对某议题的信息水平；（2）用开放式问题来了解被调查者对该议题的总体态度；（3）用封闭式问题来测量该议题的具体层面；（4）用开放式问题测量被调查者为什么持有特定的态度；（5）用封闭式问题测量被调查者的情感强度。与此相似，杨克洛维其、斯凯利和怀特（Yankelovich, Skelly, and White）提出的"模糊指数"也试图对持有无态度的被调查者进行鉴别（Keene & Sackett, 1981）。这一由 4 个项目组成的指数所测量的问题包括：被调查者关于该议题对其个人有多大影响的感知；他们对自己对该议题了解程度的感知；被调查者在人际交谈中参与该议题的程度；他们在多大程度上认为该议题将会改变（Asher, 1992）。尽管盖洛普的"5 维度计划"和杨克洛维其等人的模糊指数可能鉴别出哪些被调查者持有"真实的"或更稳定的态度，但由于这需要增加问题的数量以及提问的成本，因而常常使意欲使用这一方法的研究者望而却步。

第四章　沉默的螺旋

　　沉默的螺旋理论是 20 世纪 70 年代初由德国传播学者伊丽莎白·诺·纽曼（E. Noelle-Neumann）提出来的，它是解释现代社会中民意形成和建立共识最有影响的理论模型之一。本章将简要介绍该理论的主要观点，研究者对该理论的质疑，以及该理论对民意调查的启示。

第一节　核心概念

　　1972 年德国传播学者诺埃勒·纽曼在其著作《重归大众传播的强力观》中首次提出沉默的螺旋这一理论观点，并于 1980 年在《沉默的螺旋：舆论——我们社会的皮肤》（*The Spiral of Silence：Public Opinion-Our Social Skin*）一书中给予全面的概括。该理论认为，大众传播媒介在影响民意方面具有强大的效果，而民意形成的过程恰如"沉默的螺旋"。

　　为更好地理解沉默的螺旋这一理论的主要观点，这里先阐述几个核心概念。

一　害怕孤立（fear of isolation）

　　社会集体会对那些背离社会规范和大多数观点的个体产生孤立甚至驱逐的威胁。心理学认为，"不被孤立"是引发人类社会行为的最强烈的动力之一，绝大多数个体会因为害怕孤立而改变自己的行动。

　　人本主义心理学家马斯洛的需要层次理论可以较好地解释人类的"害怕孤立"。需要层次理论将人的需要从低到高划分为五个层次：生理需要、安全需要、归属与爱的需要、尊重的需要和自我实现的需要，每一种需要都隐含着人类对孤立的恐惧。对于生理需要的满足，无论是依赖体力的原始社会还是"人定胜天"的现代社会，都离不开人与人之间的合作，没有他人的支持与配合，最基本的需要也不一定能够轻而易举地被满足。安全需要不仅仅是身体上的安全，不被孤立本身就是心理安全的重要体现。没有归属就没有爱，对于人类来说，从属于不同的社会群体，为不同的社会群体所认可所接纳，是社会生活的基本内容，也是受人尊敬、满足尊重需要以及自我实现的具体体现。

美国心理学家阿希（S. Asch）所做的从众实验，用实证的方法证实了人类对不被孤立的强烈渴望。所谓从众，是指个体受到群体的影响而怀疑、改变自己的观点、判断和行为等，以跟他人保持一致。阿希实验就是研究人们在多大程度上受到他人的影响，而违心地做出明显错误的判断。

阿希的研究对象是自愿报名参加"视觉判断"实验的大学生，实验材料是18套卡片，每套两张，一张画有标准线段，另一张画有比较线条。每组有7名被试，其中6人是实验助手（即假被试），另一人是真正的被试。被试的任务是，在每呈现一套卡片时，判断a、b、c三条线段中哪一条与标准线段x等长。

实验开始前几次判断，大家都一致做出了正确的选择，从第7次开始，假被试（助手）故意做出错误的选择，实验者开始观察真被试的选择是独立还是从众。面对这一实验情境，真被试在做出反应前需要考虑以下三个问题：是自己的眼睛有问题，还是别人的眼睛有问题？是相信多数人的判断，还是相信自己的判断？在确信多数人的判断是错误时，能否坚持自己的独立性？阿希经过多次实验，发现平均有33%的人做出了从众的判断，有76%的人至少出现过一次从众的判断。

二 意见气候（opinion climate）

意见气候是指人们对自己所处的环境中的意见分布状况的感知，包括现有意见和未来可能出现的意见。对于一个有争议的议题，人们往往会形成关于自己身边"意见气候"的认识，同时判断自己的意见是否属于"多数意见"。当个体感觉到自己的意见属于"多数"或处于"优势"的时候，便倾向于大胆地表达这种意见；当发觉自己的意见属于"少数"或处于"劣势"的时候，遇到公开发表的机会，可能会为了防止"被孤立"而保持"沉默"。

"意见气候"主要来源有两个。一是所处环境中的群体意见。诺埃勒·纽曼说，自己提出该理论的灵感来自她的一个学生。一天早晨她碰到一个戴有基民党徽章的女学生，而下午再碰到这个女学生时，她已将徽章取下，因为基民党的徽章很少有人佩戴，戴着这样一个徽章"太可怕了"。二是大众传播。大众传播在塑造"意见气候"时起着巨大的作用。人们观察环境中的意见分布，主要依据是大众传播媒介，他们通常认为大众传播媒介呈现的意见代表了多数人的想法。公众在公开表达意见时常采用媒介上不断重复的词汇和观点，而与大众传媒不一致的观点，人们一般不予公开表达。

三 双重意见气候（dual climate of opinion）

在讨论媒体在沉默的螺旋过程中所起的作用时，有一种情况即"双重意见气候"尤其值得关注。当大多数人对某个议题具有明确的立场，而人们所感知到的即将赢得或输掉这一争议的却是对立的群体，这就出现所谓的双重意见气候了。

以国外大选为例，假如大多数人支持候选人 A，但由于新闻媒体报道的偏向使选民普遍感觉到大多数人支持的是候选人 B，双重意见气候便形成了。这对沉默的螺旋的意义是显而易见的。作为双重意见气候的结果，我们可能看到与真实民意分布相反的沉默的螺旋，也就是说反对候选人 A 而支持候选人 B，这只是因为新闻媒体不准确地描述了意见气候，这反过来又影响了人们表达真实意见的意愿，并加速了意见气候的螺旋过程以及反对候选人 A 这一意见的表达。

若要充分理解双重意见气候的含义，有必要简要考察一下诺埃勒·纽曼对媒体塑造民意过程的解释。诺埃勒·纽曼认为，双重意见气候的形成是因为媒体对矛盾议题的报道往往是兼容的、累积的（Noelle-Neumann，1973）。兼容是指不同的媒体往往以同质的方式描述争议的议题，它与诸如媒体内议程设置（McCombs，2004）或新闻波（Fishman，1978）这类概念是一致的，即新闻记者对报道内容和报道方式的选择常常受到同行或精英媒体的影响，受到新闻记者解决未决情境问题的群体动态过程的影响（Donsbach，2004）。沉默的螺旋理论认为，对一个议题的兼容报道可能加强媒体效应，因为它削弱了受众仅选择与其观点一致的媒体进行接触的可能性。然而，更重要的是，诺埃勒·纽曼认为媒体效应是累积的。因此，如果累积的媒体兼容信息流使公众对意见气候的知觉偏离了真实的民意分布，那么就会出现双重意见气候。

四 准统计感（quasi-statistical sense）

诺埃勒·纽曼将人感知外部信息的器官称为"准统计官能（quasi-statistical organ）"，它帮助个体感知周围哪些意见是流行或获得赞成的，哪些是不受欢迎或失去赞成的。每个人都具有"准统计感"（quasi-statistical sense)，这种能力有助于判断"意见气候"的状况，判断什么样的行为和观点被他们所处的环境认同或不被认同，什么样的意见和行为正在被强化或弱化。

个体的"准统计感"使他们能够估算社会中的意见气候，即人们支持或反对某一个议题的比例。这种准统计感觉可能是准确的，但并非总是如此。

五　先锋与中坚分子（avantgardes and hard cores）

大量研究表明，参照群体不仅可为人们评估意见气候提供重要的社会线索，而且可为那些与意见气候持不同意见的人提供保护性的环境。诺埃勒·纽曼（1984）将这类参照群体称为"先锋"和"中坚分子"。"中坚分子"是指那些坚持少数观点的人，即便沉默的螺旋表明他们的意见受到越来越强烈的反对。"先锋"对敌对意见气候的抵制可能基于他们强烈的信念系统，基于对所讨论的议题的强烈关注，或者基于强化其现存信念的参照群体。"中坚分子"坚持既有的立场，即便意见气候反对其立场，而"先锋"则追求新的、与众不同的观点，以此反抗占主导的意见气候和社会规范。由此可见，参照群体通过创造保护性的社会环境，为先锋者公开表达不同于多数意见的意见提供必要的社会支持，从而对"先锋"和"中坚分子"都产生重要的影响。

"先锋"和"中坚分子"与阿希（Asch, 1955, 1965）的从众实验是一致的。在该实验研究中，如果房间里至少有一人对被试表示支持，那么愿意公开表达不同于群体多数人意见的被试比例就会显著增加。麦克唐纳和他的同事（McDonald, Glynn, Kim, & Ostman, 2001）在其对拉扎斯菲尔德等人在 1948 年所做的 Elimira 研究（Lazarsfeld, Berelson, & Gaudet, 1948）的二次分析中发现，事实上，中坚分子比样本中的其他被试对意见倾向的怀疑更少，这对诺埃勒·纽曼最初的理论观点提供了实验支持。

第二节　理论观点

沉默的螺旋理论认为，人们因为害怕在公开的争论中被孤立，往往非常在意周围人的意见并据此调整自己的行为（以及潜在的意见）以适应大多数。那些认为自己属于少数派或节节败退的群体将更少发出声音，更不愿意公开表达自己的观点，由此少数人群体的声音会随着时间变得越来越弱，这仅仅是因为其成员越来越不愿公开表达自己的意见。最终，感知到的少数人群体对公开表达意见的不愿意将使多数人群体的意见成为优势意见，甚至成为社会规范。

诺埃勒·纽曼（1984）的理论有两个广义的理论来源。一是洛克、蒙田等哲学家的著作，他们的作品广泛涉及民意和公众排斥的影响。二是社会心理学特别是关于遵从大多数压力的理论（Asch，1955，1965）以及群体规范对判断和态度的影响的理论（Sherif，1967）。

一　个人意见的表达是一个社会心理过程

人作为一种社会动物，总是力图从周围环境中寻求支持，避免陷入孤立状态，这是人的"社会天性"。大多数人害怕被孤立，而人们所生存的社会又常常通过习俗等方面的压力使违反社会规定的个体产生疏离感，这种被孤立的恐惧感使得个人不断地观察、评判周围的意见环境。特别是对于具有争议性的议题，人们往往试图判断自己的意见是否属于大多数，然后判断民意是否会朝赞同他们意见的方向改变。如果人们觉得自己的意见属于少数，就会倾向于对该议题保持沉默。如果觉得民意正在逐渐背离自己的意见，他们也会倾向于对该议题保持沉默。他们越是保持沉默，其他的人便越是觉得某种看法不具代表性，他们便越是继续保持沉默。该理论假定，个人具有一种准统计感，人们借此确定哪种观点和行为模式是他们所处的环境所允许或不允许的，哪些观点和行为模式正在得势或失势。当发现自己属于"多数"或"优势"意见时，便倾向于积极大胆地表明自己的观点，当发现自己属于"少数"或"劣势"意见时，往往会屈从环境压力而转向"沉默"或者附和。

二　"意见表达"与"沉默"的扩散是一个"螺旋式"的社会传播过程

"意见表达"与"沉默"的扩散是一个动态的、螺旋式的社会传播过程。也就是说，一方的"沉默"可能造成另一方地位的增强，使得优势意见显得更加强大，这种增势反过来又迫使更多持不同意见的人继续保持沉默甚至转变态度追随优势意见。如此循环，形成了一个随着时间推移"一方声音越来越大，另一方越来越沉默"的"螺旋"过程。

三　大众传播通过形成"意见气候"来影响和制约民意

根据诺埃勒·纽曼的观点，民意并不一定是人们"理性讨论"的结果，而可能是周围"意见气候"的压力作用于公众害怕被孤立的心理，迫使人们对"优势意见"采取趋同行动这一非理性过程的产物。"意见环境"的形成源于人们所处的社会环境以及大众传媒，而后者的作用可能更强大。在媒介异常发达的现代信息社会，大众传媒以三种方式影响人们对环境的认知活动：一是对何者是主导意见形成印象，二是对何种意见正在增强形成印象，三是对何种意见可以公开发表而不会遭到孤立形成印象。也就是说大众媒介在人们试图确定大多数人的意见是什么时，起着重要作用。

"沉默的螺旋理论"的前提是人们的社会从众心理和趋同行为，而"从众"和"趋同"行为发生的根本原因在于人们对社会孤立的恐惧。人作为一种社会动物，具有天然的渴望受到他人尊敬、避免受到他人孤立的心态。人们时时观察着大众传媒和周围人的态度，以便分辨出"优势意见"和"劣势意见"。对大多数人而言，当个人的意见与其所属群体或周围环境的观念发生背离时，往往会产生孤独和恐惧感。因此，对于自信较低、害怕被社会群体隔离的人而言，他们往往不愿意表达自己的意见，尤其是与众不同的意见，而是变得沉默，甚至转变支持方向，与优势群体、优势意见保持一致。

沉默的螺旋理论认为舆论的形成是大众传播、人际传播、人们对意见环境的认知心理三者相互作用的结果，强调社会心理机制在舆论形成过程中的作用，强调大众传播对舆论的强大影响。其前提是"个人对社会孤立的恐惧"，以及由这种"恐惧"所产生的对多数或者优势意见的趋同行为。然而，事实上，对社会孤立的恐惧、对优势意见趋同的行为并非一个绝对的常量，而是一个受条件制约的变量。"多数意见"的压力强弱受社会传统、文化以及社会发展阶段等因素的制约，对于不同性质、类型的问题，多数意见的压力不同。过于强调"多数"或者"优势"意见的压力，忽略了舆论的变化过程和少数派的作用。实际上，少数派的"中坚分子"往往可以对多数派产生重要影响。

四 作为动态过程的沉默的螺旋

沉默的螺旋是一个随着时间而发展的动态过程。随着那些认为自己是少数派的人陷于沉默，对意见气候的感知也随时间发生变化，最终多数人的意见就被确立为主导意见甚至作为社会规范。

图4-1展示了随时间而发展的螺旋过程。人们公开表达观点的意愿极大地取决于他们将哪些观点视为多数人的或者说哪些观点占据优势。随着持少数派观点的人们逐渐保持沉默，所知觉到的多数人的意见开始上升。少数派

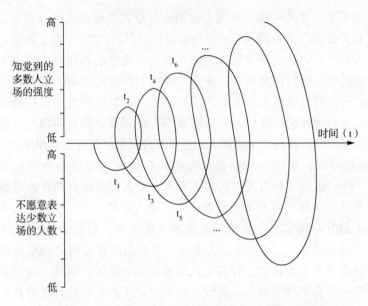

图 4 - 1　作为动态的、宏观社会过程的沉默的螺旋

（资料来源：Wolfgang Donsbach & Michael W. Traugott（eds.）. *The SAGE Handbook of Public Opinion Research*. London：SAGE Publications Ltd. 2008. p. 176。）

不愿意公开表达意见将导致支持多数派的知觉偏见的产生，这反过来又促使少数派更不敢公开表达自己的观点，这是一个相互强化的螺旋过程。

影响这一螺旋过程的因素主要有两个。一是所讨论的议题的性质。以往的研究表明，只有那些包含道德成分、可能"使个体孤立"的议题或价值议题，才会产生沉默的螺旋（Noelle-Neumann，1993，p. 231）。最近几年在多个国家所发生的有关胚胎干细胞研究议题的争议就是一个很好的例子，即宗教和道德问题是与公众话语中的理性问题、科学问题交织在一起的。围绕这类议题的愿意公开争议受到道德上的制约，因此难以"客观地"回答是否应该推进这一新技术以及是否应该为此提供研究经费。由此可见，意见气候决定着公民是否公开表达自己的观点以及何时表达。二是新闻媒体。根据诺埃勒·纽曼早期的研究（Noelle-Neumann，1977，1984），人们用于估算意见气候的准统计感至少在某种程度上依赖于媒体对议题的描述。人们对意见气候的评估主要依赖于两大来源。一是他们的即时社会环境。事实上，有越来越多的研究表明，人们往往从其即时社会圈子的最近讨论中预测意见气候（Scheufele，Shanahan，& Lee，2001）。二是新闻媒体。特别是对于那些公民很少有直接经验的议题，或者他们没有时间来估算意见气候时，新闻媒体就显得更加重要。

五　作为宏观理论的沉默的螺旋

在微观层面上，沉默的螺旋理论考察了民意的表达，意见倾向的控制（如害怕孤立），以及影响人们公开表达争议性意见之意愿的人口统计学变量。如，有研究表明，年轻男性被调查者更可能公开表达自己的观点，而不顾是否遭受孤立，也不管主导的意见气候是什么（Scheufele & Moy，2000）。

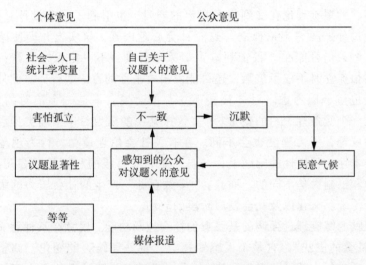

图 4 - 2　沉默的螺旋：个体和群体意见的连接

（资料来源：Wolfgang Donsbach and Michael W. Traugott（eds.）. *The SAGE Handbook of Public Opinion Research*. London：SAGE Publications Ltd. 2008. p. 178。）

由图 4 - 2 可知，个体的意见与其对意见气候之感知存在相互作用。如果个体自己的意见与其感知到的意见气候不一致，他/她公开表达自己观点的可能性就会降低。正如前面所提到的，如果越来越多的认为自己属于少数派的人陷于沉默，那么公众对意见气候和社会层面的感知就可能转移。换言之，个体仅仅根据他/她对其他人意见的感知，而不愿表达自己的意见，这会在社会层面产生影响。当然，社会、宏观层面的感知反过来又会影响个体的感知以及人们表达意见的意愿。

沉默的螺旋理论除了将宏观和微观层面的分析结合起来外，还融合了中观层面的分析证据。诺埃勒·纽曼最初的理论很大程度来源于所罗门·

阿希所实施的从众实验（Asch, 1955, 1965）。该实验表明，个体如面临群体情境中压倒性的反对意见时，往往不愿公开表达不同于群体的意见，即便他们知道群体的判断是错误的。

沉默的螺旋理论提供了一种考虑问题的视角：团队意见的形成不一定是团队成员"理性讨论"的结果，而可能是对团队中"强势"意见趋同后的结果。需要注意的是："强势"意见所强调的东西，不一定就是正确的。当团队中的少数意见与"多数"意见相左的时候，少数群体有可能屈于"优势意见"的压力，表面上采取认同，但内心仍然坚持自己的观点。

沉默的螺旋理论在受到很多肯定的同时，也引起了一些批评。比如，该理论过分强调"害怕孤立"这一社会心理因素。事实上，即使感到孤立，有些人仍可能在"权衡利益"后采取行动，不一定保持沉默；有的人在害怕孤立时不仅不沉默，还可能发出攻击性的言语或行为。此外，个人差异也应予以考虑。对"社会孤立"的恐惧，不是一个绝对的常量，而应是一个受条件制约的变量。"多数意见"的压力对于不同类型、不同性质的议题，压力程度也会不同。在有关社会伦理道德、行为规范的争议，技术性、程序性的问题上，与自己是否有直接的利害关系等几方面，其压力和抵制力是不同的。而且，"多数意见"产生的社会压力的强弱受到社会传统、文化以及社会发展阶段的制约。

沉默的螺旋理论强调的是民意的社会控制功能。民意在某种意义上是"我们社会的皮肤"，它是个人感知社会"意见气候"的变化，调整自己的环境适应行为的"皮肤"。不仅如此，它还在维持社会整合方面起着重要作用。就像作为"容器"的皮肤一样，防止由于意见过度分裂而引起社会解体。

从传播效果研究的角度而言，"沉默的螺旋"理论强调大众传播具有强大的社会效果和影响。这里所反映的"强大影响"已经不止于认知阶段，而是包括了"认知→判断→行动"的全过程。

第三节　网络环境下的沉默的螺旋

随着互联网的普及和上网人数的激增，网络媒体的影响面不断扩大，影响力与日俱增。由于互联网的平等性、匿名性和不受地域限制等特点，一些研究者认为，作为支撑该理论的假设，即惧怕被孤立的心理状态也就不复存在，"沉默的螺旋"理论也就失去了解释力。那么，在网络环境下，沉默的螺旋真的已失去效用？抑或以另外的形式继续存在？

一　匿名性的挑战

网络传播对"沉默的螺旋"最明显的挑战恐怕来自网络传播的匿名性。

在线交流与面对面的互动之间，存在着巨大的差异。在网络空间里，我们失去了手势或其他非语言的暗示，而这些手势或者非语言的暗示本来可以传达副语言的信息，用以补充交流的言语内容。耸耸肩、点点头、眨眨眼，或者歉意地露齿而笑，这些动作在网上都是不可能做到的。虽然人们发明了许多"表情符号"，视频技术也已成熟，但大多数人仍热衷于纯粹的文本交流。也许是这种更具匿名性的交流可以给人们带来某种安全感以及更大程度的交流与自由表达空间，而这正是"沉默的螺旋"理论假设中所缺失的条件。

一般来说，网络传播的匿名性会使个体在进行自我表达时，较少顾及社会规范的约束，较少受到他人以及所属社会群体的影响，被孤立的担忧可能大大削弱甚至完全消失。网上交流的匿名性使人们更容易袒露真实的自我，随意表达意见后所需承担的心理压力大大降低。这样一来，人们更容易也更愿意展示自己的真实观点，而不是随便接受或者默认别人的观点。即使与别人意见不一致，人们仍可能大胆表明自己独特的意见，沉默的螺旋也就不复存在了。

然而，把"匿名性"作为否定网络环境下"沉默的螺旋"起作用的依据是否充分，仍见仁见智。"匿名性"可以营造宽松自由而没有群体压力的平等的交流空间，但是"假面舞会的人人平等只是一种虚假的平等原则。在这个缺少'我与你'的世界上，一切都是故事"（李河，1997）。

二　网络时代"沉默的螺旋"理论依然奏效

从宏观层面看，数字化、多元化、多媒体化、实时性、交互性、虚拟性等传播特点，使网络传播具有比其他传播方式更即时、更广范的传播优势，也使得其他传播方式可以借助网络平台，对更多的受众进行"链接"，而网络传播的匿名性，使得那些网络上的活跃者可以更加肆无忌惮地表达自己的意见，甚至用极端言语抨击与自己不同的观点。

2003 年发生在西北大学的日本留学生事件，就是网络传播加剧"沉默的螺旋"的一个很好的例证。事件发生以后，国内很多网站就这一事件进行了即时转贴、报道和讨论，很多网站充斥着各类极端的言论，中国民间的反日情绪急剧升温。对于这一现象，中国社会科学院世界经济与政治研究所的刘小彪（2004）认为，中国互联网上激烈的反日言论和极端的民族主义情绪是中国一部分网民真实感受的客观反映，但它绝对不代表中国青年和中国民众的全部。从这个意义上说，它只是一种片面的、虚假的真实。在网上，那些少量的、理性而又温和的发言一旦出现，便大多逃脱不了被"追杀"的命运，而那些极端的、非理性的发言往往受到"追捧"，这也是 BBS 论坛上很少能看到理性的、温和的发言的原因，但这并不等于说我们的周围没有理性和温和的声音。由于同样偏激的人"惺惺相惜"，而持不同意见的温和者则相对更有一种宽容心，或者根本就懒得去理会那些"无知无畏"的发言。这样，在互联网上很容易形成一种令人忧虑的"沉默的螺旋"现象，即情绪极端者不断得到鼓励，声音变得越来越大，势力越来越强，言辞也变得越来越激烈；而那些理性的温和者则不断遭到打压，声音变得越来越微弱，也越来越感到势单力薄和信心不足；介于这两者之间的、人数众多的中间派则可能在极端言论的"耳濡目染"中逐渐走向偏激。于是，互联网成了极端言论的天下，极端的少数正在左右沉默的大多数。如果说在传统媒体下是公众在媒体强势的压力与单向传播中走向螺旋式的沉默，那么网络环境下则是在大家的互动中走向"螺旋式的上升"。

从微观层面看，由于网络传播与现实传播具有一定的相似性，产生沉默的螺旋的心理机制仍然存在，因此沉默的螺旋现象并没有消失。阿希（Asch，1951）的从众实验表明，人们在临时拼凑的群体中，虽然彼此素不相识，但群体中多数人的行为作为一种压力迫使个体产生从众行为。在现实情境中，当群体中大部分成员做出相同行为时，可能对个体造成的压力更大，更易使其发生从众行为。尽管从众实验中的"临时拼凑群体"不完全等同于网络中的网民群体，但两者都具有彼此素不相识这一共同点。

对于这种临时拼凑的群体，也就是彼此陌生的交流环境，诺埃勒·纽曼也做了相关的研究。她在 20 世纪 70 年代进行的"有关对任用共产党员为法官"的民意调查的火车实验中发现，虽然多数人反对任用共产党员为法官，但是乐于加入讨论这个话题的人却不多（27%）；相反，虽然赞成的人居少数，但是愿意就这个话题在火车上进行讨论的人的比例却大大超过前者（52%）。这些研究表明，即便在"临时拼凑的群体"中，也可能发生从众行为。在网络环境中，对于那些相对流动的网民，产生从众行为并不奇怪。

有研究者（朱珉旭，2012）从五个方面论证了网络环境下"沉默的螺旋"依然存在的理由：

1. 网络本身的"妖魔化"

网络看似给每个人提供了一个相对封闭和安全的自我空间，让人们可以大胆表述自己的观点和见解，以至使某些学者认为网络导致"沉默的螺旋"现象产生的"害怕被孤立"的群体压力消失，进而推论出"沉默的螺旋"现象在网络时代不复存在。但实际上，网络为我们提供的相对独立的空间只是"皇帝的新装"，看似每个人都可以隐蔽自己，认为别人只能看到自己的各种观点，却无从获悉自己的身份。其实，这是一种自欺欺人，反而更加说明"害怕被孤立"的心理对人们的影响之深，"沉默的螺旋"现象在个性化传播的网络环境下也不例外。

2. 个性使然

社会心理学家认为，从众行为是由于在群体一致性的压力下，个体寻求的一种试图解除自身与群体之间的冲突、增强安全感的手段。实际存在的或想象到的压力会促使个人产生符合社会或群体要求的行为与态度。在网络传播中，我们并没有足够的证据证明"想象的群体压力"不存在，也没有足够的证据证明那些本性中缺乏个人见解、喜欢追随别人的人可以通过网络中所谓的匿名交流改变自己的本性。那些天生内向、不善言辞或者一直不喜欢表达自己观点的人，即使在可以畅谈无阻的自由环境下，也不一定畅所欲言。此外，长久的社会及群体压力带来的个人从众行为，是否会内化成个体性格的一部分，并成为一种潜意识的惯性行为？如果是，那么就可以充分证明"沉默的螺旋"现象在网络传播中依然存在。

3. 个人处理海量信息的能力差异

网络信息浩如烟海，面对如此海量的信息，人们似乎更多的只是匆匆浏览，很少会参加留言讨论，尤其是那些一向"不喜欢发言"的人。据统计，所有新闻组的读者只有不到10%的人投稿参加讨论，95%的网民上网只是查阅和浏览（胡泳，1997）。由此可见，那些一贯喜欢对外界发表自己看法的人在各论坛、网站不断地张贴自己的主张，而那些不喜欢"讲话"的人依然缄口不语。

4. 信息的质量问题

在互联网上，每个人既可以是信息的接收者，也可以是信息的发出者。正是由于网络传播的这种交互性，使得网络上的信息良莠不齐、真假难辨。正因为如此，相当一部分网民对网络上的种种信息抱着"无所谓"的态度，常常只是浏览而不屑给予回应，由此便出现在"网络中可以畅所欲言"的假象掩盖下一方保持沉默、另一方声音越来越大的"沉默的螺旋"现象。

5. 网民间的技术"侵压"

陈力丹教授在《论网络传播的自由与控制》(《新闻与传者研究》, 1999) 一文中曾举过一例: 一位加拿大的绝症患者向各 BBS 发出解除安乐死禁令的呼吁, 而另一位电脑专家因为有不同看法, 使用一个程序就抹掉了他发出的全部呼吁。这也是造成"沉默"现象的一个新因素, 即持不同意见的网民采用某种技术手段的控制, 造成对方的"沉默"。

第四节　对沉默的螺旋理论的批评与反思

在过去的几十年里, 沉默的螺旋研究向各个不同的方向展开, 并取得了诸多进展。这些研究既考察了该模型的一些概念性问题, 也对涉及表达意愿及其前提的操作性问题进行了探索。然而, 沉默的螺旋理论自提出以来就受到了诸多学者的批评, 既有方法上的批评, 也有理论基础上的批评 (Scheufele & Moy, 2000)。

一　理论反思

1. 媒介意见不等于公众意见

正如陈力丹在《舆论学——舆论导向研究》一书中所指出的那样, 沉默的螺旋意味着媒介控制舆论时可能发生公众意见内外两张皮的现象, 即人们公开发表的意见与真实的意见可能并不是一回事。实际上, 媒介意见往往不是多数派或大众意见, 而是少数派意见。受利益集团控制的传统媒体常常把少数人的意见打扮成公众意见, 网络水军的存在也说明媒介展示的民意并不一定是真正的民意。李普曼的研究告诉我们, 人们在做出同样的决定或行为时的动机是千变万化的, 有难以把握的复杂性。因此, 媒介意见并不一定代表公众的利益和意见。在阿特休尔看来, 新闻媒介从来都是"权力的媒介", 而拥有这种权力的都是少数派, 他们利用媒介来引导舆论甚至制造舆论, 只不过往往以公众意见的面目出现而已。

处于一定社会中的人并非只是简单地划分为少数派和多数派, 严格地说, 可以划分为许多阶层, 但总体上表现为: 优势少数派——大众——劣势少数派三种类型, 而且少数派内部的构成极其复杂。在一定时期内, 优势少数派在社会结构中处于优势地位, 占有具有绝对优势的社会资源, 所以媒介意见往往代表着他们的意见。劣势少数派在媒介的占有上没有优势，甚至不拥有媒介，因此在表达意见上往往处于非主导地位，也很难形成优势意见。处于中间状态的大众是少数派争取的对象，无论优势少数派还是劣势少数派都力图使他们的意见表现为大众意见。历史上经常出现这样的悖论：一面压制民意，一面声称自己代表民意。

2. 少数派意见不易被改变

如前所述，优势少数派总是千方百计地把自己的意见通过媒介意见转化为优势意见，这种优势意见会对那些持不同意见的人形成一种强大的社会压力，进而使他们改变观点。但是仔细考察现实，我们会发现媒介的优势意见实际上只对那些处于中间状态的大众起作用，而不会使劣势少数派改变观点。那些容易为媒介意见改变观念的人大多是文化水平不高、没有坚定信念或者世界观、人生观以及价值观尚未成型的青少年。

不表达自己的意见，并非这些意见就不存在。社会文化环境、经济社会地位、年龄、性别等都是影响一个人是否愿意公开表达真实意见的因素。大众的沉默并不一定意味着对媒介意见的赞同，劣势少数派的沉默也并不意味着会转变观点。对劣势少数派的过度压制，反而会导致其在沉默中爆发。当然，随着舆论环境的日益宽松以及价值更趋多元化，人们表达与众不同之意见的心理压力也会随之减弱。

如何减少强势少数派的各种打压以推进社会进步？沉默的螺旋是传播生态失衡的结果。如果各利益集团的意见能够得到充分且均衡的反映，传播生态就可能保持平衡。传播生态失衡，往往使劣势少数派的意见不能公开自由地表达，而优势少数派的意见不仅可以公开表达，而且能够得到无限制的放大，从而形成优势意见。然而，即便各利益集团都拥有自己的媒介，或拥有代表自己意见的媒介，拥有表达各自意见的空间，也不一定促成完美的传播生态平衡，因为各媒介的覆盖率、影响力是不一致的。社会各利益集团拥有自己的媒介是确保传播生态平衡的必要条件，而政治民主化的不断推进对维持传播生态平衡更为重要。

二 方法反思

第一，一些研究者质疑，"被孤立的恐惧"是否足以解释实验和调查设计中被试公开表达意见的意愿（Glynn & McLeod，1984）。20 世纪七八十年代所进行的关于沉默的螺旋的大多数研究中，对孤立的恐惧只是一种假设，直至90 年代才有一些研究对之提出操作性定义（Neuwirth，1995；Scheufele，1999）。海斯等人（Hayes，Glynn & Shanahan，2005）提出的"自我审查意愿"这一概念，也许更适合描述个体坚持不同于公众意见的倾向。他们还提供研究证据，认为对个体自我审查意愿的测量具有信度和效度。

第二，诺埃勒·纽曼的早期研究过于关注"害怕孤立"并将其作为个体公开表达意见之意愿的唯一解释机制。当然，后来包括诺埃勒·纽曼本人在内的一些研究者开始考察除此以外的各种情况（Lasorsa，1991；Noelle-Neumann，1993；Neuwirth，1995）。大多数研究表明，年纪更轻的男性以及更关注所讨论议题本身的被调查者，更可能不顾被孤立的恐惧或不顾意见气候而公开表达自己的意见（参见 Scheufele & Moy，2000）。

第三，关于参照群体对个体意见表达的影响。一些研究者提出，参照群体可作为意见气候的代理。换言之，人们可根据参照群体推论意见气候。那么，参照群体内的意见分布是否比全国范围的意见气候更能预测个体的表达意愿？薛弗勒及其同事考察了参照群体在塑造人们对其周围的意见气候进行感知时所起的作用（Scheufele 等，2001）。他们的研究发现，当要求个体评估更广泛的意见气候时，他们往往从参照群体中的经验推论周边世界的情况。莫伊及其同事（Moy, Domke, & Stamm，2001）研究认为，如果参照群体是个体所体验的最直接的遭受孤立威胁的环境，那么该参照群体内的意见气候事实上可能比全国范围的意见气候更重要。

莫伊等人（2001）使用民意动力学研究公投中的肯定性行为，以检验沉默的螺旋理论，发现了对该理论假设的强烈支持。即，一个人自己的意见与其对参照群体中主导意见气候的感知存在一致性，与其在肯定性行为中公开表达意见的意愿也存在相关。换言之，一个人所在的参照群体的意见气候，可有效预测其意见表达，即便对孤立恐惧和其他个体层面的因素进行控制，也是如此。

第四，对于"公开表达意见"的实证研究。诺埃勒·纽曼实施的"火车上的检验"研究，模拟了一个公开的情境以检验母亲对其孩子被打耳光所公开表达的观点。她对所抽取的母亲样本进行下述提问："假如你即将进行一次 5 个小时的火车旅行，坐在你旁边的一个妇女认为，体罚是养育孩子的一部分或者打孩子是错误的。你愿意跟这位妇女交流以更好地了解其观点吗？你认为值得花费你的时间吗？"（Noelle-Neumann，1993，pp. 17 - 18）。该研究中，反对体罚孩子的妇女被要求与支持体罚孩子的妇女进行讨论，反之亦然。一些研究者认为，诺埃勒·纽曼所使用的"火车上的检验"不仅过于狭窄，而且存在潜在的文化偏见，因为长途火车旅行以及跟同坐的陌生人交谈，在美国或其他很多国家都是不切实际的调查。此后，研究者常常使用不太具有文化含义的措施来测量人们公开表达的意愿。薛弗勒等人设计了一个有关农业生化技术的情境来研究沉默的螺旋"想象一下你正在参加一个晚会,晚会上大部分人你都不认识。你正在跟一群人交谈,此时有人提出了一个遗传工程学的问题。从交谈中你获知小组中的大多数人不赞同他的观点。在这种情况下,有些人可能会表达自己的观点,有些人则不会……在这样的情境下,你有多大的可能性表达自己的观点?"(Scheufele et al., 2001, pp. 321 - 322)。当然,所有这些测量措施(不同的研究测量措施请参见 Glynn, Hayes, & Shanahan, 1997)都有一个潜在的缺陷,它们所基于的假设情境不足以强调潜在的孤立威胁。

第五,关于文化差异。薛弗勒和莫伊(Scheufele and Moy, 2000)曾指出,有关沉默的螺旋之研究结论的不一致性可以用文化差异进行解释,诸如不同的冲突形式以及不同的意见表达规范。韦尔耐特及其同事运用两个道德议题在新加坡研究沉默的螺旋,这两个议题是不同种族间的通婚和同性恋者的平等权利(Willnat, Lee, & Detenber, 2002)。除了意见气候和孤立恐惧外,他们还考察了一组变量,或许有助于解释不同文化中人们的表达意愿。这些变量包括交流理解、害怕权威和社会相互依存。研究发现,相互依存观念强的人会将在这类情境中公开表达不同意见看作对群体和谐的威胁。不过,韦尔耐特及其同事只是在新加坡检验沉默的螺旋,如果真要研究解释人们表达意愿的跨文化差异,那么就应该在不同的文化中考察这些变式。前些年有项研究正是做了这样的努力。黄(Huang, 2005)对文化进行了集体主义和个人主义的区分,她认为集体主义文化更关注和谐与社会凝聚力,而个人主义文化更关注自我实现、更强调个人目标。黄将我国台湾和美国作为集体主义和个人主义的代表做了比较。正如所预计的,她在中国台湾发现了对沉默的螺旋模型的支持,在美国则没有。

尽管存在这些跨文化的差异,但大多数研究表明,社会压力和意见气候在所有文化中都是强大的力量,包括诸如美国这样高度个人主义的国家(如,Katz & Baldassare, 1994)和诸如日本这样的高度集体主义国家(如,Ikeda, 1989)。

第五章　二级传播

二级传播论，最早由著名社会学家、实证研究者，奥裔美籍学者拉扎斯菲尔德（P. F. Lazasfeld，1901—1976）于 1940 年总统大选调查中发现。信息（观念）从大众媒介到受众，经过了两个阶段，首先从大众传播到意见领袖，然后从意见领袖传到社会公众。由此，拉扎斯菲尔德及其合作者提出了两级传播论。这一理论认为，人际传播比大众传播在态度改变上更有效。本章将简要阐述该理论的主要观点，后世研究者对该理论的质疑、创新等相关内容。

第一节　源起与意义

拉扎斯菲尔德，1901 年出生于奥地利维也纳，犹太人。在学术兴趣移向心理学、传播学研究之前，曾在维也纳大学取得应用数学博士学位。1933 年始，在洛克菲勒基金会等机构的资助下，他开始运用数学语言和模型对失业、广播媒介、竞选、政治宣传等社会现象进行调查、描述和分析，从而成为第一个使社会调查在大学实现制度化，并将数学方法引入社会科学研究的研究者。或许就是这种跨学科的背景，特别是统计、计算方面的长才，使他在诸多社会科学研究者中脱颖而出，在研究方法的创新与标准制定方面取得不俗的成绩。

一　伊里县大选研究

伊里县调查是拉氏设计的关于选民投票意向变化的实证调查，史称"伊里调查"（the Erie Research）。它有独特的时代背景：美国之外烽烟四起，第二次世界大战拉开帷幕；美国之内为了应对这一战事，罗斯福总统打破总统竞选常规，从 1933 年至 1945 年间，连续出任四届美国总统，成为美国历史上唯一连任超过两届的美国总统。在 1940 年大选之际，美国国内一些媒体开始出现反对他的声音，罗斯福能否连任成为一个引人关注的问题。拉扎斯菲尔德主持的哥伦比亚大学应用社会学研究所带着这一问题对 1940 年和 1944 年两次美国总统大选做了调查研究。1940 年的研究设计沿袭当时大环境对媒体"魔弹论"的乐观看法，整个调查目的在于通过对选民态度的长期跟踪，尝试证明大众传播在影响投票决策中具有很大威力，而研究就是通过其独有的研究方法"拉扎斯菲尔德指数"的数学模型去"竭尽全力判断大众传播究竟如何形成这种变化"。他们的研究数据表明，报纸的宣传对于选民是否投票选举罗斯福的决定，几乎不起什么作用。但正是这看似失败的研究结果，使拉扎斯菲尔德等人发现了影响个人选择的"秘密"。在选民中，总有一些特殊的人物，他们经常接触传播媒介，热衷选举和关心政治问题，能够在人际交流中对周围选民的态度产生这样或那样的影响。后来，这些人获得了一个共同的命名：意见领袖（亦译为舆论领袖）。

4 年后，研究小组根据调查和分析结果撰写并发表了《人民的选择》（1944），书中写道"信息是从广播和印刷媒介流向意见领袖，再从意见领袖传递给那些不太活跃的人群"（拉扎斯菲尔德，1944）。虽有其他研究者对拉扎斯菲尔德的研究方法、测量方法、抽样技术、统计分析和实验方法等多个方面提出质疑，但其整体性、时代性的影响力已经形成。此研究的结论是跨时代的，它似乎完全否定了所谓媒介威力无比的旧思想，而支持一种新假说，即媒介效果甚微，它只是许多种影响中的一种。因为在被调查和访谈的选民中，大多数人早在竞选宣传之初就已经做出了怎样投票的决定。受调查对象中，只有约 5% 的人转变了立场。细究起来，他们的改变并非听从了大众传媒的宣传，而是来自个人的劝服影响——竞选宣传仅是间接影响力，其直接影响力来源于个体生活圈内的亲戚、朋友、团体等扮演着信息（观点）辐射点角色的"意见领袖"们。研究者把传媒影响选民的模式进行了总结，即活化（激发潜在的倾向）、强化（固定已有的意见）、转化（影响缺乏主见的人）。该研究中，除了新的研究方法的实践外，拉氏们还有意识地将社会学、社会心理学的诸多因素渗透到传播现象的研究中，从此形成一种研究传统。

原本预设应在大选说服中起主导作用的媒体宣传，其效果被证明主要在于当其契合于选民既有的政治倾向时，会对相关观点和态度的深化起到同化、维护或催化效果，但没有证据表明它可以轻易改变受众原有的态度。由此，研究者尝试以一些新的概念和假说来解释整个研究的

"失败"，如"既有政治倾向假说"、"选择性接触假说"、"两级传播"、
"意见领袖"等。由于早期的表述只是大致概括了二级传播作为一个信
息流动的过程，对意见领袖在其中的作用只解释了其作为信息"二传
手"的角色，而没有适当挖掘这个角色在媒介与受众之间的实际影响，
所以直到1955年，拉氏与卡茨一起才将修正过的二级传播理论再次以
论文形式发表。

从1940年开始的十多年时间里，一些假设被证实，一些被摒弃，
而二级传播的定义也不断被修改。但有一个研究宗旨一直被贯彻保持下
来：在媒介传播过程中关注个人影响（personal influence）。他们不断推
进的系列研究，不仅破除了"魔弹论"所谓"电台的威力"无比强大
的迷信，发现大众媒介的直接效果十分有限的事实，而且还发现了信息
传播的"中间站"——意见领袖这一特殊个体的存在，并在此基础上提
炼出了至今仍广泛影响着传播学研究的"有限效果论"、"两级传播论"
等理论。

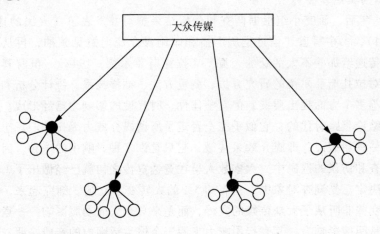

● 意见领袖
○ 与意见领袖社会交往的个体

图　二级传播路线图（根据卡茨和拉扎斯菲尔德二级传播思想绘制）

二　概念演变与外部质疑

两级传播理论并非是一成不变，也称不上完美无缺：大部分新闻报道
直接通过大众媒介传播，不经过意见领袖；意见领袖与其追随者之间没有
明确界限，他们之间更多的是分享信息；两级传播理论隐含认为大众传播

媒介是意见领袖唯一的信息渠道，实际信息来源可能多样化；实际传播过程可能有多级；大众传播的功能主要是告知，人际传播在劝服方面更为有效；对缺少媒介的传统社会或对发达社会中充满危机与不安定的环境，该理论不适用等。

其实，当第一次大选实证研究结果出来时，并未引起拉扎斯菲尔德们的再考证兴趣，至于其中原因，卡茨曾这样解释："由于这项研究的设计最初没有预料到人际关系的重要性，在这项研究的资料中，关于二级流动传播的内容记载得最不周全。"①

也正因为早期的二级传播数据、结论和假设多属"无心插柳"之态，所以导致研究者们不论是对数据的掌握、分析还是概念的定义，都不是一步到位、一次成形，中间有一个渐近的发展过程。这一概念内在的发展、流动性阻止了一部分人对它的掌握和理解，也成为被批评的原因之一。比如赛弗林（Werner J. Severin）就曾认为"对二级流动传播模式的批评主要在于其最初的解释不够充分"②，其隐存的问题就是数据和解释前后期的不一致性和修正性。

考虑到"意见领袖"和二级传播假设是在总统选举宣传之调查这一特殊政治活动中得出的结论，为了检验这些概念和假设存在的真实性，拉氏等人 1945 年在伊利诺伊州的迪凯特重复了上述调查。这些包括迪凯特调查（the Decatur Research）在内的后续研究，旨在验证《人民的选择》中提出的各种假说。同时，研究的重点逐渐集中于意见领袖对他人日常生活所做的市场营销、流行时尚、公共事务、看电影的选择等四个代表性问题决定上的影响。结果发现在时尚、购物、电影、公众事务等领域内都存在具有影响力的、扮演中介角色的意见领袖，甚至"意见领袖在社区的任何部分、社会经济地位的任何阶层都普遍存在"。当大众传媒向匿名的、数量可观的群众提供某一信息后，它并非立即发生作用，而是只有当这个消息作为个人影响从一个人那里传递到另一个人那里的时候，那些"不太活跃者"才被激发着做出决定和采取行动。这些研究，使二级传播的概念得到更多元的数据支持，进而改进假设本身。由此，卡茨和拉扎斯菲尔德通过更广泛的调查发现，既有政治倾向、选择性接触、意见领袖等概念的广泛存在。

在迪凯特调查的基础上，1955 年两人合著出版了《个人影响》（Per-

---

① 常昌富等编：《大众传播学：影响研究范式》，关世杰等译，中国社会科学出版社 2000 年版。

② 赛弗林等：《传播理论：起源、方法与应用》（第四版），郭镇之等译，华夏出版社 2000 年版。

sonal Influence），书中除了重新审视当年的一系列假设、概念外，也对二级传播进行了再定义："'观念'常常从广播或印刷品流向意见领袖，然后再流向人口中那些不太活跃的部分。"这一概念后来成国外《传播学概论》《大众传媒模式论》等传播学经典著作所引用。国内一些相关书籍的定义翻译和引介则多停留在 1944 年版本，即仍延续了"信息"一词在概念中的使用。有学者认为，这无疑会影响我们对这一概念的准确理解和接受。此外，此书也系统论述了何为传播中的"中介因素"，并阐述了四种主要"中介因素"的范畴和概念：选择性接触机制（选择性注意、选择性理解、选择性记忆等）、媒介本身的特性、讯息内容及受众本身的性质等。

在前后两个版本的概念之间，主要变化看似简单，不过是一词之改：由"信息"向"观念"的变化。但其背后的逻辑是研究者对当时媒介效果研究中盛行的受众无差异效果理论，即对媒体"魔弹论"的反思和修正。相较之由媒介生产和定义的"信息"，"观念"一词包含更丰富的定义即参与者相互角力形成一种结论之意，换言之，它重点指向"是什么在媒介与大众之间影响了传播效果？"这构成了《人民的选择》的基调。卡茨把此书的三个发现总结如下："（1）个人影响的作用；（2）个人影响的流动路线；（3）观点领袖与大众传媒。"[1]

对二级传播的修正并不停步于此，拉扎斯菲尔德在 1968 年第三版《人民的选择》序言中，再次改进定义："使用这个概念，我们意指大众传媒往往通过两个过程向受众传递信息。意见领袖读报或听广播后，会将过滤后的少量观点和信息，传递给那些不太活跃的人群。"[2] 新一次的改进旨在澄清"信息流"与"影响流"的区别。这个概念提出了两个过程：一是对信息的接收和关注过程；二是对影响或信息进行接收或拒绝的反应过程。拉氏引入了"流（flow）"的概念来指代信息传播由传播者到受众的"流动"过程，指出大众媒体只完成传播活动中的信息生产和传输的功能，即"信息流"；而影响的传递（影响流）则由中介者——意见领袖完成。二级传播模式的性质也得以澄清：一个关于影响传播的理论。吉特林（Todd Gitlin）曾指出："卡茨首次命名了'个人影响的'范式，并将其系统化，使其成为这个领域的核心。"[3]

---

① 常昌富等编选：《大众传播学：影响研究范式》，关世杰等译，中国社会科学出版社 2000 年版。
② 拉扎斯菲尔德等：《人民的选择》，唐茜译，中国人民大学出版社 2012 年版。
③ 博伊德—巴雷特等编：《媒介研究的进路》，汪凯等译，新华出版社 2004 年版。

第二节 核心概念

一 二级传播假设（Two-Step Flow Hypothesis）

1940 年伊里县大选研究这一不符合研究初衷和假设的结果，使拉扎斯菲尔德们发现二级传播在个体改变观点过程中的存在，并随即提出了一个相关的假设：观念总是先从广播和报刊传向"意见领袖"，然后由这些人传到人群中不那么活跃的部分。也就是说，信息的传递是按照"媒介——意见领袖——受众"这种二级传播的模式进行的。在总统选举中选民们政治倾向的改变很少直接受大众传媒的影响，人们之间直接的面对面交流似乎对其政治态度的形成和转变更为关键。通常，有关的信息和想法都是首先从某一个信息源（如某一个候选人）通过大众媒介达到所谓的"意见领袖（Opinion Leader）"那里，然后通过意见领袖把信息传播到一般民众。前者是信息传达的第一阶段，后者是人际影响的第二阶段。这就是著名的两级传播假设。

这一假设的重点是意见领袖的中介作用，因此它与当时研究者认为的广播具有普遍魔力、媒体直接有效地影响个人的观点不同，与简单的"刺激—反应"传播模式中对受众的假设有很大的差异。这一新假设的背景与工业社会诸现实和理论相符，随着现代社会的发展，大众已脱离了早期孤立、无助、消极、脆弱的面目，而成为更加独立、主动的个体。与当时其他早期传播研究关注受众个体差异或传播内容差异不同，这一假设着眼于人际传播网络在改变个体意见和态度上的重要性。

传播学者德弗勒看到这一研究假设的价值和革新性，并将这一理论列为大众传播研究的里程碑之一："最重要的理由是'两级传播'的理念吸引了研究学者的注意……两级传播的假设开启了新的理论前景。在这之前，大众社会理论和魔弹理论都强调大众社会中个人的孤立，从未将社会因素视为重要因素。但是该研究发现，人与人之间的关系是大众传播过程中最重要的一环"，甚至认为"两级传播虽是该研究（引者注，指伊里县大选研究）意外的发现，回顾起来，竟是该研究最伟大的贡献"。

二 意见领袖（Opinion Leader）

这一概念是卡茨、拉扎斯菲尔德等人提出的二级传播理论的核心。所谓意见领袖，就是信息从媒体（传播者）到受众（信息接收者）之间的那个收集、消化、中转信息的"消息灵通者"、实际的"信息把关者"。根据他们在传播过程中发挥的作用，我们也可认为，意见领袖是指那些能够非正式地影响别人的态度或者在一定程度上改变别人行为的个人，扮演着信息经纪人的角色，像一个个活动于信息流与影响流之间的辐射点，通过自身行动将媒体与终端受众真正连接起来。

虽然最早的意见领袖多指传统媒体环境下社会传播过程的关键人物，但今天，在网络传播中，这一概念并未过时，而且其解释力得以突显。早期此概念提出者对所谓意见领袖的"描绘"也依然有效：意见领袖不同于行政任命的领导人，他们只与舆论所涉及的社会领域相联系，而不仅仅取决于其社会地位。相反，他们往往有其"草根"性，是不同阶级民众的"自己人"。人们所认识和信赖的人，往往跟他们有相同的社会地位，被认为具有某些专长和对某些问题见解深刻。意见领袖能够向人们提供建议和解释，改变他们的态度和影响他们的行为。与社会正规组织的领导人物不一样，意见领袖是非正式的领导（比如社交媒体中的草根大V，段子手等），他们通过转达新闻信息积攒"人气"、培养"粉丝"并逐渐建立自己的公信力和声誉，当这些资本积累到一定程度，就会成为一种可交换的资本，比如扮演他人的出谋划策者，或观念、产品的推广者（微博一些大V时不时透露一下他们的养颜秘籍、孩子吃的奶粉等，往往比大投入的广告更得人心），其影响力常常超越大众传媒。

意见领袖的舆论引导力通常有明显的边界性，他们只是在一个或几个话题、问题或知识的传播活动中拥有话语权的"普通人"，其影响力往往也停留在这一个或几个对应的领域，离开这些领域，他们的影响力就会出现极大的下降，领袖地位不再。比如，公共事务、时尚议题、金融理财等方面皆有自己的意见领袖，而且在传统社会中互相重合性通常不高。在某一领域是意见领袖的人，在另一个与此无关的领域中不一定还能成为意见领袖。所以，意见领袖是相对的、可变的"位置"，它不执行个人终身制，在自己不熟悉的领域内充当意见接受者、信息追随者是必然也是现实。在一个群体中，谁领导，谁追随，关键在于涉及的问题是什么。有人由此总结了意见领袖的一般特点：

（1）在他居于领袖地位的领域中被公认为见多识广，具有一定的能力；

（2）比一般受众更多地接触各种信息来源，更多地接触群体之外的社会环境中的有关部分；

（3）在某一领域内，扮演着作为群体其他成员的信息来源和领导者的角色；

（4）能够有第一手资料的人，增加现场感；

（5）生动化的表达易于与受众产生共鸣；

（6）名人效应、粉丝效应。

换句话说，意见领袖并非罕见，或者说在每一个社会阶层、社会群体中都有这样信息来源丰富、见多识广者的存在。因为大多数情况下，信息是在每一个阶层内水平流动而不是在阶层之间垂直流动。

三 议程设置（Agenda Setting）

马尔科姆·麦库姆斯（Maxwell McCombs）和唐纳德·肖（Donald Shaw）通过对1968年美国总统选举期间传播媒介的选举报道对选民的影响进行的调查分析，指出：大众媒介注意某些问题而忽略另一些问题的做法本身就可以影响公众舆论，而人们一般倾向于了解大众媒介注意的那些问题，并采用大众媒介为这些问题所确定的优先次序来确定自己对这些问题的关注程度。

这个理论分为两个方面：一个方面是议题从媒介议程向公众议程的传播过程，另一个方面是公众在头脑中形成这些议题和对象时新闻媒介所起的作用。这一理论从另一个侧面说明了信息传播从信息生产到传播过程的可控性，如果说以往认为这种控制主要是来自传播者，那么二级传播则有力地说明对信息的"控制"分布在信息传播的各个环节，其中作为中间媒介的意见领袖往往从自身的知识背景、兴趣取向或利益相关等原因，会对一些社会议题了解更多，背景知识也更丰富，同时，也更愿意或更主动地对接收的信息进行再框架与再传递。

关于议程设置理论的详细内容，参见本书第六章。

四 中介因素（Mediating Factors）

伊里县调查之后，拉扎斯菲尔德和卡茨等人又在购物、流行、时事等领域进行了大量研究，证明了伊里县调查中发现的一些现象是普遍存在的。1955年出版的《个人影响》一书总结了这些调查结果，并引入库尔特·勒温的群体动力学观点和研究，提出了中介因素的说法。这一说法给予二级传播理论以有力的理论及现实支撑。

从媒介效果研究的取向看，二级传播关注各种中介变量的研究，认为媒介之所以产生效果，是多种中介因素共同作用的结果。其中，意见领袖、首属群体和人际传播是三种最重要的中介因素。首属群体，即初级群体的影响力，在拉氏等人的研究中有明显的作用，"在基本群体中，人际影响对保持群体内部意见和行动的高度一致非常有效。"在小群体中，高黏性的人际关系在维系团体内的意见和情感一致方面发挥着重要作用，这种意见可能是对某一社会现象的看法，对某一团体成员的态度，也可以是对"介入"其现实生活的大众媒介内容的理解和反应。与这种高黏性成员关系相适应的，就是人际传播这种强调"在场"的传播交流方式。

更系统地讲，传播过程中的中介因素可分为以下几种情况：

（1）信息选择性接触机制。这一机制无须特意训练，这是个体根据个人喜好选择信息的一种本能，心理学将其分为三个主要层次：选择性注意、选择性理解和选择性记忆。这一机制的发现，有力地说明了受众对媒介或媒介内容并非相同对待，他们总会根据一些个人原因和倾向性，对一些信息产生某种偏好，而对另外一些内容产生回避甚至抵制，这些被回避的媒介和内容显然很难产生效果。今天网络传播中的信息订制、推送就是对这一信息选择机制的回应。

（2）媒介本身的特性。信息的媒介渠道不同，其效果也就不同。由此产生了大量关于媒介特性的研究，比如广播媒介的伴随性，信息传播的单向性，社交媒体传播的交互性，信息生产的共建性等。

（3）信息内容。传播活动的内容由各种语言的和非语言的符号构成，针对不同的内容，所适用的传递方法和技巧也存在差异，不同的符号组合自然也会引发受众不同的心理反应。

（4）受众本身的特点。不论多精准的受众定位，除了群体的共性、立场、观点外，亦需关注个体受众的既有观点和喜好、他们的人际关系、社会生活开展场景等影响因素。尤其是各类社会交往中广泛存在的各类意见领袖的作用，他们的介入会对大众传播效果的产生发挥重要的制约作用。

第三节 发展与应用：从二级到多级传播

一 从二级到多级传播

自 1944 年二级传播理论提出以来，研究者对它的检验、修正、质疑就一直在同步进行着。默顿、卡茨，包括拉氏本人都参与了这一行动，除了做概念上的修订，他们还提出了信息传播的递梯性，从"人际影响"的角度指出意见在媒介与受众之间的领袖不是一个人，而是一个群体，在一个传播过程中也不是只有一个或一个层级的意见领袖，即意见领袖是多层次的。罗杰斯（Everett M. Rogers）等人在《创新扩散》中将两级传播理论扩充为"N级传播理论"，该理论认为，媒介信息传至受众有多种方式、多种传播渠道，可能有多级中介环节组成的信息传播链，亦称"多级传播理论"。

20世纪60年代初，罗杰斯和休梅克通过深入调查农村中新事物（新品种、新农药、新机械）的采用和普及过程，出版了《创新的扩散》一书。在书中，他们把大众传播区分为"信息流"和"影响流"，认为信息的传播可以是"一级"的，即媒介信息直接抵达一般受众；而影响的传播则是"N级"（多级）的，其间经过大大小小的意见领袖的中介。这样，两级传播假说便发展成"N级传播"假说。

至于拉氏们的研究，罗杰斯认为拉氏的考量中忽略了大众媒体的所有权和控制权的问题，并把美国传播学者麦库姆斯在前人基础上整合、验证并提出的媒介"议程设置"观点在此处作理论嫁接处理，以茨修正前者视野的不足。进而，罗杰斯在二级传播假设中细分了"流动"着的信息性质，一个是可以在媒体与受众之间直接流动的"信息流"，另一个是需要有某种触动介质"帮助"受众理解、认可、接收该信息所包含之意义的"影响流"。换言之，在罗杰斯的观察中，新事物从出现到被人们接受的过程中，信息的传播可以是一级的，而影响的传播则必须是多级的。

二 传统媒体语境下的实践

今天，在广告传播、大选宣传等实践领域，二级传播模式仍是重要的营销活动逻辑假设。而随着现实环境、媒介技术及学科外延的变化发展，这一理论的应用出现了一些新的形式，比如至今被很多广告人信奉的"口碑营销"模式，所关注的就是"个人影响"在现实或网络社交圈中的作用。

2005年，英国研究者诺里斯（Norris, 2005）[1] 等人在他人研究成果的基础上，尝试将英国大选的研究现场由传播媒体转移到网络空间来进行，以二级传播、个人影响和意见领袖为关键词，考察网络中的政治说服在该国政治事件中的特点。

也有学者尝试把二级传播带入其信息传播之外的社会交流活动的研究

---

[1] Pippa Norris, John Curtice. Getting the Message Out: A Two-step Model of the Role of the Internet in Campaign Comm unication Flows During the 2005 British General Election. *Journal of Information and politics* 4. 4（Winter 2008）: 3 – 13.

中去，比如美国社会学家黛安娜·克兰，她在考察科学研究领域中的非正式交流时发现：如果一项创新被该领域中最多产的科学家所采用，那么这项创新会更广泛地被这一领域的其他成员所接受。为解释这一现象，她提出了一个相关性的解释模式，"高产的科学家作为中间人，将这一领域第一批科学家做出的创新向那些后来进入这一领域的人传播"①（克兰，1972）。这个模式的提出即借自大众传播学中的"二级传播理论"。在科学交流的过程中，一个领域最多产的科学家就是类似的"意见领袖"。

值得引起关注的是，不论是二级传播还是 N 级传播假设，它们的提出都与当时的新闻传播实践密切相关。如"意见领袖"这一概念的区域性、实体性特征，即扮演信息中介角色的意见领袖们实现其影响力的一个重要条件就是物理空间的一致性：地理位置限制着社会生活圈、人际交流中的意见领袖及与其追随者的关系。然而，随着网络传播的普及，今天的"意见领袖"正发生着实质性的改变，随着信息传播技术的进步，一方面它突破了地理的限制，并且能凭借大众传播手段进行面向大众的传播，同时它的身份也突破了个人性、实体性，虚拟性的意见领袖更多参与到我们的信息获得和观点形成的过程之中。

三　网络环境下的解释力

网络传播出现以前，二级传播模式在传播学研究中是一种总体范式，研究者以此为逻辑起点开展各种媒介活动研究。在大众媒介与受众之间，有一个或者一群扮演着信息分流、再处理、转播的"经纪人"，他们的活动决定了"影响流"的形成和发挥，也使媒介与个体串联在一起。他们的存在，往往导致信息或观点从传播者到受众那里时可能发生的种种"变异"。然而，网络传播改变了这种二级传播模式赖以生存的假设基础：受众作为信息生产的主动参与者（有人称之为使用者生成内容，即 user-generated content），一定程度上使意见领袖（这些传播者往往是与受众身份重合或一体）的合理存在变得可疑，同时，社会化媒体打破了传统媒介对信息的垄断。

在此背景下，有人指出网络媒体使二级传播模式失去了原有的解释力和合法性。因为在社会化媒体传播环境下，受众与信息之间的中间环节无限减少甚至归零，即原本的多级传播或 N 级传播在受众即传播者这一现实面前，被压缩成了"零级传播"或亲身传播，原本的信息"经纪人"

---

① 戴安娜·克兰：《无形学院——知识在科学共同体的扩散》，刘珺珺等译，华夏出版社 1988年版。

没有了用武之地。但事实真的如此吗？不同观点认为，传播者即受众的网民主动参与信息生产过程中的各个环节，这些信息在网络中的"流浪"并不是一成不变的，参与者的每一次转发、评价、点赞，都给它附加了新的价值和意义。信息的表层变化与意义的扩展、转变互为一体。而意义的增减仍属"影响流"的问题，只是"流动"的场所和方式发生了变化，其多层级、多把关人的性质不变。有研究者把这种层级性传播表述为三个渐次扩大的范围，首先是社交媒体中的表白、自述性信息发表，属人内传播，对这些人而言社交媒体是"倾诉个人私语的平台"；其次是建立人与人之间的点对点关联的传播，可概括为人际传播行为，在网络世界中"构建真实的人际网络"（或者说仿照人际交往模式开展网络平台的人际交往）；再次是群体传播层面，围绕某个共同兴趣点（如明星、美食、兴趣等）形成共同的话题社区，这个区域是大众传播的盲点，也是意见领袖们通过互动和分享实现其影响力的过程；最后是大众传播层面，即个体社交等活动皆被收纳于网络传播这一有别于传统传播模式的新介质。

在社交媒体环境下，各个领域的大 V 微博通过发图片、表看法、转发新闻等活动给关注他的网民设置议程，虽然表面看起来普通网民有评论的权利和互动的动因，但通常大 V 们并不能逐一回复，即使是团结在这些意见领袖周围的"同好"圈子里，大多人的意见也只是一种独语，无法实现真正的互动。微博平台的名人分类、个人标签方便了网民寻找自己的"同类"或"领袖"。换句话说，大众面对的仍是强势的传播媒体，而这一媒体把社会化媒体平台以及其中的意见领袖们也包含在内，意见领袖好比网民个体的一个定制的大众传媒。

在网络传播或社交媒体传播大环境下，随着人们对网络数据的挖掘能力逐日递增，二级传播假设在信息传递过程的痕迹还原中部分得以被证实，同时也随着传播行为的可视化，我们清晰地看到二级传播或多级传播的运作过程。在现实生活中，二级传播中的中介人角色通常由圈子中的领袖人物承担，而在网络中，一个改变是二级传播演化为更为复杂的链条状传播结构，二是意见领袖往往变成了实际生活之外的名人，即受众主动关注的大 V 用户。

有研究者（周勇等，2013）使用该理论解释电视节目的网络化传播过程，描绘了电视节目播放、网络视频上线、微博传播共同引起的网络上的交叉转发和传播，这些因素的共同作用催生了微博中的微话题"舌尖上的中国"，这一新议题又引发了爆发式的关注度增长。同时，研究者表示，该节目的网上传播效果证明了网络的力量，也见证了新媒体中人际传播的影响力："从小众的热点讨论延伸到大范围的热点追踪，从节目播出的第一平台跨越到网络等多平台的资源分享，除了节目本身的高质量外，网络和微博的'转播'大大提高了其传播范围和强度，但这还不是传播的终点。网络的口碑传播引起传统媒体的推波助澜，由此造成的这股热潮使央视多次重播该片，都取得了比首轮更好的收视效果。"①

换句话说，网络传播并不是摒弃或者证伪了二级传播的有效性，而是拓展了传播活动的边界，中介因素更加复杂和多变，个人影响在线下、线上同时发力，协同作用，不但加强了二级（多级）传播的效力，且呈现了影响流自身的存在感。

今天，网络传播的一个新现象是，意见领袖作为信息传播中介的虚拟性、指称性在加强。当传统媒体或政府机关开设社交媒体账号后，他们在这个新的平台上亦可获得一个传统媒体身份之外的意见领袖身份。其传播过程是由大众传媒到的微博，再到达不同转发层次的受众。有研究者认为，这种离开大众媒体账号的信息，在受众之间的多次转发和传达不应算作多级传播，而是受众之间互相传播这一意见领袖角色传播之内容的行为。

但这一传播过程中"个人影响"仍在发挥作用。新媒体中的意见领袖，其影响力覆盖面更加宽泛，粉丝量前所未有的多、构成复杂，而且其影响力也有别于以往传统传播行为中的意见领袖，往往能形成地理上跨区域、人群属性上跨群体的多阶、多元影响力。传统现实生活中由"初级群体"中"耳聪目明"者扮演的角色，在网络传播中成为一个数量庞大、来源广泛的虚拟集群。同时，传统的人际传播也通过所凭借的传播介质不同，成为复合型的网络人际传播。然而，传播技术条件的变化，并未改变二级传播之本质。也正是在这种认知下，传播学者麦奎尔（Denis Mcquail）曾指出"人际影响模式显然是一个重要的思想，以帮助我们认清大众传播至今仍然存在的许多限制或替代方式"②。对二级传播持鲜明质疑态度的施拉姆，也不得不说"对传播学研究而言，它还是卓有成效的"③。

今天，社交媒体已经走过了原始积累期（网民、活跃用户、高黏性使用者群体等阶段），已无法继续走用户扩张、信息重复发布的老路子，这一交往方式的新一轮动力将来自个体用户有深度的、个性化的信息生产

---

① 周勇、陈慧茹：《多级传播路径下的网络视听信息影响力评估体验建构》，《现代传播》2013年第3期。

② 麦奎尔等：《大众传播模式论》，祝建华译，上海译文出版社2008年版。

③ 施拉姆等：《传播学概论》，何道宽译，中国人民大学出版社2010年版。

参与活动。但不论如何，二级传播这一模式都不会在这一过程中被彻底遗忘，越是复杂的传播细节，越是需要极简的模式对其进行同构、提升和概括。正如这一理论的出身，曾经过了十多年的不断修正和完善那样，在新的媒体实践中，它将得到进一步的磨炼和洗礼，使之与传播现实更契合、解释力更充分。

第六章　议程设置

　　"议程"是指某个给定的时间点被认为最重要的议题的排序。对媒体而言，没有议程的新闻报道是难以想象的。头版的报道被认为是当天的报纸中最重要的议题，电视新闻也是谨慎地选择其报道的顺序。

　　"设置"则是指一种过程，即媒介议程对受众感知相关社会议题产生实质性影响的过程。受众可以从大量的有关议题的新闻报道中，检索新闻记者认为重要的相应议题并评估其重要性。

　　1968年，马尔科姆·麦库姆斯和唐纳德·肖（McCombs & Shaw）在美国北卡罗来纳州的查珀希尔（Chapel Hill，又译"教堂山"）针对当时被认为最关键的一小群尚未做出投票决定的选民，对其所关注的议题议程与他们通常了解选举情况的媒介所报道的公共议程进行了比较研究。研究发现，大众传媒具有一种为公众设置"议事日程"的功能；媒介所强化报道的题材和事件，会引起人们的重视；传媒的新闻报道和信息表达活动以赋予各种"议题"不同程度的显著性的方式，影响着人们对周围世界的"大事"及其重要性的判断。自此以后，查珀希尔研究的主要发现在世界范围内得到数以百计同类研究项目的验证。在这些同类研究中，有关于选举的，也有非关选举的广泛公共议题，以及政治传播的其他方面。研究地点也超越了美国，而延伸到了欧洲、亚洲、拉丁美洲和澳大利亚。

第一节　议程设置理论的提出

一　议程设置的理论渊源及早期研究

　　议程设置理论的思想源自李普曼。李普曼在其1922年出版的《舆论学》（*Public Opinion*）一书中，将柏拉图在《理想国》中关于"洞穴人"

的比喻加以引申，认为"我们就像这些囚犯一样，也只能看见媒介所反映的现实，而这些反映便是构成我们头脑中对现实的图像的基础"。① 他认为，由于个人对现实了解有限，人们便严重依赖媒介，但传媒提供的关于现实的图像常常是不完整的、扭曲的。基于这些认识，李普曼在《舆论学》中提出了"外在世界与我们头脑中关于世界的图像"这一著名论断。正如麦库姆斯本人所言，议程设置"这种想法根植于1922年出版的一本著作《舆论学》"。

继李普曼之后，诺顿·朗（Norton Long）于1958年提出了一些更加接近议程设置理论的表述："在某种意义上说，报纸是设置地方性议题的原动力。在决定人们将谈论些什么，多数人想到的事实会是什么，以及多数人认为解决问题的方法将是什么这些问题上，它起着很大的作用。"1959年，库尔特·兰和格拉迪斯·恩格尔·兰（Kurt Lang & Gladys Engel Lang）也曾对议程设置思想提出过早期的表述："大众媒介促使公众将注意力转向某些特定的话题。媒介帮助政界人士树立公共形象，媒介还不断地披露某些人和事，暗示公众应当去想它、了解它、感受它。"

真正对议程设置进行学术研究的是美国政治学者伯纳德·科恩，他在《新闻媒介与外交政策》一书中提出，新闻媒介不仅仅是新闻和观点的一个提出者，它"在告诉读者怎样想这一点上大都不怎么成功，但在告诉读者想什么方面却异常有效"（Cohen，1963）。"新闻媒体远远不止是信息和观点的传播者……它在使人们怎么想这点上较难奏效，但在使受众想什么方面十分有效。"对于经验主义学者来说，科恩的这一假设具有方法层面的意义，即可以进行媒介内容分析与受众认知的调查，并检验媒介议程与公众议程是否存在相关关系甚至因果关系。

不过，也有研究者提出，议程设置及其术语早在1938年英国一个研究团队的研究中即已确立（出版业议程设置功能的重要性，PEP，1938，p. 263）。"也许对出版业影响力的评价，可以将其看作普通男女日常交谈之主要的议程设置内容，从而作为那个称之为民意的难以捉摸的元素的主要议程设置。民主社会中的报纸起着形成公共事务日常议程的作用。"这比麦库姆斯和肖的查珀希尔研究整整早了30年。

值得一提的是，20世纪五六十年代，认知心理学的异军突起为"议程设置"理论的发展提供了学科支持。认知心理学关于事物表征（repre-

① 这是柏拉图在其经典著作《理想国》一书中的最后部分所讲的一个寓言，其中提及洞穴中的囚犯"只能看到火光射到对面洞壁上显现出来的自己的身影或彼此的身影……除了自己的身影，他们怎么能够看到其他东西呢？"

sentations）以及图式、认知结构等方面的研究，对于议程设置理论的提出及后来的发展起着极为重要的作用。

如果说上述学者和学科从各自不同的角度使研究议程设置的传统有了明确的思考范式的话，那么麦库姆斯和肖则首次赋予议程设置以可检验的形式，并在检验的过程中论述了这个假设的基本思想。

二 麦库姆斯和肖的经典研究

1968 年，麦库姆斯和肖以当年的美国总统大选为题进行了早期的量化研究。研究分两部分：一是对新闻媒介（5 家报纸、2 家新闻杂志、2 家电视台的晚间新闻）进行内容分析，把所报道的包括选举在内的社会问题分为三大类，看哪一类比例最高。二是问卷调查，研究者通过对当地未决定投票意向的选民进行随机抽样调查，考察他们对当时国内主要议题重要性的看法。受访者的反馈被划分为 3 大类 15 个主题。通过将内容分析与问卷调查的结果进行对比，研究者发现媒介议题与选民议题非常一致，其相关系数在 0.96 以上。这表明，在媒介赋予某一问题的重要程度和某一社区内接受媒介报道的人对其的注意程度之间，有很明显的对应关系。也就是说，媒介能够成功地使人们将某一议题看得比其他议题更为重要，而且媒介议题在某种意义上可以成为公众议题。

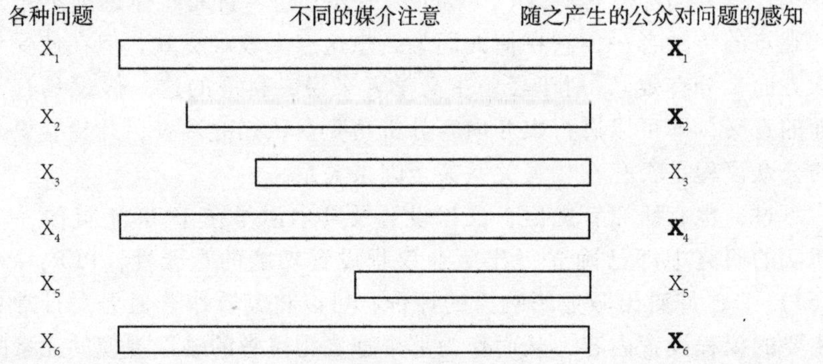

图 6 - 1　议程设置示意

为进一步考察媒介议程与公众议程谁影响谁、谁因谁果的问题，1972年，在美国大选期间，麦库姆斯和肖在卡洛特（Charlotte）进行了一次小样本的追踪访问。研究者分别在当年的 6 月和 10 月访问选民，调查他们认为最重要的议题，并对同一时期当地报纸和 ABC、NBC 电视的晚间新闻进行了两次内容分析，计算出了这两个月的媒介议程，然后进行前后相关交叉分析。研究结果表明,媒介议程影响公众议程,即议程流向是:媒介议程→公众议程。

议程设置研究的起点是对媒介议程与公众议程进行比较,前者是某些议题所占的媒体空间(以媒体报道的时间、面积或新闻条目来测量),后者是所研究群体对这些议题重要性的排序(以民意调查中的百分比来测量),然而根据群体平均数所计算的统计相关并不适合测量群体内部个体之间的相关。为此,麦库姆斯(McCombs,1981)在国际传播联合会墨西哥阿卡普尔科(Acapulco)会议上首次提出"阿卡普尔科模型(Acapulco Typology)",对公众和议程进行细分。

麦库姆斯将议程分为两类——即组成议程的是全部议题还是其中的单个议题;把受众也分为两类——即全体受众还是个体受众,由此产生4个不同的矩阵(见图6-2)。

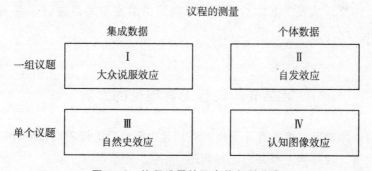

图 6-2 议程设置的阿卡普尔科分类

(资料来源:McCombs et al. , 1995, p. 285. Reprinted by permission of Guilford Publications Inc.)

矩阵 I 考察的是组成议程的全部议题,并通过分析全体受试者的公众议程来确定这些议题的重要性。其研究对象是各种为进入议程而相互竞争的议题,因此也称为竞争模式(competition perspective)。矩阵 II 同样考察组成议程的全部议题,但将重点由公众议程转向个人议程。研究结果表明,当个人被要求根据自己的想法为一系列议题按重要性排序时,这种个人排序与新闻媒介对相同议题的重要性排序之间没有多大的关联。因而矩阵 II 也被称为自发模式(automation perspective)。矩阵 III 将考察对象局限于议程中的单个议题,但跟竞争模式一样,也通过公众议程来确定这些议题的重要性。其考察的重点是媒介议程和公众议程在单一议题上的相关度,这种相关度的高低随着时间的推移而有所不同。因此,矩阵 III 也称为自然史模式（natural history perspective）。矩阵Ⅳ是认知图像模式（cognitive portrait perspectvie），与自发模式一样，其分析依据是个人议程，但把考察的对象缩小到议程中单个议题的重要性。

议程设置理论从其形成之日起，就与政治传播研究结下了不解之缘，政治领域的议程设置研究一直占据主导地位。近年来，学者们开始尝试用该理论去解释政治以外的其他社会领域中的现象，如环境保护、医疗卫生等。一些创新学者甚至把议程设置理论的核心理念应用到更为广泛的新领域，包括企业声誉、职业体育、课堂教学以及宗教信仰。

麦库姆斯曾撰写《议程设置：大众媒介与公共舆论》一书（该书2004年底、2005年初分别在英国和美国出版），对与议程设置相关的主要观点和实证发现进行了全面的总结。此后不久，他又应《新闻研究》（*Journalism Studies*）之约，撰写了《议程设置理论概览：过去、现在与未来》一文，从五个方面对议程设置理论的演变与发展进行了深入的梳理分析。

第二节　议程设置理论的发展

自麦库姆斯和肖具有开创性的查珀希尔研究后，议程设置研究取得了新的发展，现择其主要方面进行阐述。

一　属性议程设置（Attribute Agenda-Setting）

用抽象术语来说，议程设置理论最初阶段关注的焦点是研究客体的显著性，而且通常是公共议题。在传统议程设置效果关注的主要领域——注意力层面，"议程"被抽象地定义为一系列客体，而这些客体也有各自的属性。"属性（attributes）"，就是可以用来描述事物的特征和特性。当新闻媒介报道一个客体时，麦库姆斯和埃斯特拉达认为，新闻媒介在告诉我们想什么和怎么想两个层面都是成功的，"告诉人们想什么"即传统议程设置或者第一层面的议程设置，而"告诉人们怎么想"则属于第二层面的议程设置或属性议程设置。属性议程设置理论的提出为深入研究大众媒介的影响提供了新的视野。

麦库姆斯和肖在对1976年美国总统选举的研究中实现了关于属性议程设置效果的第一项研究，媒介不仅引导我们将注意力投向各种各样的"对象（objects）"，比如说公共议题或政治人物，而且引导我们关心这些对象的"属性（attributes）"。

在传统议程设置效果关注的主要领域即注意力层面，"议程"被抽象地定义为一系列客体，而这些客体各自具有描述其特征和特性的"属性"。当新闻媒介报道一个客体，以及人们谈论和思考一个客体时，客体的一些属性可能被突出强调，而另一些属性则被一带而过。对议程中的每一个客体来说，都有一个属性议程，而这个属性议程会影响到我们对该客体的理解。

属性议程设置关注议题的特定属性及其影响民意的过程，与第一层面议程设置不同的是，属性议程设置的焦点在于属性显要性如何由媒介议程向公众议程转移。属性议程设置最基础的应用领域是政治候选人图像的构建。媒介对于候选人特定属性如可信度的报道越多，作为候选人属性的可信度在公众脑海中留下印象的可能性就越大（Kiousis, Mitrook, Wu & Seltzer, 2006）。

议程上的每个客体都有无数的属性，与客体显要性类似的是，不同客体的属性显要性具有差异性。属性作为总体称呼，包括每个客体所具有的全部特性与特征（麦库姆斯，2010：83）。客体属性的维度具有多样性，实质性属性和情感性属性是较为重要的维度。实质性属性是指新闻具有的从认知上帮助公众构建新闻和辨别不同主题的特性，包括特征、意识形态、候选人的健康状况、与经济议题有关的通货膨胀和失业等（McCombs, 1995）。情感性属性是指新闻报道引起受众情绪反应的方面，探讨公众对实质性属性所持的态度是正面、中立抑或负面。如媒介对议题的正面报道减少公众对议题的知觉显要性（Schoenbach & Semetko, 1992），媒介对经济议题的负面报道增加经济议题在公众议程中的知觉显要性（Sheafer, 2007）。媒介和公众对特定属性的关注使其在客体的众多属性中得到突显即属性显要性。当媒体给予议题某一属性更多的关注度时，公众在决定是否支持该议题时也将参考同一属性。

二 导向需求（Need for Orientation）

影响媒介议程设置强度变化的因素是什么？什么情况下媒介效果较强？什么情况下效果较弱？为回答这一问题，麦库姆斯和肖在1972年的夏洛特研究中将"导向需求"这一概念引入议程设置理论，用以解释公众在对媒介议程做出反馈时的个体差异。人们对自己周围的世界具有天生的好奇心，新闻媒介则为公众提供了对广泛的各类公共话题的导向作用。通过媒介了解公共事务以及接受媒介议程，这两种行为通常都会随着导向需求的提高而增加。

从理论上讲，导向需求可以用个体对某议题的相关性（Relevance）以及受众对议题认知的不确定性（Uncertainty）来界定。相关性低意味着导向需求低，相关性高但不确定性低导致中等程度的导向需求，而相关性高且不确定性也高则意味着高导向需求。当人们在评估一项跟自己高度相关的议题但所掌握的信息又很少时，对信息的需要是最强烈的。当强烈的导向需求（如政治竞选）强化议程设置效应时，如果人们具有较高程度的个人卷入，那么对显著性议题的效应就会减弱（McCombs & Reynolds，2002）。以查珀希尔研究为例，选举新闻对那些有意在总统选举中投票的人来说，相关度很高；由于这些选民尚未做出决定，他们的不确定性也很高。简言之，查珀希尔研究通过分层取样考察的是有高导向需求的选民。在这样的背景下该研究发现了媒介议程与公众议程之间的高度相关性，不足为奇。

李甘霍（Gunho Lee）在2005年的一篇文章中对导向需求进行了重新界定，他把"相关性"定义为"个人卷入（personal involvement）"，而把"不确定性"定义为"知识（knowledge）"，而且还引入了第三个因素，即获知消息需投入的努力。研究者在实验室中用经过专业设计的网络报纸对上述关于议题显著性的三个因素的作用进行了测量。实验版网络报纸强调的是经济议题，这个议题是有意挑选的，以便对效果进行严格测验，因为媒介通常不是经济议题显著性的主要影响来源（Jasperson et al.，1998；Soroka，2002）。控制版网络报纸没有提及经济，而是对6个不同话题做专题报道。实验结果表明，对信息的个人卷入程度与投入努力会强烈地影响议题的显著性。不过，对于拥有经济知识的人，议程设置的作用微弱，但对于经济知识较为缺乏的人则效果较为明显。

三 框架研究（Framing Study）

框架（framing）这一概念源自贝特森（Bateson，1955），后由高夫曼（Goffman，1974）引入文化社会学，后来再被引入大众传播研究中。高夫曼从宏观层面的社会学视角对框架进行界定，认为框架就是在某个特定时间用来理解社会境遇的一套特定期望。人们在社会生活中使用特定的诠释框架来理解日常生活，通过对社会角色、社会情境的诠释，了解特定行动场景中自己应有的交往行为和表现，从而协调与他人的行为。框架一方面源自过去的经验，另一方面经常受到社会文化意识的影响。认知心理学则从微观层面对框架进行界定，认为框架是个体处理信息和建构信息的方法。人们倾向于按照自己的认知框架去体验现实，并根据这种框架采取行动，从而建构现实。

麦库姆斯（1996）认为框架研究是议程设置的"新理论领域"。框架一词既可以看作名词，也可以看作动词。作为动词，意为界定外部事实，并心理再造真实的框架过程；作为名词，就是形成了的框架（臧国仁，1999）。对于作为动词的框架，学者们对于它的具体机制做了诸多研究，并且有不同的说法，如基特林（Gitlin，1980）认为框架就是选择、强调和排除，恩特曼（Entman）认为框架是选择与凸显，而台湾的钟蔚文与臧国仁认为框架是选择与重组等。

框架可界定为解释模式，通过该解释模式对信息进行分类以更有效地根据认知图式处理信息。恩特曼指出，框架就是把认为需要的部分挑选出来，在报道中特别处理，以体现意义解释、归因推论、道德评估，以及处理方式的建议。"构建框架就是选择所知觉的现实的某些侧面并使之在传播情境中变得更显著，以此来促进某一特定问题的界定、因果解释，以及/或者对所描述项目的处理建议"（Entman，1993，p. 52）。对于大众传媒来说，框架就是一种意义建构活动，在社会系统中新闻框架是消息来源、社会情境、新闻工作人员等因素互动的结果。随着研究的深入，麦库姆斯等学者开始思考：究竟是谁影响了媒介议程的设置？关注重心的这一转移，把该理论放到了社会大环境中，而这已超出了经验主义研究的方法范畴。于是议程设置研究的学者们开始寻求新的外延拓展点——框架理论。高夫曼（Goffman，1974）据此进行大众传媒研究并出版了《框架分析》一书。

坦克德（Tankard，1991）认为框架是新闻的中心思想。新闻框架可影响受众如何想，影响受众如何处理和储存信息，将受众的注意力引到事实的某些方面而忽略其他方面。当然，受众也是根据自己的认知结构对事件进行主观解释，并建构社会现实的。因此，在社会现实的建构中，存在着新闻工作者的框架和受众个体的框架，两者之间不一定存在高度的相关性。伍（Woo，1994）等认为，框架是新闻工作人员、消息来源、受众、社会情境之间互动的结果。

从民调数据中收集框架效应的证据是相当困难的事，因为调查数据只能针对重构受众框架的议题提供足够的信息。据此，沙哈等人（Shah，Watts，Domke，&An，2002）进行了一项长期的内容分析，包括媒体对美国总统克林顿性丑闻的报道。根据民调对总统支持度的时间趋势，研究者设计了三个不同的框架（克林顿的行为框架、保守党的攻击框架、民主党的反应框架），结果表明，政治对手对丑闻的策略性框架扩大而不是弱化了公众对克林顿的支持。然而，需要提醒的是，被调查者大脑中的实际框架是无法通过可获得的数据进行检验和观察的。因此，在德国开展的一项大规模研究为避免对受众框架进行界定，将研究集中于传播者本身（Scheufele，B.，2003）。研究发现，新闻记者有一个图式匹配的过程，他们用其个人的框架作为一致的期待框架，以解释常规报道中的事件。

四　铺垫作用（Priming Effect）

Priming 一词可以理解为提供事实、填充经验的行为。铺垫作用是指由于之前受到某一刺激的影响而使得之后对同一刺激的提取和加工变得容易的心理现象，也称启动效应，源于认知心理学对于记忆的研究。认知心理学研究表明，如果某个人最近接收到了某个信息或者经常接触某个信息，那么该信息就很容易为个体所获得，在遇到新的信息刺激时，这些旧信息还会努力让新信息与之建立联系。也就是说，个体在做出判断时并不一定考虑所有的相关信息，而可能只考虑手头现成的信息。如果一个议题受到大众传媒的广泛报道，那么它可能作为一种铺垫，在个体做出判断时被激活。

普莱斯和图克斯伯里（Price & Tewksbury，1977）对信息的可用性、易得性和适用性进行了区分：可用的图式存在于个体的长时记忆中，当它应用于不断重复的新闻报道时便可在工作记忆中获得。他们将信息激活作为议程设置、框架和铺垫效应之间的关键联结，认为媒体对某议题的强调将激活最适合这些议题之特征（框架）的图式（适用性）。这一基本的信息激活（框架效应）随着时间的变迁，部分将得以保留，如果有任务需要做出与该图式有关的判断，则保留下来的那部分信息仍可以再次激活。

20 世纪 80 年代后期，艾因加和肯德（Iyengar and Kinder，1987）用实验法验证议程设置理论，结果不但支持了媒介对议题重要性的排序会影响公众对全国性议题重要性的排序这一假设，还发现在议程设置过程中存在着铺垫作用，即媒介对特定议题的强调不仅可以提高这些议题的显著度，而且可以调动人们记忆中以前得到的与此有关的信息。然后，这些信息就被个人、团体或机构用于形成与议题有关的意见。艾因加和肯德表示，电视对于美国总统表现的新闻报道，不仅提高了受众对于这些议题的认知，也影响了受众对总统表现的评估（Rogers & Dearing，1988）。

此外，研究还发现了一种更为基本的铺垫效果，即大众媒介着重对某些对象及其属性的报道与受众持某种观点之间存在一定的联系。媒介的着重报道对公众意见的形成和表达起到了铺垫作用。研究人员在详细分析了从 1980 年到 1996 年间五个选举年中有关总统候选人的新闻报道后发现，媒介报道各候选人的突出程度与对候选人的看法完全举棋不定的选民总数之间存在着较强的负相关关系（Kiousis，2000）。

皮特（Peter，2002）在其对铺垫效果研究的全面回顾中强调了"两步"过程的普遍性：第一步，媒体报道启动某些图式，从而使其更易获得、更易激活。第二步，当要求个体对一项新刺激或情况进行解释或判断时，这些图式就可得以运用。影响媒介铺垫效应最重要的条件是：（1）铺垫效应是不是最近发生的；（2）是否频繁地发生；（3）是否适合大量即将到来的真实事件。绝大多数研究认为铺垫效应是由媒体报道引发的，但它并不是一种普遍存在的现象：只是某几种类型的被试或者涉及某些相关议题的情况下，才经常出现可预测的效应（Miller & Krosnick，2000）。

第三节 网络环境下的议程设置

近年来，随着互联网的普及与发展，尤其是以数字化为基础的各种新兴媒体的异军突起，使传播景观发生了巨大的变化。电子邮件、网络报纸、BBS、微博、微信等层出不穷的传播方式，改变了人们的传播行为，改变了信息传播形式的单一化现象。相较于议程设置理论诞生之初，如今的媒介形态更加丰富多样，受众接收信息的主动性显著增强。那么，在网络环境下，议程设置理论行将终结，抑或以新的方式、新的特点继续存在和发展？

一 网络环境下议程设置的变化

媒介议程设置及其功能的发挥，与媒介的传播形态及其在社会中所处的地位密切相关。与传统媒体相比，互联网具有很强的互动性，以网民为代表的公众可以自行选择信息、加工信息，并通过网络传播形成网上舆情。

1. 议程设置主体的变化。在互联网出现以前，议程设置的主体是传统的大众传媒，公众只是议程设置的客体。而在网络传播时代，受众和媒体（包括传统大众传媒和网络媒体）共同成为议程设置的主体。其中，网络议程设置的主体主要包括网络专业媒体组织和受众，而网络专业媒组织主要包括一些门户网站、传统媒体网站以及相对成熟的论坛等。

在网络环境下，媒体的议程设置离不开受众的参与和回应。受众兼具议程设置主体和客体的双重身份，使其能够借助网络进行自我议程设置。个体之所以能够成为议程设置的主体，在于网络传播的传播权大多属于每个个体，而不像传统媒体那样属于媒介组织。新媒体形态层出不穷，新的媒介形式为受众提供了更多可以参与议程设置的平台。前几年颇有影响力的宜黄拆迁事件、郭美美事件等，都是通过微博这一媒介形式来设置议题并最终发展成公共事件的。

2. 议程设置方式的变化。在大众传播时代，传播权集中在传统媒体手中，人们只能依赖这些媒体来获取自己需要的信息。有学者（Lang & Lang，1983）以报纸为例总结出传统媒体议程设置的六个步骤：报纸突出报道某些事件或活动——广泛报道——对突出报道的事件或活动赋予意义——语言的影响——将事件或活动跟易于辨认的次级象征相联系——知名且可信的人的加入。

网络传播的议程设置功能主要通过两种方式来实现：一是网络媒体为网上讨论设置议程。网络媒体对某个议题予以强调，将会引起受众对这些议题的重视。二是公众自我设置议程并为传媒设置议程。在网络环境下，公众议题形成与发展的方式主要是网民与网民之间、网民与媒体之间、媒体与媒体之间的互动。决定某个议题是否成为公众议题的因素，不再是该议题由谁提出，而是该议题是否适合公众的需求以及信息的模糊性。许多在微博上曝光的事件，之所以成为轰动性的公众议题，就在于迎合了公众的需求，一方面与公众的利益密切相关，另一方面其结果又存在着一定的悬念。

基于网络媒体的特性，在网络环境下，许多议题的设置是通过网络媒体与传统媒体的互动完成的。网民对信息的转载和及时的意见反馈，可以增加网络议题的显著性和影响力。此外，网络媒体中越是反响强烈的议题，越容易引发传统媒体的关注。由此可见，公众具有了制造传统媒介议程的力量，传统媒体通过对网络议程的选择与深化，有助于提升公众议程的权威性和影响力，这样传统媒体议程与社会公众议程便形成了双向互动、相互促进的关系。

3. 议程设置内容的变化。申丹丹（2013）选择新浪微博和《人民日报》作为网络媒体和传统媒体的代表，以 2012 年 12 月第十期《人民日报》头版要闻和十天正午 12 时的新浪微博热门话题榜前 20 名为研究对象，考察传统媒体与网络媒体设置的议题在内容上的不同。研究发现，传统媒体更关注时政新闻，而网络媒体更关注文娱体育和网络活动类议题；传统媒体的议题相对集中，而网络媒体的议题类型比较分散且更加多元；一些不被传统媒体重视的议题如生活类和网络活动类议题引发了网络媒体的广泛讨论。

4. 议程设置效果的变化。媒介议程设置的效果有两个层面，一是影响公众感知什么是当前重要的问题；二是不仅能影响人们想什么，还能影响人们怎么想。

就第一层面而言，从议程设置的开始到公众认知到议题重要性之间的时间差更短。国外有一项对国际问题议题的研究发现，ABC 对该议题大量报道后的第 4 天出现议程效果，地方电视台在第 6 天，地方报纸在第 8 天议程效果显现（Wanta and Roy, 1995）。然而，在网络环境下，一个具有争议性的议题一旦出现，很快就会得到成千上万人的浏览、回复或转发。从近年来的一些公众议题来看，从议题的出现到议程效果的显现一般不超过 3 天。

就第二层面而言，由于传统媒介缺乏互动性，关于媒介是否能够影响公众的态度和行为并未得到验证，而且很难验证。但在网络环境中，通过互动，媒体很快就能知晓公众对议题的反应，公众之间也能马上相互知晓，这不仅缩短了议题的形成时间，还将公众的态度从隐态转变为显态，增强了舆论的冲击力。

二 媒介议程是否更加异质化？

人们往往认为，在网络环境下，媒介议程将更加异质化，而不像传统媒体那样具有相当程度的雷同化。1968 年所进行的查珀希尔研究发现，不同媒体的新闻报道彼此有相当程度的相似性。当时选民的主要新闻与信息来源是四家地方性日报、一家全国性报纸（即《纽约时报》）、两家全国性电视台（CBS 和 NBC）、两家全国性的新闻周刊（《时代》与《新闻周刊》），尽管如此，九家新闻媒体议程之间的相关系数中位值达 0.71。也就是说，不同的新闻媒体向公众展示的是高度雷同的媒介议程。四家日报的议题雷同程度更高，相关系数中位值达到 0.9。

然而，网络媒体的情况又是如何呢？詹姆斯·汉密尔顿（James Hamilton, 2004）注意到，美国的五大报纸——《华尔街日报》《今日美国》《纽约时报》《洛杉矶时报》和《华盛顿邮报》——占美国前 100 名报纸发行总量的 21.5%，而前五名报纸网站——《今日美国》《纽约时报》《华盛顿邮报》《底特律新闻》和《西雅图时报》——却占了美国前 100

名报纸网站总链接量的 41.4%。也就是说，相对于印刷媒介，网络媒介的注意力甚至更为集中。这种情况跟电视收视类似，现在的电视观众可以接收到数量众多的电视频道，但他们经常收看的往往只有少数几家。

许多受欢迎的新闻网站常常是传统媒体的网络版，是网上的报纸、杂志、电视网和有线电视新闻频道。跟传统媒体一样，互联网——至少对于那些最受欢迎的网站，也存在着议程设置的雷同性。除了经济与组织因素影响网站议程外，新闻实践的职业规范也是影响内容的强有力因素。网站所呈现的议程在很大程度上和传统新闻媒介议程相匹配，网站与传统媒介形成"交响"之势，一点也不令人意外。

关于网络新闻媒介的同质性，余加生（Jason Yu，2005）对比了三对不同的网络新闻源：《纽约时报》与《华盛顿邮报》网站代表网络报纸，CNN 与 MSNBC 网站代表网络电视，雅虎新闻与 Google 新闻代表网络新闻媒体。通过对比研究这些媒体在 2004 年的两周内的议题议程，再次发现了新闻媒介雷同的状况。所有网站的首页新闻相关系数在 0.51—0.94 之间，相关系数中位值是 0.77。再进一步对比这两个星期各个网站首页前三名的新闻报道，得到的是相似的相关性，在 0.53—0.99 之间，相关系数中位值是 0.82。

第四节　国内议程设置研究的现状与问题

郭镇之发表于《新闻与传播研究》（1996 年第 3 期）题为《议程设置研究第一人——记马克斯韦尔·麦考姆斯博士》的论文被认为是中国传播学界对议程设置理论进行的最早的较为详细的介绍。其实，早在 20 世纪 80 年代初，对于议程设置理论的介绍就已散见于一些文章和著作之中。进入 21 世纪后，中国大陆对议程设置的研究数量大幅增长，尤其是 2004 年以后，平均每年的著述高达 37 篇，研究范围也日益扩大（刘龙，2010）。本节主要对中国大陆学者有关议程设置研究的状况以及存在的问题进行梳理。

一　国内议程设置研究的发展

1. 翻译介绍

20 世纪 80 年代，国内学者所翻译的一些西方传播学著作首先对议程设置理论做了介绍，如陈亮、周立方、李启翻译的《传播学概论》（新华出版社 1984 年版），第十七章"大众传播的效力"中的"形成议题的功能"这部分介绍了议程设置理论的起源以及查珀希尔研究、1972 年的小样本追踪研究；陈韵昭翻译的《传播学的起源、研究与应用》（福建人民出版社 1985 年版）则在第十四章以"媒介议程安排"为题对议程设置理论产生的理论渊源及其基本观点进行了介绍。世界新闻研究室编写的《传播学：简介》（人民日报出版社 1983 年版）虽不是原著翻译，但内容基本上是对国外传播学研究的介绍，该书收录的《西方大众传播研究概况》一文将议程设置（作者将 agenda setting 译为"确定议程"）作为大众传播媒介的重要作用加以介绍，并阐述了媒介可设置的议题的多样性，以及有关媒介议程与公众议程二者因果关系等问题。

除这些著作外，20 世纪 80 年代我国传播学者还发表了一些专门探讨议程设置理论的文章，如王怡红的《美国大众传播学的一项新研究——"议程安排"理论的探讨》（《国际新闻界》1986 年第 4 期），该文探讨了议程设置理论的研究概念、研究题旨和研究前途，回顾了议程设置理论产生的理论渊源，介绍了议程设置理论当时的研究重点，还提出了对媒介议程与公众议程时间顺序及因果关系问题的看法，认为"传播过程本来是一个互相作用的运动体系"，"它们之间不可能存在明确的界限"，"传播媒介与受众的这种相互依赖、互为因果的关系"，是传播的一条内在规律。

进入 20 世纪 90 年代后，我国传播学者对于议程设置理论的介绍更为系统和全面，其中较有影响的除了前面提到的《议程设置研究第一人——记马克斯韦尔·麦考姆斯博士》外，还有《关于大众传播的议程设置功能》（郭镇之，《国际新闻界》1997 年第 3 期）、《大众传播的议程设置作用》（M. 麦考姆斯、T. 贝尔著，郭镇之译，《新闻大学》1999 年第 2 期）、《试论大众传播媒介的议题设置功能》（张宁，《国际新闻界》1999 年第 5 期）等等。

进入 21 世纪后，国内陆续出版了一些有关议程设置研究的著作，如《中国大众传媒议程设置功能研究》（李本乾，甘肃人民出版社 2002 年版），《至关重要的新闻：电视与美国民意》（〔美〕仙托·艾英戈、唐纳德·R. 金德著，刘海龙译，新华出版社 2004 年版）等等。与此同时，一些学者开始对议程设置理论进行修正和评介，如刘建明的《对"议程设置"论的修正——关于传播学未来走向的个案研究》，对议程设置的主导理论提出了修正意见；李本乾的《议程设置理论研究的趋势》，则分析并提出了议程设置理论研究的四大趋势，即从检验议题向检验属性扩展，从检验外在效果向检验内部形成机制深化，从社会学、心理学以及行为学研究向新闻传播学方向回归，从单纯的理论向理论与实践相结合的研究道路发展等。

2. 实证研究

随着议程设置研究的不断深入，我国一些学者不再满足于对议程设置理论的翻译评介，而是开始了以我国传播实践为基础的实证研究，探索传播学本土化以及如何为中国传播实践服务的问题。例如李本乾、张国良的《受众议程、媒介议程与真正现实关系的实证研究》（《现代传播》2002年第 4 期），张国良、李本乾的《行为变量对议程设置敏感度影响的实证研究》（《现代传播》2004 年第 1 期），李本乾的《人口统计学变量对议程设置敏感度影响的实证研究》（《新闻大学》2003 年第 3 期）等，这些研究运用现代社会科学研究方法，结合中国传播的实际情况，检验了议程设置理论在中国的适用性和差异性。

二　国内议程设置研究存在的问题

通过对近三十年来相关研究的梳理，可以看到，国内议程设置研究已经走过单纯的翻译介绍阶段，并开始结合学者们的各自专长开展一些实证研究。当然，由于研究传统、知识结构、研究环境、研究经费等因素的影响，国内议程设置研究还存在着以下一些比较突出的问题：

1. 实证研究偏少，研究规范性欠缺

议程设置研究自诞生之日起就与民意调查和内容分析法结下了不解之缘，后来的研究者对议程设置假说的检验都离不开对这两种研究方法的使用。然而，国内相关学者使用这两种实证方法的少之又少。

聂祎（2005）对 1995—2004 年发表在《新闻大学》《国际新闻界》《新闻与传播研究》以及《现代传播》四类新闻与传播学专业学术期刊上有关议程设置的论文进行内容分析。研究发现，在 48 篇相关论文中只有 3 篇使用了民意调查与内容分析相结合的研究方法。而且，这 3 篇文章使用的是同一次民意调查和内容分析的数据，只是分析的变量有所不同。刘龙（2010）通过对 CNKI 中收录的从 1994—2010 年间的 203 篇研究议程设置的文章进行分析，发现应用实证方法研究议程设置的成果寥寥无几。

此外，对内容分析法的使用也不够规范，没有严格按照"选择主题、决定样本或普查、定义要计算的概念或单位、建构类别、制作编码表、训练编码员、收集资料、测量编码员之间的信度、分析数据、报告结果"的步骤进行。

2. 网络议程设置研究过多，理论运用有神化滥用之嫌

有人（卢鑫，2013）以议程设置为主题对 1996—2013 年中国知网

上的文献进行搜索，共找到 1065 篇期刊论文，534 篇硕博论文，189 篇报纸文章，71 篇会议论文，以及学术辑刊 6 篇。文献内容主要涉及四个方面：网络、博客、微博等新媒体，多是通过相关案例来阐述新媒体环境下的议程设置特点和功能；政治宣传，研究当下突发事件、灾难事件中党和政府对社会舆论的引导和控制；广告，商家如何通过议程设置来实现商品宣传的目的；企业报，企业如何通过议程设置达到合理宣传和正确导向的效果。

综观这些研究，多是借助议程设置理论来解释某些传播现象，并将不同的社会事件与议程设置理论相结合，对所涉及的具体事件提出所谓的对策建议，有时甚至神化媒介议程设置的力量，导致了对议程设置的误用和滥用。

第三部分

民意研究抽样与设计

第七章　抽样

以现代统计学和概率理论为基础的现代抽样理论是十分准确的，虽然存在误差，但误差的范围是可以确定的。

第一节　为什么要进行抽样

抽样就是遵循随机的原则从总体中选取一部分样本并由此推断总体的方法。假如我们要研究某城市居民的生活方式问题，那么整个城市居民都是我们的研究对象，但限于研究条件等原因，不可能或难以对每一个居民进行调查，而只能采用一定的方法选取其中的部分居民作为调查研究的对象，这种选择调查研究对象的过程就是抽样。

一　概率抽样的逻辑

抽样对调查研究来说至关重要。社会科学研究的对象通常是非常复杂的，涉及社会生活的方方面面，既包括个体，也包括群体甚至整个社区或社会。在大多数情况下，我们难以对全部的对象做研究，而只能研究其中的一部分。对这部分研究对象的选择就要依靠抽样来完成，如此可以节省研究的成本和时间。但我们的研究又不能停留在所选取的样本本身，而要通过对有代表性的样本的分析来推断总体。因此，抽样的目的就是从研究总体中根据随机原则抽取一部分作为代表的样本进行调查分析，并根据这一部分样本去推论总体情况。

抽样方法直接决定着研究的成败。本书第二章曾提到过《文学文摘》杂志运用在大选前邮寄明信片询问投票意向的方法正确预告了 1920、1924、1928 和 1932 年当选的总统结果，但 1936 年却遭遇了滑铁卢。由于《文学文摘》杂志是根据电话簿和私人汽车登记簿上的名单寄出询问卡，尽管数量达到 1000 万张，但并不足以代表选民总体。这一预测失误，最根本的问题就出在抽样方法上：在大萧条时期拥有汽车、电话的大多是富人，从电话簿和汽车登记簿上抽样导致样本中富人过多，而穷人大多为罗斯福新政投了赞成票。

与《文学文摘》遭遇滑铁卢形成鲜明对比的是，乔治·盖洛普因准确预测这次大选而崭露头角，盖洛普的名字后来成为民意调查的同义语，他的成功得益于他所采用的配额抽样方法。然而，同样的配额抽样方法却使他在预测 1948 年的总统大选中遭遇了失败的窘境。除了调查时点离实际投票时间较远（长达一个月）这一原因以外，另一个主要的因素同样是抽样方法出了问题。第二次世界大战后，美国大量人口从农村流入城市，而盖洛普对人口总体的知识还停留于十年前的状况，样本中过大的农村人口比例造成该次调查过低地估计了民主党的投票人数。顺便说一句，严格地说，配额抽样不是概率抽样。

运用概率抽样主要基于以下逻辑：

1. 同质性和异质性。假如总体中的每个成员在每个方面都相同，抽样就没有必要了。对于这种极端同质性的情况，一个个体就足以成为整个研究总体的样本。然而，当面对研究总体的异质性时则要求严格的抽样过程。总体是由不同的个体组成的，如果想通过从总体中抽取的样本来推断总体，样本中就必须包括跟总体中一样的差异。概率抽样即为抽取充分反映总体差异的样本提供了有效的方法。

2. 有意识或无意识的抽样偏差。即使没有受过特别训练，任何人也都可以抽取一个调查样本。如抽取一个包括 100 名大学生的样本，可以径直到大学校园访问路过的学生。未受过训练的研究者喜欢用这种抽样方法，然而这种方法存在严重的问题。要准确推断总体就必须进行概率抽样，而随机是概率抽样的必要条件。研究者个人的好恶会影响抽样质量，导致样本缺乏对学生总体的代表性。假定研究者不喜欢具有嬉皮士外表的学生，担心他们会嘲笑自己的研究，就可能有意无意地避开这种人。即使研究者对走进图书馆的学生有意识地每隔十人选择一人，还是不能保证样本的代表性，因为这一样本中常去图书馆的学生比例将会过大。

3. 代表性和选择的概率。代表性一词并无精确的科学含义，但在关于抽样的讨论中是具有常识意义的有用概念。样本近似地代表总体，如总体中女性占 50%，那么在一个有代表性的样本中女性也应当接近 50%。概率抽样与非概率抽样的根本区别是概率抽样虽然不能完全精确地反映总体，但偏差可知可控，而非概率抽样对总体没有代表性。

二　抽样调查的特点

抽样调查是与普遍调查或普查对应的，在实际民意调查中，我们大多采用抽样调查的方法，这与抽样调查的特点和优点是分不开的。

第一，节省人力、费用和时间。跟普查相比，抽样调查的调查单位要少得多。因而，既能节省人力、费用和时间，又能比较快地得到调查结果。很多民意调查项目时效性强，如对某一公共政策的支持度、国外总统候选人的支持率等，如果采用普遍调查，即便不考虑费用的问题，从时效性看也是不具有可行性的。

第二，由于抽样调查调查单位少，有利于增加调查内容的广度和深度，取得比普查更加丰富的调查结果。

第三，在很多情况下，抽样调查的结果要比普遍调查准确。统计误差可分为两种：一是登记误差，也叫调查误差或工作误差，是指在调查登记、汇总计算过程中发生的误差，这种误差应设法避免；二是代表性误差，这是指用部分单位的统计数字去推算总体时所产生的误差，这种误差一定会发生，难以避免。普遍调查只有登记误差，而抽样调查则兼有两种误差，因此人们往往认为普遍调查比抽样调查来得准确，其实不然。普遍调查的调查单位多，涉及广，参加调查汇总的人员也多，水平参差不齐，因而发生登记误差的可能性就大。抽样调查的调查单位少，参加调查汇总的人也少，如果事先加以严格的培训，发生登记误差的可能性就可以降到最低。在这种情况下，抽样调查的结果就完全可能比普遍调查更为准确。

第四，通过随机原则选取的样本对总体具有足够的代表性。抽样调查从总体中抽选出来进行调查并用以推断总体的调查样本，是按照随机原则抽取的，由于不受任何主观意图的影响，因此总体中各个单位都有被抽中的可能性，能够保证被抽中的调查样本在总体中的合理、均匀分布，调查出现倾向性偏差的可能性是极小的。而且，抽样调查所抽取的样本数量，是根据要调查的总体各个单位之间的差异程度和调查推断总体允许的误差大小，经过科学的计算确定的。由于调查样本在数量上有可靠的保证，样本就会与总体实际十分接近。

第五，抽样调查中的样本误差，在调查前就可以根据调查样本数量和总体中各单位之间的差异程度进行计算，可以有效地把样本误差控制在一定范围之内，调查结果的准确程度比较有把握。

第二节 相关概念

总体：是指所要调查研究对象的全部单位。总体可能是一个国家年满18周岁以上的所有公民、一次选举中的选民、某个城市的成年人、某一公司产品的消费者或者某一报纸的读者，等等。根据包含单位的数量，可以分为有限总体和无限总体。人口数、企业数等即是有限总体，其所包含的单位数是有限的；连续生产的某种产品的生产数量、大海里的鱼类资源数等属于无限总体，其所包含的单位数是无限的。

确定总体与总体单位，必须注意两个方面：一是构成总体的单位必须是同质的，不能把不同质的单位混在总体之中。例如，研究工人的工资水平，就只能将靠工资收入的职工列入统计总体的范围。同时，也只能对职工的工资收入进行考察，对职工由其他方面取得的收入就要加以排除，这样才能正确反映职工的工资水平。二是总体与总体单位具有相对性，随着研究任务的改变而改变。同一单位可以是总体也可以是总体单位。例如，要了解全国工业企业职工的工资收入情况，那么全部工厂是总体，各个工厂是总体单位。如果旨在了解某个企业职工的工资收入情况，则该企业就成了总体，每位职工的工资就是总体单位了。

个体：个体是收集信息的单位，它提供分析的基础。在民意调查中，个体常常是某种类型的人。其他类型的单位也可以成为民意调查的个体，例如家庭、公司等。

抽样：又称取样，是指从总体中选取一部分进行研究的过程。其基本要求是要保证所抽取的样本对总体具有充分的代表性。抽样的目的是通过对被抽取样本单位的分析、研究结果来估计和推断总体的特性，是民意调查普遍采用的一种经济有效的研究方法。抽样可分为概率抽样和非概率抽样。

抽样框：抽样框又称"抽样框架"、"抽样结构"，是指对可以选择作为样本的总体单位列出名册或排序编号，以确定总体的抽样范围和结构。若没有抽样框，则不能计算样本单位的概率，从而也就无法进行概率抽样。大学生花名册、城市黄页里的电话列表、工商企业名录、街道派出所里居民户籍册等都是常见的抽样框。在没有现成名单的情况下，可由调查人员自己编制。应该注意的是，在利用现有的名单作为抽样框时，要先对该名录进行检查，避免有重复、遗漏的情况发生，以提高样本对总体的代表性。

在实际工作中由于设计或者资料本身等方面的原因，目标总体与抽样总体往往不一致，无法保证样本的代表性，而且由于目标总体单位数不准确，对总体进行估计时就会产生估计量偏倚，增大其方差。这种误差并不是来自抽样的随机性，而是产生于不完善的抽样框，因此称为抽样框误差。如，以电话号码簿作为抽样框，在对某地区所有住户进行的某种意向调查时，就存在着抽样框误差。

要减少抽样框误差，一是要在抽取样本之前对抽样框加以检查，发现可能存在的问题，进行识别、处理，并采取一定措施加以补救。二是通过连接遗漏单位法，也就是把抽样样本遗漏的个体和抽样样本中某个值相连接，其连接规则必须在调查前明确规定。其前提条件是在抽样过程中能发现被遗漏的单位。

抽样单位：抽样单位是在抽样的不同层次选择个体的单位。在简单的、单层次样本中，抽样单位就是个体本身。然而在较为复杂的样本中，则需要根据不同层次采用不同的抽样单位。例如，首先要在某城市中抽取社区样本，然后在入选的社区中抽取家庭样本，最后在入选的家庭中抽取成年人样本。在这三个层次上，抽样单位分别为社区、家庭和成年人，即初级抽样单位、次级抽样单位和终极抽样单位。

样本：是指从总体中抽取出来进行调查的一部分单位。总体是所要研究的对象，样本是所要观察的对象。每个真实的总体都有其多样性，因此，每项研究所抽取的样本都应该反映这一多样性。也就是说，理想的样本应该包括能够反映这种多样性的元素。研究者对总体及其与目标变量相关的因子了解得越多，就越可能建构反映总体这些维度的样本。

样本容量：样本容量即样本的大小，又称"样本数"，指一个样本的必要抽样单位数目，用 n 表示。在组织抽样调查时，抽样误差的大小直接影响样本指标代表性的大小，而必要的样本单位数目是保证抽样误差不超过某一给定范围的重要因素之一。因此，在抽样设计时，必须决定样本单位数目，因为适当的样本单位数目是保证样本指标具有充分代表性的基本前提。

一项研究需要抽取多少样本，是抽样研究面临的重要问题。许多人认为，样本越多越好。但科学研究却表明，当样本增大到一定规模以后，更多的样本对提高研究准确性的作用不显著；同时，当样本太大时，除耗费人、财、物等资源外，容易增加统计决策错误（如 I 类错误）的可能性，因此研究者不主张运用过大的样本。

样本量的大小取决于许多因素，其中重要的有三种因素。首先是研究的准确性，要求的准确性高，样本量就大。其次是总体的差异性，总体之间各个单位差异大，样本量就要大一些。最后是抽样的具体方法，如群间差异大，整群抽样就不宜采用。根据统计学的要求，样本数量一般不能少于400。

变量：变量是由一组互不包容的取值组成的，如性别、年龄、收入状况等。民意调查的目的通常是描述总体中某变量取值的分布。顾名思义，变量是有差异的，如果某总体中所有的个体都只有一种取值，这个取值就是常数而不是变量的组成部分了。

参数值：参数值是关于总体某一变量的综合描述。例如，某城市中所有家庭的平均收入和这一城市人口的年龄分布就是参数值。民意调查的一项重要内容就是在样本观察的基础上对总体参数值做出估计。

统计值：统计值是关于调查样本某一变量的综合描述。例如，从一个调查样本中计算所得的平均收入和样本的年龄分布即统计值。我们通常用样本统计值对总体参数值做出估计。

抽样误差：在使用概率抽样方法时，样本统计值与总体参数值不可能完全一致。概率论使我们能够对某一样本设计可能导致的误差程度做出估计。

置信水平与置信区间：置信水平与置信区间是抽样误差估计的主要因素，置信水平是用以表达样本统计值落在某一指定区间（置信区间）的概率。比如，我们可以说有95%的信心肯定样本统计值会落在总休参数值正负5%的两点之间。当某一统计值的置信区间增加时，我们的信心随之增加，例如我们有99.9%的信心肯定样本统计值会落在总体参数值正负7.5%的两点之间。

第三节　抽样方法

抽样研究一般分为概率抽样和非概率抽样。概率抽样又分为等概率抽样和不等概率抽样。

一　等概率抽样

等概率抽样主要有简单随机抽样、分层抽样、机械抽样、整群抽样和分阶段抽样。复杂的研究一般使用多阶段抽样，不同阶段又可用不同的抽样方法。

1. 简单随机抽样（SRS：simple random sampling）

又叫纯随机抽样，对总体不作任何处理，是最简单、最基本的方法。它要求每个单位都有同等被抽中的机会。

直接抽选：如果总体规模不大，可以将总体中的每个单位都写在纸上，放在箱子里，伸手随机摸取。现在电视台的有奖知识竞赛常常采取这种方法。

随机数码：Excel 中函数 rand（），产生 0—1 之间的平均分布随机数，产生的随机数不重复。Rand between（bottom，top），产生 top—bottom 之间随机整数，产生的随机数可能重复。

2. 分层抽样（stratified sampling）

又叫类型抽样、分类抽样。先对总体各单位按一定标志加以分类（层），然后再从各类（层）中按随机原则抽取样本。主要目的是减少抽样误差，提高抽样调查的精确度，通过分类使层间变化大，层内变化小。这里的关键是分层指标的选取。分层指标的选择应考虑：（1）分层指标应同研究的主要目标密切相关，指标个数尽量少；（2）分层应满足同一层的元素具有较好的同质性，不同层的元素具有明显的异质性；（3）对总体的分层和层内抽样都易于操作和管理。

3. 机械抽样（mechanical sampling）

又称系统抽样法（systematic sampling）或等距抽样法。对研究的总体单位按一定顺序排列，每隔一定的间隔抽取一个样本。这种方法适合于大规模调查，比较简单快捷，在实施中不需要严格的抽样框（准确的地址、名单等），只要有一个抽样单元的顺序即可。步骤是将全部个案排队，每隔一定间隔抽取一个或若干个样本。

4. 整群抽样法（cluster sampling）

又称集体抽样法。将总体分为若干群，抽取几个群作为样本，对选中群的所有单位进行全面研究的抽样方法。其特点是组织方便，节约经费，但精确度底（尽可能多地增加群的抽取个数）。应用条件是群间差异小，群内差异大。

5. 多段抽样法（multi-stage sampling）

一般分两三个阶段，最多分四个阶段，每段进行随机抽样。这是民意调查中最常用的方法，在不同的阶段结合采用上述抽样法，但因经过多个阶段才能最后抽出样本，所以抽样误差会大一些。

二　不等概率抽样

不等概率抽样有以下两种方法。

1. πPS 系统抽样

这是最简单的不等概率系统抽样。方法为：令总体中第 i 个单元的入样概率 π_i 与该单元的大小 M_i 成比例。$\pi_i = n\,(M_i/Mo)$，$Mo = \sum M_i$。$K = Mo/n$ 为抽样间距，随机取一个小于等于 k 的实数为抽样的起点。

2. PPS 抽样

样本量 n 固定、有放回的、按与单元的"大小"比例的概率来抽取的方法，简称 PPS（sampling with probability proportional to size），这是最常用、最重要的不等概率抽样方法。如我们已完成的 2005 年全国艺术科学规划课题"浙江农村青少年大众文化接触及影响实证研究"，使用的就是 PPS 方法，该研究从浙江省 90 个县级行政单位，以县农业人口占全省总农业人口的比率为指标，抽取 20 个样本县进行调查，以代表浙江全省的情况。

三　非概率抽样

非概率抽样不能对总体进行估计和推断。常用方法有：

1. 方便抽样

从便利的角度抽取样本，如在报纸、杂志、网络上刊登调查问卷，由读者、网民自愿填写后反馈给研究者；访问售报亭买报的读者；利用读者、听众来信获取受众名单抽取样本等。

2. 判断抽样

根据研究者个人经验和判断抽取样本。在多级抽样的第一级抽样中使用较多。如在研究新媒体（网络、手机等）的游戏功能时，研究者可根据自己的经验选择几所高校、研究单位、合资公司和政府部门，从每个机构中抽取调查对象。

3. 配额抽样

根据经验按类分配样本数。1998 年，英国电影学会实施了一项题为《电视生活中的一天》的调查研究。在该研究中，通过新闻和电视广告、海报和传单征集的 22000 名英国观众，写下了某一天（11 月 1 日）观看电视的日记。三年后，英国电影学会以原来被试的一部分作为样本，进行一项为期五年的受众跟踪研究，在其间被试要完成一些"问卷日记"。岗特莱特与希尔（Gauntlett & Hill, 1999）在对数据的分析中，描述了跟踪研究的这些样本是如何决定的。首先，征集的被试包括各个不同年龄组，以使样本能够反映英国人口的年龄分布。其次，在同样的基础上选用来自不同家庭类型的被试（确保单人家庭、两个成人/两个孩子的家庭等都有代表）。最后，男女被试的人数大致相等。

4. 滚雪球抽样

适用于调查对象十分稀少或难于接触的情况。先随机地抽取少量调查对象，调查后，再请他们提供一些类似的研究对象，以此类推。如接受高档美容的女性，高尔夫球爱好者，同性恋者等。

第四节　抽样的一般步骤

严格的抽样程序和步骤对确保抽样调查的质量至关重要。

一　界定调查总体

界定调查总体就是在具体抽样前，明确抽样的总体范围与界限。抽样调查虽然只是对总体中的部分个体实施调查，但其目的是描述与认识总体的状况、特征与规律，所以必须明确界定总体的范围与界限，以确保抽取对总体有代表性的样本。

一般来说，界定总体似乎不难，但在实际调查中，往往会出现一些难以界定或者难以达成一致的情况，如在家庭调查中，就必须事先明确单身户是否可以算作家庭。正常的情况应该是调查员在现场能毫不犹豫地确定一个可疑的情况是否属于调查的总体。

二　选择抽样方法

抽样方法可分为两大类，即概率抽样与非概率抽样，研究者可根据具体的研究目的和要求，选取不同的抽样方法或抽样方法组合。

三　确定抽样单位，编制抽样框

抽样单位是指总体中每一个最基本的抽样对象，在一个总体中，各个抽样单位必须互不重叠且能合成总体。有时候，单位是显而易见的，如一个学校的学生。但有时候单位是需要选择的，例如在进行市民生活水平调查时，单位可以是个人，也可以是家庭，在这种情况下，就需要在调查前对抽样单位进行确定。

样本是从抽样框中抽取的，通常抽样框是不完全的，或者有一部分模糊不清，或含有未知的重复部分。例如，就一个城市的人口调查而言，制定完全准确的抽样框几乎是不可能的，每天都有人出生和死亡，每天都有人更换地址，人们提供的地址或电话也不可能完全准确。编制一个好的抽样框不但重要，也颇费力气。

四　确定样本的规模

样本规模是指样本中含有单位的多少。样本规模事关抽样调查的质量和效率。样本过多，可能造成人力物力的浪费；样本过少，又会使调查结果产生较大的误差，不能保证样本对总体的代表性，也就难以对总体做出准确的推断。确定样本规模，既要考虑调查总体的规模大小和调查总体内部的差异程度，也要考虑对调查结果可信度和精确度的要求。

五　评估样本质量

样本评估就是对样本的质量、代表性、偏差等进行初步的检验和衡量，其目的是防止由于样本的偏差过大而导致调查的失误。评估样本的基本方法是将可得到的反映总体某些重要特征及其分布的资料跟样本中同类指标资料进行对比，如果两者的差距很小，则可认为样本的质量较高。否则，则需要重新考虑抽样过程。

六　整理样本资料

获取样本资料后，应着手进行审查、整理和分析，通过电脑进行编码整理，运用数理统计手段分析样本资料，找出样本中对于总体的代表性和准确性程度，找出抽样误差，尽量减少和避免登记性误差。

第八章 问卷设计

问卷是通过书面的方式，根据严格设计的题目或问题向研究对象收集资料和数据的一种方法。问卷一词是由 questionnaire 翻译而来，它的原意是 "一组问题（a set of questions）" 或 "问题的集合（a collection of questions）"。

问卷质量的高低对民意调查的成败影响极大。根据调查目的、调查对象、调查方法来设计科学、有效的调查问卷，是一项技术性较强的工作。完美的问卷必须具备两个功能，即能将问题传达给被问的人和使被问者乐于回答。通常，在问卷设计之前，要初步熟悉和掌握调查对象的特点及调查内容的基本情况，然后结合实际需要与可能，全面、慎重地思考，多方征询意见，把调查问卷设计得科学、实用，以保证取得较好的调查效果。

第一节 问卷的结构与类型

一 问卷的组成

一份完整的问卷一般包括标题、封面信、指导语、问题和选项、编码等部分。

1. 问卷的标题。问卷的标题通常在问卷的首页。研究者应开宗明义拟定合适的问卷标题，反映研究主题，使人一目了然，增强填答者的兴趣和责任感。被调查者通过问卷的标题，可以了解问卷的性质或目的。但在某些情况下，由于研究主题涉及一些比较敏感或个人隐私的内容，为了避免被调查者对研究主题的防范而拒绝回答或伪答，可将敏感话题用中性词语来表示。如将 "大学生色情网页访问调查" 改为 "大学生网络访问调查"。

2. 封面信。即印在封面的短信，简述问卷的目的、研究者的身份、保密的承诺和感谢等，如有给被调查者的礼品或礼金，一并在封面信中表明。

3. 指导语。用以指导被调查者填答问卷的解释和说明，其作用是对填写问卷的方法、要求、注意事项等作一个总的说明。如"单选"或"多选"，概念的操作性定义等，共同的写在封面信后，特殊的写在题目后。

4. 问题与选项。这是问卷的主体，下面再予以详述。

5. 编码。在规模较大的民意调查中，通常采用以封闭式问题为主的问卷。为便于电脑录入和数据分析，往往需要对被调查者的回答结果进行编码，也就是给每一个问题及其选项编上数码。编码既可以在问卷设计时就设计好，称为预编码，也可以在调查完成后再进行，称为后编码。在实际调查中，大多采用预编码。编码一般放在问卷每一页的最右边，有时还可用一条竖线将其与问题和选项隔开。

除了编码以外，有些问卷还需要在封面印上调查员姓名、调查日期、审核员姓名、被调查者住地等信息，以便于校对检查、更正错误。

并不是所有问卷都需要编码。

二 问卷的主体

问卷的主体是问题与选项。

1. 问题的类型

问卷的主体内容一般由三部分组成。一是基本资料，主要包括被调查者的年龄、性别、年级、民族、婚姻状况、收入、教育程度、职业等基本情况。二是行为资料，这是专门向被调查者收集已发生的行为事实或事件的发生及经过。三是态度资料，主要收集被调查者本人对某些问题的思想、观点、态度、兴趣爱好等心理现象和个性心理特征。构成问卷的问题一般可分为5类：

一是事实性问题，主要是要求被调查者回答一些有关事实的问题。例如：你通常什么时候看电视？事实性问题的主要目的在于获取事实资料，被调查者的职业、收入、家庭状况、居住环境、教育程度等都属于事实性问题。

二是意见性问题，即询问被调查者一些有关意见或态度的问题。例如：你喜欢××频道的电视节目吗？这类问题既涉及被调查者的真实态度，又涉及态度的强弱程度。一般来说，被调查者的回答容易受到问题措辞和问题次序的影响。意见性问题的设计远较事实性问题困难。

三是困窘性问题，指被调查者一般不愿在调查员面前作答的某些问题，比如关于某些私人性的问题，或不为一般社会道德所接纳的行为、态度，或属有碍声誉的问题。比如，除了工资收入外，你还有其他收入吗？你所在的企业有偷税漏税的情况吗？对于困窘性问题，可采取投射等方法，获取被调查者的真实回答。

四是断定性问题。这些问题先假定被调查者已有某种态度或行为。例如：你每天抽多少支香烟？对于这类问题，一般应在断定性问题之前加一条"过滤"问题。例如：你抽烟吗？如果应答者回答"是"，用断定问题继续问下去才有意义，否则在过滤问题后就应停止。

五是假设性问题。有许多问题是先假定一种情况，然后询问被调查者在该种情况下，他会采取什么行动。例如：如果 XX 晚报涨价至 2 元，你是否将改看另一种未涨价的晚报？

2. 问题的形式

一般来说，调查问卷的问题有两种形式：封闭性问题和开放性问题。

封闭性问题，又称结构性问题，它规定了一组可供选择的选项和固定的回答格式。例如：您购买住房时考虑的主要因素是什么？

（A）价格

（B）面积

（C）交通情况

（D）周边环境

（E）设计

（F）施工质量

（G）其他_____（请注明）

封闭性问题的优点包括以下几个方面：

（1）选项是标准化的，对选项进行编码和分析都比较容易；

（2）被调查者易于作答，有利于提高问卷的回收率；

（3）问题的含义比较清楚。因为所提供的选项有助于理解题意，可以避免被调查者由于不理解题意而拒绝回答。

封闭性问题也存在一些缺点：

（1）难以觉察被调查者是否准确理解问题；

（2）可能产生"顺序偏差"或"位置偏差"，即被调查者作答可能受到选项排列位置的影响。研究表明，对陈述性选项，被调查者倾向于选第一个或最后一个，而对一组数字（数量或价格）则倾向于取中间位置。为了减少顺序偏差，可以准备几种形式的问卷，每种形式的问卷选项排列顺序不同。

开放性问题，又称无结构的问题，研究者提供不具体选项、被调查者用自己的语言自由回答。例如："您为什么赞同放开二胎限制？"、"您对我国目前的银行贷款利率改革有何看法？"

开放性问题可以让被调查者充分地表达自己的看法和理由，并且比较深入，有时还可获得研究者始料未及的信息。其缺点有：搜集到的资料中无用信息较多，统计分析比较困难，并且由于回答费事，可能遭到拒答。因此，开放性问题在探索性调研中是很有帮助的，但在大规模的正式抽样调查中不宜过多使用，因为采取这种方式提问会得到各种不同的答案，不利于资料统计分析。

三 问卷的类型

问卷调查，按照问卷填答者的不同，可分为自填式问卷和代填式问卷。其中，自填式问卷，按照问卷传递方式的不同，可分为送发问卷和通信问卷，通信问卷包括报刊问卷、网络问卷、邮寄问卷等；代填式问卷，按照与被调查者交谈方式的不同，可分为访问问卷和电话问卷。

自填问卷是由被调查者本人填写问卷。其中，通信问卷的调查费用低，但无法了解和控制被调查者的作答过程，影响研究的信度和效度。送发问卷是由研究者或经过培训的调查员将问卷送到被调查者手中，被调查者当场填写完后由研究者或调查员收回。送发问卷费用较大，但可以在较短时间内收集到大量的资料，并且被调查者填写问卷时可以同研究者或调查员交流，研究者或调查员可以制止或减少各种干扰（如讨论），所收集的资料可靠性高。如我们 2005 年为完成国家社会科学基金项目、全国艺术科学规划课题"浙江农村青少年大众文化接触及影响实证研究"，使用送发问卷调查了 10081 名浙江青少年。

代填式问卷是由研究者或调查员根据被调查者的回答，填写问卷。代填式问卷的费用最大，对调查员的要求也最高，但能调查一些复杂问题、敏感问题，适用于所有有语言交流能力的人。如我们在 2005 年 7 月实施杭州市有线电视用户消费行为调查时就使用访问问卷，入户调查了 1087 人。

这几种问卷调查方法的利弊，可简略概括如下。

六类问卷调查的利弊比较

问卷种类	报刊问卷	网络问卷	邮政问卷	送发问卷	访问问卷	电话问卷
调查范围	很广	很广	较广	窄	较窄	可广可窄
调查对象	难控制和选择，代表性差	难控制和选择，代表性差	有一定控制和选择，但回收问卷的代表性难以估计	可控制和选择，但过于集中	可控制和选择，代表性较强	可控制和选择，代表性较强
影响回答的因素	无法了解、控制和判断	无法了解、控制和判断	难以了解、控制和判断	有一定了解、控制和判断	便于了解、控制和判断	不太好了解、控制和判断
回复率	很低	很低	较低	高	高	较高
回答质量	较高	不稳定	较高	较低	不稳定	很不稳定
投入人力	较少	较少	较少	较少	多	较多
调查费用	较低	较低	较高	较低	高	较高
调查时间	较长	较短	较长	短	较短	较短

第二节 问卷设计的原则与步骤

一 问卷设计的原则

1. 主题明确。根据主题，从实际出发拟题，问题目的明确，重点突出，没有可有可无的问题。问卷设计的过程其实就是将研究内容围绕主题逐步具体化的过程。根据研究内容先确定好树干，然后再根据需要，每个树干设计分支，每个问题是树叶，最终构成一棵树。因此在整个问卷树的设计之前，应该有总体上的大概构想。

2. 结构合理、逻辑性强。问卷设计要具有逻辑性和系统性，一方面可以避免需要询问信息的遗漏，另一方面调查对象也会感到问题集中、提问有章法。相反，假如问题是发散的、随意性的，问卷就会给人以思维混乱的感觉。此外，问题一般应该先易后难、先简后繁、先具体后抽象。

3. 通俗易懂。问卷应使被调查者一目了然，并愿意如实回答。问卷中语气要亲切，符合被调查者的理解能力和认识能力，避免使用专业术语。对敏感性问题采取一定的询问技巧，使问卷具有合理性和可答性，避免主观性和暗示性。

4. 控制问卷的长度。问卷长度根据调查方式和报酬确定。一般回答问卷的时间控制在 20 分钟左右。

5. 便于资料的校验、整理和统计。成功的问卷设计除了考虑到紧密结合调查主题与方便信息收集外，还要考虑到问卷在调查后的整理与分析工作。这要求调查指标是能够累加和便于累加的，指标的累计与相对数的计算是有意义的，而且能够通过数据清楚明了地说明所要调查的问题。

二 问卷设计的步骤

1. 明确调查目的

问卷设计的第一步就是要明确调查的目的，为此需要与调查委托方认真沟通，讨论调查的目的、主题和理论假设，并将问题具体化、条理化和操作化，即变成一系列可以测量的变量或指标。

2. 搜集资料

搜集资料的目的主要有三个：一是帮助研究者加深对所调查研究问题的认识；二是为问题设计提供丰富的素材；三是形成对目标总体的清楚概念。在搜集资料时对个别调查对象进行访问，可以帮助了解受访者的经历、习惯、文化水平以及对问卷问题知识的丰富程度等。调查对象的群体差异越大，就越难设计一份适合整个群体的问卷。

3. 确定调查方法

不同类型的调查方式对问卷设计有不同的要求。在面访调查中，被调查者可以看到问题并可以与调查人员面对面地交谈，因此可以询问较长的、复杂的、类型广泛的问题。在电话访问中，被调查者虽可以与调查员交谈，但是看不到问卷，这就决定了只能问一些简短和比较简单的问题。邮寄问卷是被调查者自己独自填写的，被调查者与调查者没有直接的交流，因此问题应尽量简单并给出详细的指导语。在计算机辅助访问（CAPI 和 CATI）中，可以实现较复杂的跳答和随机化安排问题，以减少由于顺序造成的偏差。人员面访和电话访问的问卷要以对话的风格来设计。

4. 确定问题的内容

一旦确定了调查方法的类型，下一步就是确定每个问题的内容。也就是说，针对每个问题，我们应反问：这个问题有必要吗？是需要几个问题还是一个就行了？我们的原则是，问卷中的每一个问题都应对所需的信息有所贡献，或服务于某些特定的目的。可有可无的问题坚决删除。

当然，面访调查时，需要择机问一些与所需调查内容似乎没有直接联系的问题，这类问题称为"功能性问题"，目的是让被调查者乐于介入并建立友善的关系，特别是当问卷的主题比较敏感或有争议时。

5. 决定问题的题型

问题的题型主要有以下几种：

"一选一"填空式：如：您每天上下班在路上要花多少时间？＿＿＿＿分钟。

"二选一"选择式。一个问题只有"是"与"不是"两个选项。

"多选一"单选式。一个问题有两个以上的选项，被调查者根据自己的情况选择最合适的一个。

"多选多"限选式。与"多选一"不同的是，该题型要求被调查者根据自己的情况选择若干个选项。

多项排列式。要求被调查者在所给出的选项中选择两个以上的选项并进行排序。

多项任选式。在所提供的选项中，被调查者可以选择不同数目的选项。

矩阵式。将同一类型的若干问题集中在一起，回答方式也相同，有利于节省被调查者的阅读和填写时间。

表格式。这是矩阵式的变体，但比前者更整齐、醒目。

6. 决定问题的措辞

措辞必须清晰明确，要避免使用含糊不清的词语，以避免引起被调查者的误解。此外还应考虑到被调查者回答问题的能力，问题不应该超越受访者的能力与经验，问题中涉及的细节不应超出受访者的记忆能力。

7. 安排问题的顺序

问题的典型排列顺序一般是：过滤性问题→热身性问题→过渡性问题→主题性问题→较复杂或难以回答的问题→分类与人文统计问题。

8. 确定格式和排版

9. 拟定问卷的初稿和预调查

一份完整的问卷在使用前还应准备访问指导书、督导员手册、访问执行表、访问执行总表、调研样本分配表、访问实施过程表、受访者态度应对表等材料。

10. 根据预调查情况修改问题，正式定稿

第三节 问卷设计的注意事项

一 对于问卷

1. 问卷中问题的顺序和选项的顺序不要有指导性。

2. 设置的问题与所研究的主题密切相关，问卷不要太长。一份问卷一般以 20 分钟内完成为宜。

3. 一般性或容易回答的问题放在前面，敏感、隐私和不容易回答的问题放在后面。

4. 有时为了避免影响被调查者的情绪，可将被调查者基本资料放在问卷之后。

二 对于问题和选项

1. 笼统、抽象、含混的概念要加操作性定义，以避免问卷设计者与调查对象或调查对象之间的理解不一致。如"你小时候暑假在家干什么"，"小时候"需定义成"小学"或"初中"。

2. 问题的选项要穷尽，所有可能的情况都要体现在选项中，一般用"其他"来囊括。

3. 问题的选项要互斥，一种情况不能有两个可选项。

4. 同一题目不要问两个问题。如"你经常教小孩识字和算术吗？"（使那些只教小孩识字或只教算术的家长很犯难），应分成两个题目来问。

5. 文字、语句简单。语言要口语化，符合人们交谈的习惯，避免书面化和文人腔调。不用专业术语、行语、俗语，只要题目清楚准确，句子越短越好。

6. 用中性词，避免诱导性、暗示性词汇，避免出现带有某种倾向的暗示性问题。如"你喜欢饮誉中外的小说《红楼梦》吗？"其中的"饮誉中外"就具有诱导性。

7. 问题的陈述尽量使用肯定句。被调查者容易忽视否定句（特别是双重否定句）中的否定词而误解题意，造成回答不真实。

8. 对于一些比较难以回答的问题，最好给被调查者提供一个具体情境。

第四节　问卷质量的评估

衡量一份问卷是否有质量，可从以下几个方面进行考察：

一　问卷能否提供有助决策的信息

要使一份问卷能够提供有助决策的信息，所问的问题必须具有暂时的争议性。人们应该呼吸、树木应该生长，这类问题没有争议，谈不上民意，当然没有赞成或反对的问题，有争议的因素才值得讨论。

二　是否适合被调查者

问卷设计应简洁、有趣，问卷主题应尽可能引发被调查者的兴趣，如果被调查者不感兴趣或感觉问卷枯燥，那么即便只需花费较短的时间，也难以确保问卷的质量。

问卷题目设计必须有针对性，明确被调查人群，适合被调查者身份，充分考虑受访人群的文化水平、年龄层次等；措辞上应针对不同的调查对象进行相应的调整，戴老花镜的老人、识字不多的小学生和风华正茂的大学生对问卷的理解能力是不一样的。问卷设计还要考虑被调查者的调查环境，在学校、办公室，还是购物场所、工厂田间填写问卷，也是不同的。总之，应针对不同的被调查者和调查环境，在遣词用句、字体大小、问卷格式等方面进行相应的调整。只有在这样的细节上综合考虑，调查才能够达到预期的效果。

三　编辑和数据处理的需要

问卷的调查结果应便于数据处理与分析。

四　调查成功率

调查成功率（survey response rate）或调查完成率（survey completion rate）或调查受访率（survey response rate）也是衡量问卷质量的指标之一。美国1950年至1970年，入户面访的成功率为80%，电话调查的成功率为70%，邮寄调查的成功率为50%。现在各种调查的成功率均在下降。

1999年5月美国民意研究会（AAPOR：American Association for Public Opinion Research）公布了一套计算调查成功率的《随机拨号电话调查

与入户调查结果分类及计算的标准定义》（Standard definitions：Final dispositions of case codes and outcome rates for RDD telephone surveys and in-person household surveys，以下简称《标准定义》），被许多调查机构作为计算调查成功率的实用标准。

电话调查与入户调查大类相同，主要分类如下：

1. 访问成功。包括完全成功（回答80%以上的问题），部分成功（回答50%—80%的问题）。

2. 合格但无访问。包括拒访，中断（回答少于50%），未接触，无访问（语言不通、死亡等）。

3. 不知是否合格而未访问。包括不知是否为合格的住户单位，知道是合格的住户单位但不知是否有合格的调查对象。

4. 不合格。抽样框外，非住户单位，没有合格调查对象等。

《标准定义》给出了6个公式，研究者可任选其一，但必须注明所用的公式编号。最好是计算6个成功率，以便读者对调查的质量有一个全面的了解。公式1代表最严格（即最低）的成功率，而公式6代表最宽松（即最高）的成功率。

RR1 = 完全成功/（1 + 2 + 3）

RR2 =（完全成功 + 部分成功）/（1 + 2 + 3）

RR3 = 完全成功/（1 + 2 + 3 * E）

RR4 =（完全成功 + 部分成功）/（1 + 2 + 3 * E）

RR5 = 完全成功/（1 + 2）

RR6 =（完全成功 + 部分成功）/（1 + 2）

E：身份不明者中估计合格的百分数。《标准定义》建议如有现存可靠资料（如人口普查、相同调查等提供的住户比例），可参照；如无资料，可按本调查的实际情况估计。

如某面访调查资料如下：合计1250

1. 全部成功560，部分成功90

2. 拒绝访问320，中断访问30，未能接触70

3. 不知是否为合格的住户单位8，住户单位内不知是否有合格对象25

4. 非住户单位50，空置单位15，没有合格的调查对象10

RR1 = 560/（560 + 90 + 320 + 30 + 70 + 80 + 25）= 560/1175 = 47.7%

RR2 =（560 + 90）/1175 = 55.3%

RR3 = 560/（1 + 2 + 3 × E）= 560/（1070 + 98）= 47.9%

E的估计：合格调查对象（1 + 2）= 1070，不合格调查对象（4）=

50 + 15 + 10 = 75

E = 1070/（1070 + 75）= 93.4498%，

不知是否为合格调查对象中合格调查对象的估计：

（80 + 25）×93.4498 = 98.12 ≈ 98 人

第九章　问卷的信度与效度分析

　　问卷调查是民意研究中广泛采用的一种调查方法，根据调查目的设计的调查问卷是问卷调查法获取信息的工具，其质量高低对调查结果的真实性、适用性等具有决定性的作用。为了保证问卷具有较高的可靠性和有效性，在形成正式问卷之前，应当对问卷进行测试，并对试测结果进行信度和效度分析，根据分析结果筛选问卷题项，调整问卷结构，从而提高问卷的信度和效度。

第一节　信度

　　信度（reliability）即可靠性，它是指采用同样的方法对同一对象重复测量时所得结果的一致性程度。信度指标多以相关系数 r 表示，当 r 为 1 表示完全可靠，研究中很少出现；当 r 在统计上达到显著水平，就认为具有较高信度。信度的具体考评可从以下三方面进行。

一　重复法

　　重复法（repeat method）就是对原有的测量过程进行复制，可以对研究过程、研究工具、研究结果的信度做出直观的判定，是判断测量信度的基本方法。常用重测信度（test-retest reliability）来衡量重复法的信度水平。重测信度，又称稳定系数（coefficient of stability），是同一量表在同一样本中测量两次或多次，用皮尔逊积差相关来表示。使用中要注意，两次测量间隔期间没有发生对测量结果有影响的情况。

　　例如，1980 年美国学者杰佛里·赛克（Sacks）对 207 名被调查者进行了两次问卷调查，内容是关于被调查者的生活习惯与行为，两次调查相隔 3 个月，问卷完全一样。调查结果显示，只有 15% 的被调查者在两次调查中提供的信息完全一致，可见调查的信度不高。大多数经典的测量是能够重复验证的，如艾森克人格问卷简式量表中国修订版（钱铭怡等，2000），相隔 3 周的重测信度分别为：P 量表 0.67、E 量表 0.88、N 量表 0.80、L 量表 0.78，所有检验都达到极显著水平。

　　重复法的优点是，根据测验结果是否随时间而变化，可预测被调查者未来的表现。重复法的缺点有：易受练习和记忆的影响，前后两次测验间隔的时间要适当。间隔太短，被调查者记忆犹新，第二次测验分数会提高，不过如果题数够多则可减少影响。间隔太长，受被调查者成长的影响，稳定系数可能会降低。

二　并行法

　　并行法（parallel-form method）又称对等法，常用复本信度作为衡量信度的指标。复本信度（alternate-form reliability）是对同一组被调查者实施同一性质的两个测验（复本），所得结果的皮尔逊积差相关。如斯坦福—比奈智力测验（1937 年版）就有 L 和 M 两种测验，同时进行这两种测验所得的信度系数是 0.91。

　　并行法可同时连续实施，也可相距一段时间分两次实施。同时连续实施的复本信度称为等值系数（coefficient of equivalence）。相距一段时间分两次实施的复本信度称为稳定和等值系数（coefficient of stability and equivalence），表示由内容和时间变化所造成的误差。采用复本评价信度的方法，可避免再测法的缺点，但所使用的必须是真正的复本，在题数、型式、内容、难度、鉴别度等方面保持一致。

　　并行法的优点有：复本是评价测验信度的最好方法，但是编制复本相当困难；不受意义效用的影响；测量误差的相关性通常比重复法低。并行法的缺点是两次真实分数的相等性受到质疑。

　　复本信度的一种变式是评分者信度。评分者信度是指不同评分者对同样对象进行评定时的一致性。最简单的估计方法就是随机抽取若干份答卷，由两个独立的评分者打分，再求每份答卷两个评判分数的相关系数。这种相关系数的计算可以用积差相关方法，也可以采用斯皮尔曼等级相关方法。

　　评分者信度在内容分析中广泛运用。当两个（或多个）评分者或编码员在判断同一现象时，评价结果是否一致或相关，也叫评分者内在信度（inter-rater reliability）或编码员间信度（inter-coder reliability）。常用计算方法为：

　　霍斯提（Holsti）公式：用一致性的百分比来表示。如两个编码员分别同时做了 m1 和 m2 个单位的编码，其中一致的编码为 m，则编码员间信度 $= 2m/（m1 + m2）$。类别的数目越少，由于偶然性造成一致的可能性越大（分 2 类，随机编码可能有 50% 的信度，分 5 类，随机编码可能有 20% 的信度）。

史考特（Scott）公式：针对霍斯提公式的问题，提出 π 指数计算法，用 $\pi0$ 表示观测到的一致性，用霍斯提公式计算；用 πe 表示由于偶然性而造成的一致性，等于每个类别出现的相对频数的平方和。编码员间信度 $\pi =（\pi0 - \pi e）/（1 - \pi e）$。

例：两个编码员分别同时独立地将 100 个少儿节目分配到三个类别中——单本剧、连续剧、系列剧。编码不一致的节目有 8 个，三个类别的节目数分别占 30%、45% 和 25%。分别用霍斯提公式和史考特公式，评价两个编码员的等价性。

霍斯提信度 $= 2m/（m1 + m2）= 2 \times 92/（100 + 100）= 0.92$

$\pi0 = 0.92，\pi e = 0.3^2 + 0.45^2 + 0.25^2 = 0.355$

史考特信度 $\pi =（\pi0 - \pi e）/（1 - \pi e）=（0.92 - 0.355）/（1 - 0.355）= 0.876$。

三 折半法

折半法（split half method），使用折半信度系数（split-half coefficient）或称内部一致性信度（internal consistency reliability）为指标。如果测验没有复本，也不可能进行重复测量，只能考察测验内部各题目所测内容的一致性。如果一个测验可靠，这个测验所包括的题目就应该前后一致。

内在一致性信度是反映测验内部所有题目间一致性程度的信度指标。题目的一致性有两层含义：一是所有测验题目反映同一特质；二是各个题目之间具有较高的相关度。具体计算方法如下：

1. 分半信度

分半信度（split-half coefficient）是将量表中的项目分成两半，计算这两部分的总得分的相关系数。对等分半有两个要求：一是分半的两部分在难度、区分度及测验目标上基本相同；二是被调查者以同等的态度来对待两部分的测验，即在测验过程中，被调查者的疲劳、情绪等因素对两部分产生相同的影响。因此，常用奇偶分半法，特别是题目按由易到难排列时，奇偶分半法能将题目分成大致相同的两半。

分半信度的计算方法和等值复本信度的方法类似，只不过分半信度计算的是两个"半测验"上得分的相关系数，只是半个测验的信度，还必须用斯皮尔曼—布朗公式加以校正：

$$r_{xx} = 2r_{hh} / (1 + r_{hh})$$

式中，r_{xx} 为整个测验的信度系数；r_{hh} 为两个"半测验"上得分的相关系数。

例：一调查问卷的被调查者有 15 名，被调查者在奇偶分半测验上的得分如表 9 - 1 所示，计算该测验的分半信度系数。

表 9 - 1　　　　　　　　15 名被调查者在奇偶分半测验上的得分

被试	01	02	03	04	05	06	07	08	09	10	11	12	13	14	15
奇数题（X）	20	18	23	21	17	18	20	17	16	14	14	13	12	8	8
偶数题（Y）	20	22	19	22	18	15	14	17	15	16	14	12	10	07	06

[解] 计算两个"半测验"得分的积差相关系数为 0.86。代入公式得：

$$r_{xx} = 2r_{hh} / (1 + r_{hh}) = (2 \times 0.86) / (1 + 0.86) = 0.92$$

所以，该测验的分半信度系数为 0.92。

斯皮尔曼—布朗公式建立在两分半测验分数的变异性相等的假设基础上，实际资料未必符合，应采用下列两个公式之一，计算测验的信度系数。

范氏公式（Flanagan formula）

$$r_{xx} = 2\left(1 - \frac{S_a^2 + S_b^2}{S^2}\right)$$

式中，S_a^2 和 S_b^2 分别表示两分半测验分数的变异量，S^2 表示整个测验总分的变异量。

卢氏公式（Rulon formula）

$$r_{xx} = 1 - \frac{S_d^2}{S^2}$$

式中，S_d^2 表示两分半测验分数之差的变异量，S^2 表示整个测验总分的变异量。

2. 库德—理查逊信度

库德—理查逊信度（Kuder & Richardson reliability）适用于测验题目全部为二分记分题的测验的内部一致性信度分析。库德—理查逊公式有好几个，其中常用的公式有两个：

$$KR_{20} = \frac{K}{K-1}\left(\frac{\sum_{i=1}^{n} p_i q_i}{S_x^2}\right)$$

式中，KR_{20} 为测验的信度；K 为题目数；p_i 和 q_i 分别表示答对和答错第 i 题的被调查者人数比例；S_x^2 为测验总分的方差。

$$KR_{21} = \frac{K}{K-1}\left[1 - \frac{\bar{X}(K-\bar{X})}{KS_x^2}\right]$$

式中，KR_{21} 为测验的信度；$\bar{X}$ 是全体被调查者测验总分的平均数；S^2 表示整个测验总分的变异量。

例：10 名被调查者在某个测验上的得分情况如表 9-2 所示（答对得 1 分，答错得 0 分），试估计被调查者反应的一致性程度。

解：$K=6$ $\quad \sum\limits_{i-1}^{n} pq=1.35$ $\quad S^2=2.01$ 代入公式得：

$$KR_{20} = \frac{6}{6-1}\left(1 - \frac{1.35}{2.01}\right) = 0.39$$

表 9-2　　　　　　　　　　10 名被调查者在某测验上的得分情况

得分\被试 \ 题目	1	2	3	4	5	6	总分
01	1	0	0	0	0	0	1
02	1	0	0	1	0	0	2
03	0	0	0	0	1	1	2
04	1	1	1	0	0	0	3
05	0	1	0	0	1	1	3
06	1	0	1	0	0	0	3
07	1	1	1	1	0	0	4
08	1	1	1	1	0	0	4
09	1	1	0	0	1	1	5
10	1	1	1	1	1	1	6
p	0.8	0.7	0.5	0.5	0.4	0.4	
q	0.2	0.3	0.5	0.5	0.6	0.6	
pq	0.16	0.21	0.25	0.25	0.24	0.24	$\sum pq = 1.35$

仍采用表 9-2 的数据资料，求得 $\bar{X}=3.3$，代入公式得：

$$KR_{21} = \frac{6}{6-1} \times \left[1 - \frac{3.3 \times (6-3.3)}{6 \times 2.01}\right]$$

当测验中所有试题难度都一样，或平均难度接近 0.50 时，根据 KR_{20} 公式和 KR_{21} 公式所估计出来的信度值将相等。然而，当测验中所有试题的难度值极不相同时，由这两个公式所估计出来的信度值差距较大，通常用 KR_{21} 公式估计出的信度值会比 KR_{20} 公式估计出的信度值小。

3. 克郎巴哈 α 信度系数

克郎巴哈 α 信度系数（Cronbach's α coefficient）是由美国心理学家克郎巴哈在1951年提出的，等于所有可能的分半信度系数的平均值。当测验题型较多、并非都是二分记分题时，估计测验信度可采用克郎巴哈 α 系数，它是目前社会科学研究中最常使用的信度指标。公式如下：

$$\alpha = \frac{K}{K-1}\left(1 - \frac{\sum S_i^2}{S_x^2}\right)$$

式中，S_i^2 表示所有被调查者在第 i 题上得分的方差，S_x^2 表示所有被调查者各自总分的方差，K 为题目数。

克郎巴哈 α 信度系数反映测验项目的一致性程度和内部结构的良好性，对于由客观性题目和主观性题目组成的测验，且有些题目属多重计分的情况下，这是常用的一种信度估算方法。一般而言克郎巴哈 α 信度系数达 0.8 以上才算好，但应视测量性质、目的而定。在实际应用中，克郎巴哈 α 信度系数至少要大于 0.5，最好能大于 0.7（Nunnally，1978）。

例：用一个包含 6 个论文式试题的测验，对 5 个被调查者施测，其结果如表 9 - 3 所示，试求该测验的信度。

解：①求所有被调查者在第 i 题上得分的方差 S_i^2，列在表中最右列；

②求所有被调查者在各题上得分方差之和 $\sum S_i^2$：

$$\sum S_i^2 = 3.76 + 0.4 + 1.36 + 1.84 + 1.84 + 2.00 = 11.20$$

③求所有被调查者各自总分的方差 S_x^2：

$$S_x^2 = 19.44$$

④代入公式计算信度系数：

$$\alpha = \frac{6}{6-1} \times \left(1 - \frac{11.20}{19.44}\right) = 0.51$$

表 9 - 3　　　　　　　　测验内在一致性信度系数计算

	A	B	C	D	E	S_i^2
1	3	6	1	6	5	3.76
2	4	3	3	2	3	0.4
3	3	4	1	2	1	1.36
4	2	5	2	1	2	1.84
5	1	4	4	5	4	1.84
6	4	6	5	3	2	2.00
总分	17	28	16	19	17	

第二节　效度

效度（validity）是指所测量的内容在多大程度上满足了研究者想要测量的特征。这里有两层含义：一是测量手段是否测量了所研究的概念，而不是其他概念；二是该概念被准确测量的程度。如我们想测量青少年的智商，却使用了测量自信心的量表，就没有效度可言。

效度的指标比较复杂，下面介绍最主要的几种。

一　内容效度

内容效度（content validity），又叫表面效度（face validity）、抽样效度（sampling validity）、逻辑效度（logical validity），是指测量在多大程度上包含了欲测的内容范围。如研究者要测量电视剧的"偏见"，那么测量的内容能否反映种族偏见、宗教偏见、性别偏见等。

内容效度的评定主要通过经验判断，由研究者和课题组外的专家对量表的效度进行主观评价，通常用内容效度比和双向细目表（two-way specification table）做系统的比较判断，分析题目是否恰当地代表了希望测量的内容。

内容效度比（content validity ratio），用 CVR 表示，计算公式为：

$$CVR = (Nc - N/2) / (N/2)$$

式中，N 表示专家总人数，Ne 表示专家中认为测量或题目很好地代表了测量内容的人数。

双向细目表是一种检验测量内容和测量目标的列联表。一般地，表的纵向列出的各项是要测量的内容，横向列出的是测量的目的，方格内是题目所占的比例。双向细目表大量应用在学校的试卷命题和分析中，对问卷和量表的分析也十分有用。

二　效标效度

效标效度（criterion validity），又称准则关联效度（criterion-related validity）、实用效度（pragmatic validity）、实证效度（empirical validity）、统计效度（statistical validity），是以测量分数同作为外在标准的效标之间的关联程度来表示的一种效度。

效标（criterion）是衡量测量结果有效性的参照标准，是体现测量目的独立于测量内容之外的一个变量。如有证据表明进入大学的高考高分学生在大学学习成绩上优于低分学生，则可认为高考分数是大学生学习成绩的效标。

效标效度有两种形式，同时效度（concurrent validity）和预测效度（predictive validity）。当效标数据与测量数据同时获得并进行比较时，就得出同时效度。如研究者调查儿童观看电视时间的同时，也调查家长认为孩子看电视的时间，并进行比较，就构成同时效度。同时效度可反映测量能在什么程度上取代效标。如果效标数据与测量数据不同时获得，计算出的效标就是预测效度。预测效度实际上是测验结果与一段时间后的行为表现（预测标准）之间的相关程度。

估计效标效度的主要方法有：

第一，相关法。相关法就是用相关系数来描述同一组被调查者在某个测量工具上的得分与他们在效标测量上的得分之间的关系，这种数量指标也称为效度系数（validity coefficient）。相关系数的获得有两种情况：如果测验分数与效标量分数都是连续变量，则用积差相关公式求相关系数；如果测验分数是连续变量，而效标量分数是二分变量，则用二列相关公式求相关系数。

在"大众传播对儿童的社会化和现代化观念的影响"这一研究中，卜卫用两个量表（知识量表和态度量表）来测定儿童的现代化观念程度。

态度测量常用李克特量表，如：

你同意下列说法吗？（请在相应的数字上画钩"√"）	很不同意	不太同意	说不准	比较同意	非常同意
1. 因为爸爸妈妈爱我，所以我要听他们的话	1	2	3	4	5
2. 我长大后一定要离开家乡去闯天下	1	2	3	4	5
3. 花钱旅游不如买些东西实用	1	2	3	4	5
4. 如果有一种新物品，即使有点冒险我也愿第一个试用	1	2	3	4	5
5. 订计划是我生活中一件很重要的事	1	2	3	4	5
6. 人类总有一天会有这样的本领：控制气候	1	2	3	4	5
7. 我们有钱应存进银行，因为银行是可以相信的	1	2	3	4	5
8. 学校的事应该听老师的，我最好不提意见	1	2	3	4	5
9. 如果将来有机会，我一定参与管理我们的国家	1	2	3	4	5
10. 有电视机的最大好处是可以看动画片	1	2	3	4	5
11. 如果几天没有看报纸，我会非常难受	1	2	3	4	5

续表

你同意下列说法吗？（请在相应的数字上画钩"√"）	很不同意	不太同意	说不准	比较同意	非常同意
12. 在空闲时间，看电视不如看一本好书	1	2	3	4	5
13. 对我来说，电视新闻是所有节目中最有价值的	1	2	3	4	5
……	1	2	3	4	5

知识量表采用的陈述如下：

1. 我国人大常委会委员长是万里。

2. 美国总统是戈尔巴乔夫。

3. 儿童抽烟是违法行为。

4. 工人、农民、教师和科学家都是脑力劳动者。

5. 因为粗心，打碎十二个鸡蛋比打碎两个鸡蛋的行为更不好。

卜卫用了四个效标检验量表的效度，方法是分别按效标值数量的多少将受访儿童分成两组，检验这两组在知识量表和态度量表的平均总得分之间是否有显著差异。

第二，命中法。当测验用来做取舍的依据时，测验是否有效的指标就是正确决策的比例。判断决策正确性有两个指标：

总命中率（Pct）是正确决定数目（命中）对总决策数目（N）的比例。

Pct = 命中/（命中 + 失误） = 命中/N。Pct 值越大说明测验越有效。

正命中率（Pcp）是所有被选择的人成功的比例。

Pcp = 成功人数/选择人数。Pcp 值越大说明测验越有效。

三　结构效度

结构效度是指测验对某种理论构想或特质所能体现测量的程度。民意研究中的动机、效果、影响等作为假设性的概念或特质，通常无法直接度量，这些构想只能在理论基础上通过操作性定义的测验来加以测量。结构效度就是用于评价测量结果与理论假设的相关程度。

估计结构效度的方法有：

第一，测验内方法。通过分析测验的内部构造来获取效度证据。如通过分析测验的内容、被调查者对题目的反应、测验题目的同质性以及分测验之间的关系来判断测验的结构效度。

第二，测验间方法。统计计算测验与标准化测验的相关来获取效度证据。如在评价新编的智力测验时，通常要与斯坦福—比纳智力测验或韦氏智力测验进行比较。

第三，因子分析法。通过对一组测验项目进行因素分析，找出影响测验的共同因子。其基本思路是将量表中的题项集合成不同的群，使每一个群共享一个公共因子，这些公共因子就代表量表的基本结构。比较公共因子和量表所要测量的现象的理论框架之间的异同。如两者吻合，且公共因子对原始变量具有足够的代表性（方差贡献率高），则说明量表的结构效度好。

表9-4　　　　厦门受众的媒体使用动机量表的因子分析结果

公共因子	量表中的题项	负荷量	有效程度	累计有效程度
因子1： 信息寻求动机	增加新知识、新见闻	0.81387	25.9%	25.9%
	了解别人对各种事物的看法	0.71011		
	了解各地事情	0.68234		
	了解方针政策	0.64671		
因子2： 娱乐消遣动机	为了娱乐	0.7905	15.0%	41.9%
	为了消遣	0.77368		
	满足好奇心	0.56495		
	和家人共享阅读的乐趣	0.36928		
	工作时可以得到调剂	0.57227		
	增加谈话资料	0.51867		
因子3： 社会功利动机	寻求购物参考	0.84701	11.7%	53.6%
	寻求解决工作、生活问题的方法	0.79518		

由上表数据可知，该动机量表有很好的结构效度。

第四，多特质—多方法矩阵。1959年坎贝尔和菲思克（Campbell & Fiske）提出多特质—多方法矩阵（multitrait-multimethod matrix），采用两种以上的方法测量两种以上的特质。特质与方法有多种搭配，其两两间相关系数组成多特质—多方法矩阵。如以不同方法测量相同特质所得分数之间的相关系数，即聚合效度（convergent validity），高于以相同方法测量不同特质所得分数的相关系数，即辨别效度（discriminant validity），且高于以不同方法测量不同特质所得分数的相关系数，则该测验具有较高效度。

第三节　信度与效度的关系

一　信度是效度的必要条件而非充分条件

效度是测验的首要条件，信度是效度不可缺少的辅助品。无信度一定无效度，有效度一定有信度。

有信度不一定有效度。使用你家小区附近减肥品商店的秤，每次测量你的体重都是 60kg，表示此秤具有信度，但是 60kg 真是你的体重吗？也许你的真正体重是 80kg。这表示此秤具有信度，但不一定具有效度或效度不高。

表 9 – 5　　　　　　随机和系统误差同信度和效度的关系

	随机误差	
	低	高
系统误差　低	有效且可靠	
系统误差　高	无效但可靠	无效且不可靠

二　效度受到信度的制约

根据经典测量理论：$S_X^2 = S_T^2 + S_E^2$，$S_T^2 = S_V^2 + S_I^2$，信度的定义：$r_{xx} = S_T^2/S_X^2$，效度的定义：$r_{xy}^2 = S_V^2/S_A^2$，可以得出：

$r_{xy}^2 = r_{xx} - S_I^2/S_X^2$，及 $r_{xy}^2 \leqslant r_{xx}$

一个测验的效度受到信度的制约，且小于信度。所以信度与效度的关系可分为三类：信度高，但效度低；信度和效度都高；信度和效度都低。

第四部分

民意研究的具体方法

第十章 电话调查

电话调查指的是调查者按照统一问卷,通过电话向被访者提问,以获取相关信息的方法。由于彼此不直接见面接触,而是借助于电话这一中介工具进行,因而是一种间接的调查方法。电话调查分为传统电话调查和计算机辅助电话调查。

第一节 电话调查的优势与不足

电话调查最早出现于 1929 年,当年盖洛普以入户访问的方法,进行了一项广播收听率的调查,同时以电话访问作验证。结果表明,入户访问与电话访问的调查发现具有高度的一致性。此后,随着电话普及率的不断上升,电话调查逐渐在检讨公共政策和营销两方面扮演起重要的角色。进入 20 世纪 60 年代后,由于北美和西欧国家的电话覆盖率迅速提高,加上入户访问的应答率严重下降,使得电话调查蓬勃发展,并成为民意调查的最重要方法。

为什么电话调查会成为准确及时测量民意的重要方法?简而言之,是因为在大多数情况下,其优点远远大于其不足。

一 优势

电话调查最重要的优势是可对整个数据收集过程提供质量控制,包括抽样、被调查者选择、问卷实施和数据录入。设计严谨、实施严格的电话调查所收集的数据具有较高的信度和效度 (cf. de Leeuw & van der Zouwen, 1988; Groves, 1989),正是由于"质量控制优势"的存在,如果没有其他与之冲突的考虑,电话调查应成为民意调查的首选。

第二个主要优势是成本低。电话调查收集数据的有效性远远高于面访。例如,除了面访所需要的差旅费外,格罗夫斯(Groves, 1989)认为,通过电话调查，每份问卷项目所实施的调查时间可比同一项目的面访时间节约 10%—20%。而且，尽管电话调查的费用要超过邮寄调查和网络调查，但前者误差低，因此在总调查误差上的优势常常超越其成本上的相对劣势。

第三个主要优势是数据收集和加工的速度。不用一个星期，一组熟练的访员就能够通过电话调查收集到高质量的数据，而通过面访至少得花一个月以上的时间。对于同一主题同一样本量，要获得高质量的数据，邮寄调查所花的时间可能更长，因为一般在第一次邮寄以后还需跟踪邮件以提高应答率。具体地说，20 名有经验的电话访员，每天工作 4 小时，5 天时间内（包括进行若干次回访），最多可完成 400—500 份由 20 个项目组成的问卷，且应答率可超过 50%。在评定民意调查的新闻价值时，时效是一个非常重要的因素。如果一名报纸编辑周一提出一些民调数据的要求，周末他/她要写一篇有关民众对当前城市管理满意与否的星期日社论，我们完全可以通过高质量的电话调查来询问城市里的成年居民并在规定的期限内将调查结果提供给那位编辑。邮寄调查或面访就不可能在这么短的时间内用同样的成本收集到高质量的民调数据。通过网络调查得来的数据准确性难以保证，因为网络不像电话，至少在目前还不能实现具有充分代表性的市民抽样。

第四个优势是覆盖面广，可以对任何有电话的地区、单位和个人进行访问。据工信部召开的"2012 年全国工业与信息化工作会议"上公开的数字，截至 2011 年 11 月底，全国固定电话用户累计达到 12.6 亿户，电话普及率为 94.2 部/百人。截至 2013 年 9 月底，移动电话用户达到 12.07 亿户，大多数农村老人也配备了移动电话。[①] 随着电话覆盖率的进一步提高，通过电话有可能访问到整个人群。

第五个优势是电话调查可能访问到其他手段不易接触的对象。现代人工作繁忙，自我保护意识强，电话调查能比较好地解除被访者对陌生人的心理压力，相对于入户调查，人们更愿意在电话里交谈。

二 不足

电话调查的不足主要有：

一是调查难以深入。即便是规范严谨的电话调查，也存在对访谈复杂性和长度的限制。不像面访，电话调查中的被调查者如果通话时间超过

---

① 工信部：《全国移动电话用户达 12.07 亿户》，http：//finance. people. com. cn/n/2013/1024/c1004—23312528. html.

20 分钟，一般就会感到厌烦，特别是他们对调查主题不感兴趣时。相反，在面访中，即便访谈时间达到 30 分钟甚至更长，被调查者也不容易疲劳。邮寄和网络调查一般也不会存在这样的问题，因为被调查者可以根据自己的时间安排分几个阶段完成问卷。另外，由于电话调查难以出示图片等视觉材料，对于一些比较复杂的、需要被调查者看或者阅读某些材料的调查，就无法实现了。当然，随着网络和电话可视技术的出现，这一局限会逐渐消失。

二是可能产生覆盖率误差。现在，无论在中国还是美国，都不可能做到人人家里都有电话，而且对于家里有电话的人来说，也不是任何人都愿意接受电话调查。根据美国联邦通信委员会的统计，2004 年美国大约有 6% 的人家里没有电话——亚利桑那州 8%，阿肯色州 11%，哥伦比亚特区 8%，佐治亚州 9%，伊利诺伊州 10%，印第安纳州 8%，肯塔基州 9%，路易斯安那州 9%，密西西比州 10%，新墨西哥州 9%，俄克拉荷马 9%，得克萨斯州 8%，这些州的电话覆盖率最低。欧盟国家的家庭电话覆盖率普遍超过 95%，只有葡萄牙在 90%、比利时在 94% 左右（IP-SOS-INRA，2004）。此外，还存在着电话调查在某些群体中可能覆盖不足的问题，如租房者、24 岁以下的成年人，这些群体往往没有固定家用电话。我国的电话覆盖率尽管总体不低，但也存在着城乡之间、地区之间、年龄之间的不均衡。

三是现在还没有可以接受的科学方法将手机、网络电话（VoIP）跟传统的电话民意调查抽样结合起来（cf. Brick, Brick, Dipko, Presser, Tucker, & Yuan, 2007）。2005 年，估计全美有 7% 的家庭只有手机覆盖（Blumberg, Luke, & Cynamon, 2006；Tucker, Brick, & Meekins, 2007）。在国内，随着手机费用和手机使用费用（如单向收费）的下降，仅有手机的家庭急剧增加，原来已装有固定电话的家庭，其固话使用率也大大下降，有的甚至已作停机处理。

此外，自从 2004 年起美国出现"号码可携性（number portability）"以来，民调研究者就不再能够确定被调查者接电话时身在"何处"（地理概念）。依赖于公众以多快速度行使其保护其电话号码的权利——至 2007 年已经有 200 万人这样做了（Steeh & Piekarski, 2008）——电话调查可能面临着不得不进行地理上筛选被调查者的压力，以判断被调查者是否居住在被调查的地缘政治区域（cf. Lavrakas, 2004）。如果不这样做，就会发生因被访谈的调查者为地理上不合格的民调对象这一严重的误差。这一地理上的筛选将导致更多的无应答。

第二节 电话调查的基本步骤

在实施电话调查前，任何研究者都应该制定一个详细的管理方案，包括列出必须完成的所有任务，以及所涉及的每个工作人员的具体分工（Lyberg，1988；Frey，1989）。高质量的电话调查一般包括以下典型步骤：

一、确定抽样设计，包括明确选择抽样单位的抽样框。如果抽样单位不是抽样元素，还要确定在抽样单位内选择被调查者的方法。在电话调查中，研究者大多使用 RDD 抽样以及按照"最后生日"等方法选择被调查者（cf. Lavrakas，1993；Lavrakas，Harpuder，& Stasny，2000；Gaziano，2005）。

二、选择从抽样框中生成或选取用于抽样的电话号码（cf. Lavrakas，1993）。用于抽样的电话号码称作抽样池，建立抽样池并将之随机分为若干复本，以控制现场调查所要拨打的号码的分配。

三、确定电话调查的时间跨度（以天为单位），以及电话拨打的规则。此外，还要确定在一周中的哪几天和一天中的哪几个小时拨打电话。对于呼叫规则，要明确每个电话号码最多的拨打次数，隔多长时间才允许重拨此前遇到忙音的电话号码，以及是否要进行拒答转换。关于拒答转换，要明确在重拨该号码前允许多长时间的间隔。"最佳的做法"是在重拨被拒绝的号码前，在调查时间跨度内间隔的时间越长越好。

四、对每个电话号码都建立通话记录。建立通话记录，用于跟踪调查期间的通话并进行质量监控。当前普遍使用的 CATI 系统都配有这类性能。通话记录中的信息是访员每次回访前进行复核的重要内容。先前被调查家庭的访员所记录的信息越详细，访员对随后联系的准备就会越充分。

五、研制问卷草稿。在进行抽样设计时，根据可以获得的资源，以及调查目的和需要，研制问卷草稿，明确问卷长度。

六、拟定调查导语和"回退声明"，制定被调查者选择顺序的草案。访员使用的"回退声明"要与导语相适应，以更好地获得所抽中调查者的合作。

七、确定联系被调查者的方式。明确是否要对被抽中的被调查者进行事先的联系，如事先联系的信件。如果需要，该采用什么样的激励措施。

八、进行预测并修正调查次序和调查工具。

九、将文本（导语、选择被调查者的方法以及问卷）输入 CATI 系统。

十、聘用访员和督导，安排访员培训和数据收集会议。在美国，如果调查涉及不止一种语言，那么出于数据准确性和应答率方面的考虑，往往要说母语的访员而不是双语访员，这样做的价值是说母语的访员与说该语言的被调查者持有相同的文化，因此更容易获得对方的合作，并能更有效地对不够清晰的回答做进一步询问。国内涉及少数民族聚居区的电话调查，最好也能选用以少数民族语言为母语的访员；对于方言地区，以选用熟练掌握方言的访员为佳。

十一、访员和督导培训。如果一项调查所使用的语言不止一种，那么每组访员都应配备一名与访员实施访谈同样语言的督导。

十二、在督导的指导下进行访谈。明确哪一部分访谈（如果有的话）需要监控，是否需要对被调查者进行回访以验证所完成的访谈（cf. Lavrakas，1993）。

十三、对完成的问卷进行编辑或编码。如果是对开放式问题进行编码，则需要设计编码类目，培训编码员并对可靠性进行监控。

十四、校正抽样偏差。根据已知的总体参数，进行权重处理以校正不均等的选择概率（例如，对于家里有多部电话的家庭，一个家庭中成年人的数量，在过去一年中没有使用电话的家庭比例等）以及人口统计学上的抽样偏差（例如，性别、年龄、种族、教育程度等）。在后一种情况下，对受教育程度的校正可能是最重要的，因为在许多问题上民意跟受教育程度常常具有较高的相关，而且民意调查大多会过多地抽取教育程度较高的样本，而对受教育程度较低的样本抽样不足。

十五、实施数据分析并准备调查报告。对于任何一项电话调查，在设计上还需要考虑的是明确研究中是否需要植入实验。在制定民意调查计划时，很少有研究者会利用真实的实验来阐述所收集数据的因果关系，而这类实验往往不需要额外的成本。在电话调查中使用实验通常是为了检验：（1）不同的问题措辞或排序，（2）不同的导语以及/或选择被调查者的方法，（3）提高应答率的激励措施和其他办法。

第三节 电话调查的抽样

在电话调查中抽取有代表性的样本至关重要，不过，电话调查的抽样技术并不是一成不变的，而是不断改进发展的。有研究者（吴晓云，

2003）将电话调查的抽样技术划分为五个不同的发展阶段，实际上也是五种不同的抽样方法。

一　以名单为基础的抽样（list-based sampling procedures）

以名单为基础的抽样即所抽样的电话号码从住宅电话号码簿中列出的电话号码中产生。早期的电话访问主要采用这种方法。这种方法主要包括两种形式：

一是记录面访无人的家庭电话号码作补充访问或座谈小组的成员进行随访，该方法基本不涉及抽样的问题。

二是电话号码本抽样（sampling phone directory）：即从电话号码本中列出的电话号码中进行随机抽样或系统抽样。这种方法的抽样效率比较高，拨到空号和非住宅电话的概率较小，但也会带来明显的偏性，因为电话号码本中不但无法包括无电话的家庭和未登记电话的家庭，而且不能准确反映新近建立、撤销、搬迁的电话。在美国，大多数城市有 30% 的家庭未登记住宅电话，而在大城市，这个比例有时达到 50%。在中国大陆，虽然没有确切的数字来说明公开发行的住宅电话号码簿中刊登的比例是多少，但相信没有登记的比例会更高。所以，现在一般不采用这种方法。

二　随机数字拨号（random digit dialing，RDD）

电话号码是由区号、局号（四位或三位数字）和后四位数字构成的。就每个地区而言，区号是唯一的、固定的，局号的数目不是很多，大多在几十到几百之间，通过与电信部门联系或查找有关公开资料是可以找到局号的抽样框的。这种用随机产生的数字组成电话号码的方法是 20 世纪 60 年代发展起来的抽样方法。方法要点是在对一个地区的访问中，在该地区电话号码的已知前缀后加上随机的四位数字构成号码。这种方法以所有可能的号码为抽样框，最早由库珀（Cooper，S. L.，1964）提出。该方法的优点在于能够访问到未登记电话的家庭，缺点是拨打的大量号码不符合访问要求（可能有大量空号、办公电话或其他非住宅电话）。通常随机拨号就是利用局号的抽样框资料随机抽取局号，只有后四位的数字随机产生。这种方法在实践中经常被采用。

三　米托斯基—瓦克伯格（Mitofsky—Waksberg）方案

这是一种两阶段抽样方法，由米托斯基（Mitofsky，W.，1970）提出，瓦克伯格（Waksberg，J.）对其详细阐述并形成理论，所以又称米托斯基—瓦克伯格方案。这种方法利用电话号码的分布具有聚集性的特点，即在一个特定的地区，住宅电话可能聚集在一些相邻的号码中，也就有相同的号码前缀（即电话局号或字冠），如美国的电话号码有 10 位数字，前 8 位数字相同的号码就聚集在一个块内，称为"百位号码块（100-block）"，一个百位号码块有 100 个号码。两阶段抽样就是，第一阶段抽取少量样本，确定符合访问要求的局号和字冠，第二阶段就在所选局号和字冠中使用 RDD 方法确定访问号码。这种方法大大提高了拨号效率。

四 目录辅助随机数字拨号（1ist—assisted RDD）

这是现在使用最多的抽样方法。这种方法的原理和米托斯基—瓦克伯格（Mitofsky—Waksberg）方案相同，利用了电话号码分布的聚集性和电话号码本的辅助信息（如地理信息等）。研究者可以不必进行米托斯基—瓦克伯格方案的第一阶段去寻找符合要求的区号和局号，因为商业公司利用电话目录将电话号码与其所在地址，甚至邮政编码结合起来，分门别类，并且随时更新，提供给研究者，又一次大幅度提高了效率。把这种方法简化，可以先从电话号码本中抽样，把抽得的号码最后一位加一个数字形成新号码（称为"加数字法"，plus digit），如电话号码加一法（plus one）就是把从电话号码本中抽得的号码最后一位加 1 形成新号码，然后对新号码进行拨号访问。具体做法是，先利用公开的电话号码簿抽取所需的电话号码，然后把这些电话号码的最后一位加 1，变成一个新的电话号码，如 86832166 加 1 变成 86832167。用这种方式产生的电话号码同样会存在空号以及是办公电话的情况，但一般说来，空号的机会比直接的随机拨号法要少一些。

五 多重抽样框设计（multiple frame designs）

由于电话本和电话不能覆盖所有人群，所以电话访问的抽样存在固有的偏性。为了克服部分偏性，研究者提出将用 RDD 抽样或电话本抽样的电话访问与传统的个人访问结合起来，即多重抽样框多重抽样模式。这样既可以利用电话访问效率高的优点，又可以减少该方法抽样偏性的缺点。

第四节 如何减少电话调查误差

格罗夫斯（Groves，1989）曾指出，作为一名认真的民调研究者，除了要考虑抽样误差外，还要关注覆盖率误差、无应答误差和测量误差等潜在的影响。这些潜在的方差和偏差来源共同构成了"总调查误差（TSE）"（Fowler，1993；Lavrakas，1996）。

慎重考虑调查总误差，有助于促使研究者采取适当的方法：（a）减少可能的误差来源；（b）测量可能存在的误差的性质和大小。研究者最终的责任就是在规定的预算内分配可以获得的资源以获得最高质量的数据。然而，这常常面临艰难的成本—收益权衡，比如是运用更多的资源来雇用和培训高质量的访员，还是对难以到达的被调查者进行额外的回访，或者部署"拒答转换"进程，因为一个研究者永远不可能有足够的资源来应对所有潜在的调查误差来源。

一　无覆盖误差

在使用电话调查时，无覆盖是常常存在于抽样框（从中提取样本的电话号码名单）与调查所要代表的总体之间的"鸿沟"。在抽样框所"覆盖"的群体与抽样框所遗漏的群体之差异范围内，调查将产生覆盖误差。例如，所有通过家庭电话的调查，包括使用随机数字拨号（RDD）的调查，其抽样框都会遗漏没有电话的家庭和个人，以及仅仅使用手机的家庭和个人。因此，如果研究者将调查结果推论至总人口，而所做的民调又与家中是否有固定电话有关，那么就会产生覆盖误差。过去，没有电话往往跟低收入、较低的教育程度、居住在农村等联系在一起。现在，没有固定电话跟年龄、职业、租房等存在一定的关系。因此，电话调查如果仅从拥有固定电话的家庭中抽样，就会存在某些不容忽视的覆盖误差。

另一个可能存在的覆盖误差是多电话家庭。2005 年，美国大约有六分之一的家庭拥有不止一部电话，而在欧洲国家有一半以上的家庭有多部电话。在我国，如今拥有多个手机号码的个人也不在少数。无论是使用 RDD 或基于家庭电话号码名单的抽样框，拥有一部以上电话的住户被抽中的概率都要大于那些只有一部电话的住户。因此，进行电话民意调查时，有时必须询问家中有几个不同号码的电话，以便在统计处理时进行权重调整。

二　无应答误差

当电话调查中被抽中但未被访谈的人跟接受访谈的群体存在不容忽视的区别时，无应答误差便产生了。电话调查中的无应答主要是由于：（1）被抽中的被调查者联系不上；（2）被抽中的被调查者拒绝参与调查；

（3）被抽中的被调查者有语言或健康方面的问题。自 20 世纪 90 年代初以来，美国和欧洲国家电话民调的应答率逐年下降，尽管下降缓慢（cf. de Heer，1999；Curtin，Presser，& Singer，2005）。这一方面是由于公众因忙碌的生活方式越来越不愿意参与电话调查，另一方面是由于通信系统的挑战，在一个固定的时限内越来越难以联系到被抽中的被调查者，特别是在美国。

在美国，被调查者越来越不愿意接受调查，这种情况也跟 20 世纪 90 年代以来电话促销的发展有关。2003 年 10 月"不要打电话给我（DNCL）"的实施，极大地阻止了电话销售的骚扰问题，但现在还难以了解它对合法的电话调查的应答率会产生什么样的长期影响。

提高电话调查应答率的一个最有效的办法就是事先通过邮件与每个被抽中的家庭进行沟通（cf. Camburn，Lavrakas，Battaglia，Massey，& Wright，1995；Dillman，2000；de Leeuw，Joop，Korendijk，Mulders，& Callegaro，2005）。事先进行邮件沟通的最有效形式是写一封礼貌的、告知性的并带有说服性的信件，同时附加一些代币作为激励。拉弗拉卡斯和舒涛斯（Lavrakas and Shuttles，2004）报告说，他们在一次规模很大的全国性调查中的实验研究表明，只要事先进行 2 个邮件的沟通，即可增加 10 个百分点的 RDD 应答率。当然，事先进行邮件沟通需要有能力获得与所抽中的电话号码对应的准确邮址，对于美国的很多 RDD 抽样来说，这有 50%—60% 的成功率。

对访员进行"避免拒答"培训（cf. Lavrakas，1993）是减少电话调查拒答的另一个办法。格罗夫斯及其同事（如，Groves & McGonagle，2001），奥勃良及其同事（如，Mayer & O'Brien，2001），康托及其同事（如，Cantor，Allen，Schneider，Hagerty-Heller，& Yuan，2004），以及舒涛斯及其同事（如，Shuttles，Welch，Hoover，& Lavrakas，2002）在设计这一培训策略方面处于领先水平。这些研究者设计了精心控制的实验来检验一项基于理论的培训课程，内容包括：

1. 顶尖访员小组座谈，鉴别从拒答者那里听到的实际用语，然后据此研讨访员所使用的试图改变那些不愿参与调查的说服性回答；

2. 交流话语技术，研讨如何延长那些不情愿的被调查者听电话的时间，如回问被调查者一个话题使之成为一种双向对话；

3. 准确且迅速地鉴别被调查者拒答的理由并发出正确的说服用语来应对这些理由。

这些实验的结论不一，部分研究表明，那些接受过此类培训的访员可提高 10 个百分点的合作率，另一些研究则表明没有任何效果。胡佛和舒涛斯（Hoover and Shuttles，2005）报告说，电话访员可使用"事先应答技术"（ART），其要点是，在 RDD 调查中最重要的是与被调查者沟通的前 6—8 秒钟，处理得好就能避免对方马上挂电话。这些技术包括访员事先了解被调查家庭所处地理位置，然后用这一信息与接电话的成年人进行交流从而迅速建立良好合作关系。该技术还包括访员根据"进展情况"使用导语，其中的开放性措辞可使被调查者产生跟访员回话的人际期待（cf. Burks, Lavrakas, Camayd, & Bennett, 2007）。

要减少电话调查中因联系不上产生的无应答，通常的做法是在尽量长的调查时间跨度里，在一周中的不同天和一天内的不同时间对被调查者进行回访。也就是说，在其他因素相同的情况下，回访越多，调查周期越长，RDD 调查的接通率就越高。但这对许多民意调查来说是成问题的，特别是那些由媒体实施的基于新闻报道目的的调查，因为新闻的价值往往仅在一个较短的时间内存在。在这些情况下，研究者面临的唯一选择是，慎重考虑因联系不上产生的无应答效应，并对调查中收集到的数据进行加权处理，对被调查者经历一个更长时间的现场调查（比如一个星期）之后的倾向进行综合考虑，对那些在更长一个时期内最不可能获得的被调查者给予大于 1.0 的加权，对那些最有可能获得的被调查者给予小于 1.0 的权重。

怎样在有限的调查时间内处理回访问题？并非所有的 RDD 电话号码都值得花费同样的力气，因为有不少电话是停用的或者家里无人居住。此外，随着来电显示技术的发展，当人们看到一个未知电话来电时，很多人会拒绝接听。塔克尔和奥内尔（Tuckel and O'Neill，2002）以及皮尤研究中心（Pew，2004）报告说，一半以上的美国家庭配有来电显示设施。杠杆凸显理论（leverage-salience）认为，家庭电话的来电显示功能，对接电话的影响或正面或负面（Groves, Singer, & Corning, 2000）。特卢塞尔和拉弗拉卡斯（Trussel and Lavrakas，2005）报告说，两次规模巨大的用 RDD 抽样的全国性实验的结果表明，显示"Nielsen Ratings（在美国众所周知、品牌价值较高的调查公司）"会提高 2 个百分点的应答率，尽管这不仅仅是因为接通率提高的缘故。但该实验的其他一些研究结果表明，如果电话调查的回访较多（比如 >10），在来电显示某些内容时需要谨慎。麦古基安和路德维格（McCutcheon and Ludwig，2006）研究发现，使用来电显示的结果并不一致。一方面，根据目标总体不同，有时使用来电显示会降低应答率。另一方面，如果是对总人口进行 RDD 调查，使用来电显示会增加 3 个百分点的应答率。

三 测量误差

访员在访谈期间所记录的数据并非都是对被调查者态度、行为和人口统计学特征的准确测量。这些不准确之处以偏差和方差的形式表现，可能与以下这些方面的误差有关：一是问卷，二是访员，三是被调查者（Biemer，Groves，Lyberg，Mathiowetz，& Sudman，1991）。在思考这些可能的测量误差来源时，谨慎的民调研究者会考虑所测得的误差的性质和大小，以便对访员所收集的被调查者"原始数据"进行校正。将这类校正建立在良好的实证证据基础之上的最好办法是对电话问卷进行相应的实验检测。如果研究者所使用的问卷题目是过去从未使用过的，其措辞并未受到有效的验证。在这种情况下，研究者应运用实验设计来检验不同的措辞，即便只有一小部分样本接触不同措辞的问卷题目。至于要对哪些版本的问题措辞进行检验，以及是否有统计检验的需要来对每个版本的问卷随机安排同等规模的子样本，研究者应灵活掌握。

第五节 计算机辅助电话调查

计算机辅助电话调查简称 CATI（Computer Assisted Telephone Interviewing），是由电话、计算机、访问员三种资源组成一体的访问系统。其通常的工作形式是：访员坐在计算机前，面对屏幕上的问卷，向电话另一端的被访者读出问题，并将受访者的回答结果通过鼠标或键盘记录到计算机中去；督导在另一台计算机前对整个访问工作进行现场监控。通过该系统，调查者可以以更短的时间、更少的费用，得到更加优质的访问数据，所得数据可运用各种统计软件直接处理。

一 CATI 的历史

CATI 最早于 1970 年出现在美国。访员在电话访问时，能够同步将数据录入计算机，并且实现对数据录入和统计的同步整合。1975 年，加利福尼亚大学洛杉矶分校（University of California at Los Angeles）将 CATI 系统应用于教学研究。CATI 在欧美发达国家已发展了四十个年头，许多国家半数以上的访问均通过 CATI 完成，有些国家 CATI 访问量甚至高达95％。CATI 技术在国外之所以如此流行，一方面得益于电话的高普及率，另一方面也是迫于城市入户访问成功率越来越低的现状。

在中国，直到 1987 年，电话调查才开始被一些专业调查机构使用，主要用于民意测验和媒体接触率的研究。2004 年后，CATI 在中国开始得到较为广泛的应用，专业市场研究机构、高等院校、政府机关、社科院、卫生机构、大型企业、呼叫中心等都出现了 CATI 系统的身影。CATI 被广泛应用于品牌知名度研究、产品渗透率研究、品牌市场占有率研究、产品广告到达率研究、广告投放后的效果跟踪研究、消费习惯研究、消费者生活形态研究、顾客满意度调查、服务质量跟踪调查、选举民意测验、健康问题调查，以及客户回访、电话营销等诸多领域。

二　CATI 的优势

1. 不受地理位置的限制。计算机辅助电话调查沿袭了传统电话调查的优势，如访问样本可不受地理位置的限制，有助于调查者访问到一些很难见到面的被访者，如：夫妻工作都非常繁忙的家庭、个体户、生活在偏远地区的人等等。电话号码通过计算机的随机组号解决了电话号码的来源问题。

2. 访问工作变得容易控制。由于访员集中在一个房间里，访问工作的变更、调整变得更加轻松。如问卷、样本、配额的更改，只需在一台计算机上进行简单操作即可，无须再次对问卷进行更正、印刷。此外，计算机的"严谨"、"客观"有助于访员减少很多人为的操作错误，系统强大的监控功能也使访员作弊的可能大大降低。自动拨号更避免了按错键的出现。

3. 提高工作效率。通过 CATI，民意调查全过程，包括抽样、问卷设计、执行、配额、样本监控、录入、统计，都实现了高度智能化，使访员有更多的精力投入到与被访者的沟通中，从而提高工作效率。另外，在访问进行中研究者可以随时获得所需的各种访问数据和管理数据。

4. 降低调查成本。CATI 不仅具有传统电话调查节省差旅、礼品、场地、纸张、印刷等费用的优势，而且可以节约访员培训成本。传统电话调查需要在访问进行前针对诸多"注意事项"（例如答案中的矛盾、包容、超出范围、问题的跳转等）给访员进行较长时间的培训。CATI 系统则可帮他们"记住"这些"事项"并进行自动处理。对访员的要求可降得更低，会点鼠标、会简单打字便可，培训时间也减少了。

5. 使访问更科学。高度智能化，可以使人脑很难完成的复杂访问变得可行易行。如：问卷、问题、选项的复杂抽取；多重条件决定的跳题；数值、权重计算等。通过即时性的话务统计、样本统计和答卷统计，可尽早发现项目中存在的问题，及时进行调整，保证项目顺利进行。访问数据可得到更好的保存，实现知识资本的积累，每次访问后的样本，系统会把它们自动记录下来，供今后研究使用。

三　CATI 调查工作流程

根据工作流程，可将 CATI 调查大体分为四个阶段，即访问准备、访问实施、整理汇总和分析报告。

（一）访问准备阶段

1. 人员准备。国内 CATI 调查普遍是从大专院校在校生中聘请访员，在实际操作过程中由于学生的知识水平、心理素质、语言表达能力以及社会行为能力、责任心等多方面良莠不齐，很容易造成访问质量下降。因而访问人员的准备是 CATI 调查必不可缺的一个步骤。

访问人员准备又分选材、培训和实习三个步骤。选材就是要对报名参加访问的学生进行面试，要求他们具有较标准的普通话，有一定的计算机操作能力，心理素质好，有一定的社会行为能力，而且能够保守秘密。培训就是对访员进行 CATI 访问系统操作培训、电话访问技巧培训和调查项目指标解释培训。实习就是每次正式访问之前先进行一次仿真模拟操作，尽量减少在访问过程出现意想不到的情况，进而影响访问质量。

2. 方案准备。CATI 访问的方案准备分为三个步骤：一是调查内容，二是问卷设计，三是电话样本。

调查内容是根据委托方的需要而确定的，这就要求委托方在提供方案时要有明确的调查目的、意义和具体要求等，如果目的不清、意义不明、要求不具体，则很容易造成调查工作无从下手，或者马虎了事。

问卷设计是根据客户提供的项目要求设计出合理的 CATI 问卷。由于CATI 访问的时间较短，要求访问员提问时自由发挥的空间较小，因此在进行 CATI 问卷设计时，需要尽可能将访员提问的语言完整地放入问卷，使访员在访问过程中只需要对照问卷读出相应语言就可以完成访问，从而避免了由于访员自由发挥而导致调查结果失真。设计问卷时，一要认真理解各项指标的含义和访问要求；二要将访问中所要了解的问题串联成一条线，以便上下联贯、综合把握，总体上要问清哪些事，要想好顺序，先问什么，后问什么，而且要善于把握被访者的心理变化，适时转换访问策略；三要熟悉调查方案，调查方案中涉及的主要概念、指标解释，对有可能出现的意外情况及迥然不同的答案有所准备。

电话样本准备即是在开展正式调查访问之前确定调查访问对象，这是搞好调查访问的关键所在。CATI 访问的电话样本分固定电话和移动电话两种。但不管是固定电话还是移动电话，在委托方确定样本空间后，就必须做好三件事：一是确定样本容量，二是根据样本容量抽取号码，三是利用 CATI 电访系统进行预拨号，将错误号码和空号码清除。

3. 设备准备。CATI 访问设备准备是搞好访问的物质保障，即要求在访问前仔细检查服务器、访问计算机、耳机及电话语音卡等设备是否正常；计算机录音存储功能是否正常；电脑拨号功能是否正常等等。如果一切准备就绪即可开始正式电话访问工作。

（二）访问实施阶段

访问实施即是访员通过 CATI 访问系统向被访者提出问题并进行记录。它要求访员具有高度的敬业精神，保持中立立场，不卑不亢，独立、客观、公正。不能出现任何诱导被访者回答的信号和语言，不允许带有任何个人主观的意愿或偏见，以免影响调查结果。

访问实施阶段事关调查项目能否完成，以及访问质量的高低，因为它是 CATI 调查的最关键部分，它要求访问人员：一是要有被拒绝的心理准备。被人拒绝对大多数人来讲是一件难受的事，但也是访问员必须具备的心理素质。由于访员是以"陌生人"的身份接触被访者，从陌生人口中挖掘信息，而被访者来自不同阶层、不同年龄，突然接到不速之客的电话，容易产生防备心理，通常会或生硬或狐疑或推辞甚至苛责，这些都要求访问人员即使被拒绝也要和颜悦色，表情轻松。二是要合理安排调查时间。由于被访者成分复杂，因而要制定出适当的调查进度表，根据被访者的特点和作息时间，合理安排调查时间。三是要有一定的访问技巧。CATI 调查难度较高，所以访问员访问时要讲究方式方法，要掌握和运用一定的访问技巧，在遵守调查规定和要求的同时，结合实际随机应变。当然经验的积累有个过程，不可能一蹴而就。在具体操作过程中应当坚持以下几个原则：

1. 循序渐进的原则。在访问过程中先从对方熟悉而容易回答的问题入手，由简单到复杂，由易到难，边问边辨析对方反应，巧妙地引出正题。

2. 因人而异的原则。在访问过程中，要善于通过语言来判断被访者的年龄、身份和性格等，并采取相应策略，让被访者逐渐消除戒备心理和抵触情绪，从而顺利完成调查。如对性格直爽者，不妨开门见山；对脾气倔强者，不妨迂回曲折；对平辈或晚辈，不妨真诚坦率；对文化程度较低者，不妨问得通俗；对心有烦恼者，不妨体贴谅解，问得亲切。

3. 旁敲侧击的原则。即是在听取被访者回答时正确理解对方的意图及话外音。被访者如果出现怕暴露目标、怕麻烦，不愿意如实回答的情况时，要随机应变及时打消其顾虑，或从另一角度提出问题，旁敲侧击，让被访者配合访问。

4. 适可而止的原则。问答是双向活动，但在实际访问的过程中经常会碰到被访者口若悬河、滔滔不绝又答非所问的情况。如遇到这种情况应坚持适可而止原则，可以让被访者有适当的表达机会，但又不能漫无止境。当对方沉默不语、支支吾吾时就要换个提法再问。

5. 彬彬有礼的原则。良好的态度从微笑开始，微笑是帮助人们减轻压力、拉近距离、增加亲和力的最好武器。电话调查中被访者虽不能见到访员的面容，但通过声音语气能感受到访员的亲和力，因而不论遇到什么情况访员都应保持微笑，坚持彬彬有礼。要恰当地使用表示尊重的敬语："请教"、"请问"、"请指点"等，要恰当使用表示谦恭的谦语："多谢您提醒"、"您的话使我顿开茅塞"、"给您添麻烦了"等。

（三）整理与汇总阶段

整理与汇总是 CATI 调查访问出成果的阶段。由于现在的 CATI 访问系统采用的是全程电脑操控，封闭式的问答题汇总与整理相对简单。但对于开放式的问答题，就要求访员有一定的记录技巧。一是要用备用纸记录，按记叙文的六要素来简明扼要记下概况。二是尽量使用应答者的语言，不要摘录或释义应答者的回答，记录包括与问题的目标有关的一切事物及所有的追问情况。

在整理访问结果的过程中一定要客观公正、实事求是。特别是样本数目相当大时，要善于归纳总结，将被访者反映强烈又比较普遍的问题提炼出来，提供给委托方。

（四）分析报告阶段

这是 CATI 访问的最后阶段，在这个阶段需要将访问结果用简洁的语言、明晰的数据向委托方报告。在写分析报告时必须坚持以下几个原则：一是实事求是；二是数据明晰；三是言简意赅；四是突出重点。

第十一章　自填问卷调查

现代调查技术取得了飞速发展，特别是电话和网络数据收集技术的出现，极大地提高了民意调查的效率，然而请人们就他们所收到的问题（无论是当面还是通过邮寄等途径）进行填答，仍是测量民意的一个可行且经常使用的数据收集程序。

第一节　什么是自填问卷调查

自填问卷法（self-administered questionaire）指的是调查者将调查问卷现场或通过邮寄等方法发送给被调查者，由被调查者自己阅读和填答，然后再由调查者收回的调查方法。根据问卷发放方式，自填问卷调查可分为个别发送法、集中填答法和邮寄填答法。

一　个别发送法

个别发送法是最常用的一种自填问卷调查方法，其具体做法是：调查员将印制好的问卷逐个发放到作为样本的被调查者手中，讲明调查的意义和要求，请他们合作填答，并在被调查者完成填答后现场收取或约定收取的时间、地点和方式。例如，假设我们要进行一项关于城市居民环境质量满意度的调查，如果采用个别发送法，就可以派调查员根据所抽样本中被调查户的地址，逐一登门将问卷发送到符合要求的被调查者手中，请被调查者当场填答，并由调查员当场收回；或者让调查员将问卷留下，约定时间（例如三天后）再由调查员登门收取，或请被调查者在约定时间内将填答好的问卷自行投入小区门口专门为此次调查设立的"问卷回收箱"内。

个别发送法既不像邮寄自填法那样与被调查者完全不见面，又不像结构式访问那样，与每一个被调查者都交谈相当长的一段时间，而是介于二者之间，较好地处理了调查的质量与数量之间的关系。个别发送法在操作上的这种特点使其具有邮寄自填法和结构式访问的许多优点，同时又避免了两大类方法中的许多不足。例如，它比较节省时间、经费和人力；调查员可以向被调查者进行解释和说明，以保证比较高的回收率；调查具有一定的匿名性；可以减少调查员所带来的某些偏差；被调查者有比较充分的时间对问卷进行阅读和思考，并可以在方便的时候进行填写。

当然，个别发送法同样存在一些不足，例如调查的范围具有一定的限制，不如邮寄填答法那么广泛；问卷的填答质量依然不能完全得到保证等等。

二　集中填答法

集中填答法的具体做法是：先通过某种形式将被调查者集中起来，每人分发一份问卷。接着由调查员统一讲解本次调查的主要目的、要求、问卷填答的方法和注意事项等，然后请被调查者当场填答问卷，填答完毕后由调查员统一收回。

集中填答法的优点是，它比个别发送法更为节约调查的时间、人力和经费。此外，它比邮寄问卷调查更能确保问卷填答的质量和回收率。其不足是应用范围受到限制，一般只适用于学生等群体，对于难以集中的调查样本则无法进行。

三　邮寄填答法

邮寄填答法的一般做法是：研究者把印制好的问卷装入信封，通过邮局寄给被调查者，待被调查者填答后再将问卷寄回调查机构或调查者。在给被调查者邮寄问卷时，一般还应同时附上已写好回信地址和收信人且贴好足够邮资的信封，以便被调查者将填答好的问卷顺利寄回。

邮寄填答法非常方便，研究者只需把问卷装进信封，就可以坐等一份份填好的问卷从邮局寄回了。它不光可以省掉一大笔调查员的报酬和旅费（这意味着同样多的经费可以用来调查更多的对象），还可以不受空间距离的限制。这种方法在西方一些发达国家的民意调查中使用比较普遍，目前在我国采用这种方法收集调查资料的还比较少。

邮寄填答法的优点主要有：

首先，它特别省时、省力、省钱。可以说，邮寄填答法是民意调查中最方便、最便宜、代价最小的资料收集方法。

其次，它的调查范围最广，且不受地域的限制。由于邮政通信四通八达，覆盖面广，因而几乎没有调查不到的地方。

最后，被调查者可以在自己方便的时候，从容不迫地填答问卷。

当然，在实际运用中，由于种种原因，邮寄填答法也存在一些缺陷，其中最突出的有两点：

第一，它需要事先获悉调查对象的地址和姓名，然而，对于许多社会调查来说，并不存在一份现成的和完整的抽样框（包括所有调查对象的姓名、地址及邮政编码的名单），因此，邮寄调查的样本往往难以抽取，问卷也不知道该往哪里寄。

第二，问卷的回收率难以保证。受诸多主客观因素的影响，邮寄问卷调查的回收率往往比较低。据美国社会学家介绍，邮寄调查的回收率有时低到10%，达到50%的回收率就被认为是"足够的"，如果达到70%的回收率，就会被认为是相当好的了。

第二节　自填问卷调查的优缺点

一　自填问卷调查的优点

1. 节省时间、经费和人力。除个别发送法，其他形式的自填问卷法可以在很短的时间内同时调查很多人，因此十分省时省力；若采用邮寄的方式，还不受地域范围的限制。由此可见，采用这种方法收集资料具有节省时间、经费和人力的优点，当然这些优点是相对于面访法而言的。

有必要指出的是，与调查方式有关的成本部分地依赖于调查者可资利用的研究设施。邮寄调查所花费的时间大大超过电话或网络调查，对已经完成的问卷进行编码也需要额外的时间。在电话访谈和网络调查中，这一工作大部分是由电话访谈者或网络调查者即刻实施的。不过，光学标记识别技术（Optical mark recognition，OMR）的采用使自填问卷调查的录入和编码过程变得更加有效。[1]

2. 具有很好的匿名性。自填问卷的优势来自身边没有访员，以及由此带来的被调查者所知觉到的高度匿名性。对于某些社会现象或者有关个

---

[1] 光学标记识别技术（OMR）是一种资料的取得方式，透过把光束（通常是红色的）打在扫描器上的文件或条码的记号来辨识一些简单的东西，其原理是有记号（或条码的黑色部分）的部分比没有记号（或条码的白色部分）反射较少的光。利用 OMR 软件，可把电脑扫描仪当作 OMR 专用的扫描器，利用电脑处理所输入的数据并以使用者指定的方式（如数据库）输出。有了 OMR 软件，研究者可以利用电脑来处理问卷、多项选择题答题纸、出席记录表等简单的数据。

人隐私、社会禁忌等敏感性问题，被调查者往往难以敞开心扉告知作为陌生人的调查员。由于自填问卷一般不要求署名，填写地点又可在被调查者家中，并且调查人员可以不在场，由被调查者独自进行填答，不受他人干扰和影响，故可大大减轻被调查者的心理压力，有利于他们如实填答问卷，进而收集到客观真实的资料。有研究发现，邮寄调查比电话调查或面对面访谈更不易出现被调查者提供社会期望的回答的情况（如，DeLeeuw，1992）。

3. 可避免某些人为误差。由于自填问卷法采用的是统一设计和印制的问卷，因而无论是在问题的表达、选项的类型方面，还是在问题的前后次序、填答方式方面，所有问卷都是完全相同的，这可以避免因调查员的语速、语调的差异而造成被调查者对问题理解的误差，提高被调查者的参与度从而提高他们完成访问的兴趣等。

4. 被调查者能够根据自己的进度完成问卷。尽管这并不一定确保被调查者总是用足够多的时间来仔细阅读并完成对每个问题的回答，但是自填问卷的模式跟访谈相比优势明显，后者有时会鼓励被调查者做出未经认真思考的、"拍脑袋"的回答（Hippler & Schwarz，1987）。

5. 自填问卷另一个可能的优势是其 5 点或 7 点量表式的选项非常有利于测量态度问题。而在电话调查中，访员经常提供两极的测量以减少传递被调查者相关信息所需的交流努力（Dillman & Christian，2005）。

6. 自填问卷调查不必依赖专业的调查机构，而电话调查、面访调查和网络调查则不是这样。

二 自填问卷调查的缺点

1. 问卷的回收率有时难以保证。由于自填问卷调查十分依赖于被调查者的合作，因此，当被调查者对调查主题的兴趣不大、态度不积极、责任心不强，或者被调查者由于受时间、精力、能力等方面的限制而无法完成问卷填答工作时，问卷的有效回收率常常受到影响。

2. 自填问卷调查对被调查者的受教育水平有一定要求。因为被调查者起码要能看得懂问卷，能够理解问题及选项的含义，能够理解填答问卷的正确方式，才能按要求填答问卷。但实际生活中并不是所有人都具备这种能力，对于一些文化程度较低的群体，就不宜使用自填问卷的方法。因此，自填问卷法的适用人群就常常受到限制。

3. 问卷调查的质量有时得不到保证。这是因为被调查者往往是在没有调查人员在场的情况下进行问卷的填答工作的，这就是说，他们填答问卷的环境是调查人员无法控制的。对于理解不清的问题，被调查者无法及时向调查人员询问，错答、误答、缺答、乱答的情况时有发生，导致问卷调查资料的质量难以保证。这正是当前自填问卷法面临的主要问题。

4. 自填问卷难以激励被调查者对开放式问题提供高质量的回答，而访谈调查则可以提供完整的回答。

5. 自填问卷的另一个缺点是使用分支问题。研究者有时不愿意在纸质问卷中包含许多分支问题的说明，因为这常常会导致混淆和项目的无应答以及增加问卷的长度（Redline, Dillman, Dajani, & Scaggs, 2003; Dillman & Christian, 2005）。

第三节　邮寄问卷调查

邮寄问卷调查可能是最古老的系统调查方法。已知最早的邮件调查是1577 年由西班牙国王菲利浦二世实施的，他通过官方信使将 38 个书面问题交给他的新世界领地的领导人填写（Erdos, 1970）。尽管邮寄调查面临覆盖率的问题，但对许多调查总体和调查情境来说，它仍是一种有效的数据收集方法。事实上，当调查者试图弥补网络调查较低的覆盖率和电话调查不断下降的应答率时，对某些类型的调查而言邮寄方法的使用还呈增加趋势。如果实施恰当，邮寄调查对测量民意还是相当有效的（Dillman, 2000）。基于此，本章单设一节专门阐述邮寄问卷调查方法的运用。

一　问卷编排与呈现方式

大量研究表明，问卷的编排和呈现方式影响被调查者的填答。有人对纸质调查不同测量差异的研究发现，问题和选项的视觉布局将显著影响被调查者的回答。例如，克里斯琴和迪尔曼（Christian and Dillman, 2004）研究发现：

1. 对于开放式问题，较大的答题空间将鼓励被调查者填写更多的语词和主题。

2. 不同回答类别（answer categories）之间的空间较大，将影响对名称度量问题的回答。

3. 添加"箭头"符号可增加被调查者回答从属问题的可能性。

4. 将垂直呈现的 5 点标量显示分为 3 列，可显著改变测量均值。

此外，要求被调查者将答案填在数字框中，而不是要求他们在量表上选择一个数字，将导致对量表意义的理解混乱。

　　另有一些研究表明，大量的视觉编排将影响人们完成问卷的方式。例如，赖德莱因等人（Redline，2003）的研究表明，当对箭头使用、字体大小和粗体，以及答题框中指导语的间距等不同的方式进行控制时，被调查者的误差就更少。这些研究表明，被调查者不仅仅是从问题的词汇中获取意义。也就是说，被调查者可根据文化学习和格式塔心理学的知觉原理等，从跟那些词汇相关的副语言符号（如箭头）、数字和图形（如字体大小、亮度、对比）中获取问题的意义（如，Jenkins & Dillman，1997；Redline & Dillman，2002）。

二　邮寄调查的覆盖误差

　　邮寄调查面临的最大问题也许就是如何从所涉总体中获得随机的被调查者样本。在美国，一般不存在关于总人口抽样的姓名和地址的综合性数据库。在中国，由于人口流动和户籍管理的放松，这样的数据库也存在质量下降的趋势。对于较大规模的、异质的调查总体，如果不能获取完整的居住地和居民名单，进行自填问卷调查时就不可避免地碰到这类覆盖率问题。

　　对于有完整抽样框的特殊群体，抽样阶段的覆盖误差是可以避免的。例如，维瑟等人（Visser, Krosnick, Marquette and Curtin，1996）报告说，《哥伦布电讯报》（The Columbus Dispatch）所做的邮寄调查，自 1980 年以来，在预测俄亥俄选举结果方面一直比电话调查好，原因是调查者将俄亥俄选民的名单作为抽样框，这使得覆盖误差降至最低。

　　用于系统随机抽样的综合性名单还包括大学里的教职员工、专业机构的成员、有驾照的司机、杂志的订阅者等等。然而，这类名单也存在邮寄地址质量下降的趋势。如，过去由于人口流动不明显，每所大学一般都拥有比较完整的毕业生家庭地址和联系电话，但如今通过邮寄或电话调查可能很难联系到每个学生，因为毕业生工作变动较为频繁，他们通常不会主动及时地跟班主任老师更新他们的地址、电话。由此可见，与其依赖于邮件或电话来联系调查样本，还不如采用多种调查方式的结合来减少覆盖误差。

三　多方法相结合

　　由于邮寄调查方式面临覆盖问题，因此它越来越多地用于其他调查方式的补充以克服覆盖和无应答问题（De Leeuw，2005）。研究表明，以一种方式进行调查，然后再结合另一种调查方式，可显著提高应答率。在一项研究中，通过邮件进行 3 次联系大概可获得 75% 的应答率。在同一研究中，初次以电话联系的被调查者有 44% 会接受访谈，如果接着再辅以邮件跟踪调查，则应答率可提高到 80%（Dillman 等，2001）。谢涛和穆尼（Shettle and Mooney，1996）描述了一项针对大学生的调查，在该调查中相继使用邮寄、电话和面访调查。邮寄问卷调查的应答率为 63%，如果再辅以电话访谈，则应答率可提高到 74%，如果对无应答者再加以面访，则应答率可达到 86%。这些例子表明，混合使用多种调查方式有助于完成更多的调查，而且便于被调查者选择所应答的方式，从而提高应答率（Dillman，Clark，& West，1994）。

信息时代的到来使电话调查和网络调查可以作为邮件调查之外的另一个选择，它还带来了有助于在混合调查模式情境中使用邮寄调查的技术进展。例如，现在有可能将文本文档轻易地从一个软件转移到另一个软件中。而且，对于一项调查来说，混合模式的成本远比过去节约，速度也更快。因此，毫不奇怪，现在世界各地都在采用包含邮寄调查之内的混合调查模式。然而，越来越多地使用复合调查模式也会产生另一个方法上的问题，其中最主要的是不同调查模式之间的测量误差。

自填问卷调查与访谈法之间的根本差异是，前者被调查者必须以书面语言而不是口语进行回答，这使得研究者必须针对不同的测量方法建构不同格式的问题，这是将访谈转换为纸质调查所碰到的诸多变化之一（Dillman & Christian，2005）。而且，由于没有访员在场并对被调查者可能存在的问题进行释疑，因此通常须辅以补充的书面说明来明确调查者的意图。如果研究者在自填问卷调查中限定书面说明，被调查者对问题的解读就可能不同于访谈中的被调查者，这将导致不同调查方式之间的测量误差。

民意调查容易产生某些调查方式效应，部分原因是被调查者可能没有形成明确的意见，因为这不像填写居住城市、性别、年龄那么简单。大多数民意问题会使用模糊量词（如：有些、大体上，或完全满意）来询问被调查者的心理状态，这些东西缺乏与年龄、教育程度相类似的精确性。研究者在考虑混合调查方式时，必须认真思考如何处理"隐含的"问答选项（如：不知道、没意见）。之所以称之为"隐含"，是因为在面访和电话调查中，研究者通常予以省略以鼓励被调查者选择实质性的回答。如果在自填问卷调查中提供的是非实质性选项，而在访谈调查中则无法给被调查者提供非实质性选项，那么就会出现测量误差问题。

四 如何提高邮寄问卷调查的应答率

邮寄调查和其他类型的调查都有一个基本的应答目标，即避免无应答误差，也就是说，避免所抽取的被调查者与无应答的被调查者之间存在测量特征（如意见）上的差异。

近几十年来的调查研究文献表明，有两个因素对提高应答率至关重要：联系的次数（Dillman，2000）和象征性的现金激励（Church，1993）。这两个因素一起使用时效果更好，现在还没有其他方法在提高应答率方面比这两个因素更有效。

在邮寄调查中，有效的联系策略是给被调查者发送一封预通知函，一周后再寄送问卷，一周后再寄一张明信片予以感谢和提醒，2—3周后再寄送备份问卷，然后在间隔几个星期后的最后一次联系时再寄送一份备用问卷。迪尔曼（Dillman，2000）描述了这一策略并举例说明了封面信的写法。

关于象征性现金激励的有效性，有人对此前所做的8项研究进行分析，结果表明，在第一次邮寄问卷时附上2—5美元的激励，可使应答率提高18.9个百分点，平均应答率从42.2%提高到61.1%（Lesser等，2001）。另有一些研究者曾多次考察，给被调查者物质激励（如圆珠笔、电话卡）、给被调查者进行抽奖、承诺给完成并寄回问卷的被调查者付钱，哪一种方法更能提高应答率。大多数研究表明，这些激励措施对提高应答率效果甚微（Church，1993）。例如，詹姆斯和鲍斯坦（James and Bolstein，1992）研究表明，承诺被调查者寄回问卷后将给予其50美元的支票只微弱地提高了应答率，即从52%（没有激励）提高到57%。然而，将一美元的象征性现金激励连同问卷一起寄给被调查者，应答率可达64%。

现在还不清楚，为什么复合使用多种联系方法和事先给予象征性激励，对提高应答如此有效。有人认为，可用社会交换解释被调查者是否决定对调查予以响应（Dillman，1978，2000）。这一观点认为，自愿完成问卷更多的是一种社会行为而不是经济行为。潜在的被调查者会权衡各种小的社会成本（如：答题的枯燥；如果把当前的问卷寄回就可能收到另一份问卷；不能理解问题时的尴尬）和奖赏（如：参与调查是一个有趣的过程；调查结果可能有益于社会）。如果人们认为奖赏大于成本，就会参与调查。多次联系对被调查者可能是一种合乎情理的方式（如诚挚，没有威胁），而在回答问卷前发送象征性激励可给予被调查者参与调查所必须的信任。简而言之，如果人们获得了来自他人的信任和尊敬，那么他们就会给予相应的回报。

基于社会交换假设所强调的多重联系和象征性现金激励，要求调查者后一次联系的言语内容要有别于前一次。这也部分地解释了为什么邮寄自填问卷尽管承诺给被调查者提供大额的金钱礼物，其所获得的应答率反而不如在问卷袋中附上 2—5 美元的票子。现金激励的额度远不如激励本身来得重要。社会交换理论不仅强调了调查实施过程的这些不同侧面，而且表明调查的每个部分都是与其他部分联系在一起的。

研究文献相当一致地表明，还有 5 个因素对提高邮寄问卷调查的应答率也起着显著的积极影响。一是使用特快专递。二是信件个性化，要在信封上使用所抽取的个体的名字，避免"住户"这样的字眼，而且封面信要做个别化处理。三是在回信的信封上贴上邮票（Armstrong & Luske，1987）。四是调查资助机构的性质，尽管这是研究者难以控制的因素。在一项对 214 项邮件调查的元分析中，赫伯莱茵和鲍姆加特（Heberlein and Baumgartner，1978）发现，政府机构实施的调查，其应答率往往高于商业或市场研究机构的调查。第五个因素是采用多种调查方式（如从邮寄调查转换为电话调查），也就是说在第一种调查方式已经进行多次联系后，采用另一种调查方式将显著提高应答率（Dillman，2000）。

一些研究表明，问卷设计方面的因素也会影响应答率。康奈利等人（Connelly，Brown，and Decker，2003）在对 1977—1987 年间实施的 39 项邮寄调查进行分析后发现，应答率跟问卷的长度（以页数计算）具有负相关。为了避免长问卷导致低的应答率，研究者常常将很多问题"挤"在少量的页面上。然而，这经常产生适得其反的后果，即由于字体太小、空白不够、视觉上的混乱而使问卷完成的难度增加。这有力地说明，减少问题的数量将提高应答率，但我们没有发现有研究表明，将同样数量的问题放在更少的页面中会提高项目的应答率。

除了问卷长度以外，问卷组合方式也是影响应答率的因素。非规则组合的问卷将使被调查者感到挫折，因此会影响他们的参与。迪尔曼（Dillman，2000）总结了美国人口普查局的大量研究，发现，双折叠的问卷会使被调查者产生遗漏，而且会产生邮寄回信问题。遵循文化习惯，参照图书的阅读格式，将问卷做成小册子，有助于应答率的提高。

影响应答率的最后两个问卷设计因素跟收件人收到问卷后最初的生理反应有关。研究表明，改进问卷封面的设计将影响应答率（Gendall，2005）。而且，一开始就呈现有趣的实质性问题将激发被调查者的好奇心，并由此鼓励被调查者的参与（Dillman，2000）。

五 小结

400 多年前首先使用的纸笔问卷调查，在今天这样的电子时代仍是收集数据的重要方法。

邮寄问卷调查面临的主要挑战是覆盖率问题，但是，新的挑战也开始出现了，例如总体中邮寄名单质量的下降。由于人们通过邮寄交流变得越来越不常用，更新人们的邮政地址也变得不那么重要。因此，邮寄名单就变得不够完整，研究者必须通过其他方式来寻求跟潜在被调查者的联系。在可以获得邮址的情况下，要成功实施邮寄调查，也必须比以前更多地运用更密集的数据收集策略。尽管几十年以前的邮寄调查者使用的联系方式更少，或更少使用象征性现金激励和其他增加应答率的策略，但在今天的调查环境中，如果不采取更多的策略，就难以获得高质量的数据。

不管怎样，包括邮寄调查在内的自填问卷调查，无论是独立使用还是与其他调查方法相结合，仍具有重要的现实意义。霍克斯和德里伍（Hox and De Leeuw，1994）研究发现，面访调查和电话调查的应答率显著下降，而邮件调查的应答率似乎在上升。迪尔曼和卡雷—巴克斯特（Dillman and Carley-Baxter，2000）对 1988—1999 年间所实施的 98 项国家公园游客调查所做的分析表明，应答率随着时间的推移略有下降。然而，他们也发现，调查问卷的数量几乎翻番了，而问卷的页数还是一样。与此同时，替代问卷的数量已从一个增加到两个。因此，20 世纪 90 年代末所进行的国家公园调查的应答率仅比 20 世纪 80 年代末的调查略有下降，但所收集到的信息则更多，而且使用了更密集的跟踪调查程序。由此可见，综合考虑这些因素，邮寄调查的应答率并没有像我们在敏感的电话调查中所看到的那样有实质性的下降，但是为获得可接受的应答率而增加了相应的努力恐怕也是部分原因。

2005 年在美国所实施的对西部某一城区居民所做的社区满意度和卷入度民调表明，只要策略得当，就可获得高质量的数据和高应答率。这是一份由 12 页、39 个问题组成的调查问卷，邮寄给从电话名录上随机选择的家庭，应答率达到 69%。由于许多问题下面有小问题，因此被调查者回答的问题最多达到 156 个（Stern & Dillman，2005）。这一通过 3 次联系和第一次邮寄所附的 2 美元的代币所获得的应答率，远远高于电话调查应答率，也比仅调查互联网接入的家庭更有代表性。

第十二章　访问调查

访问调查（interview survey）就是通过访员收集来自被调查者的信息，这一古老的数据收集方法，在当前的许多研究中仍然起着重要的作用。访问调查可以单独使用，但通常跟其他调查方式结合起来使用。

第一节　什么是访问调查

访问调查，也称访谈法，是研究者通过口头交谈等方式直接向被访问者了解社会情况、搜集态度与行为数据资料的一种方法，这也是民意研究的主要方法之一。访谈不同于日常谈话，它是一种有目的、有计划、有准备的谈话，是紧紧围绕研究主题的谈话。

一　访问调查的种类

根据不同的标准，可将访问调查分为不同的类型。

（一）根据研究者与被研究者交流的方式，可分为直接访谈和间接访谈

1. 直接访谈。即访问者与被访问者进行面对面的访谈。直接访谈有"走出去"和"请进来"两种具体方式。"走出去"就是访问者深入到被访问者中进行实地访问，"请进来"则是将被访问者请到访问者安排的场所进行访谈。直接访谈的最大好处是研究者可以清晰地感知到对方的表情、神态和动作，便于掌握更详细的资料。

2. 间接访谈。即双方事先约好时间，访问者通过电话、计算机等中介工具对被访问者进行访问。间接访谈可以解决因距离遥远造成的困难，成本较低，保密性也比较强，有助于减少被访者的顾忌，对于敏感性问题更易获得被访者的真实想法。但间接访谈访问情境难以控制，而且受到电话电脑等设备的制约，访问者不易判断对方"真实"的情绪和态度。

（二）根据访谈的人数，可分为个别访谈和小组访谈

1. 个别访谈。指调查者与被调查者一对一地进行访谈的调查方法，具有保密性强、访谈形式灵活、调查结果准确等特点。这种访谈形式有助于被调查者真实详细地表达意见，访谈内容更易深入。

2. 小组访谈。也称团体访谈、集体座谈等，指一名或数名调查者召集十名左右被访者就需要调查的内容征集意见的调查方法。小组访谈可以集思广益、相互启发，而且能在较短的时间内收集到比较广泛的信息。关于小组访谈，本章将单设一节进行阐述。

（三）根据访谈过程中可控制的程度，可分为结构性访谈、半结构性访谈、非结构性访谈

1. 结构性访谈。也称标准化访问，是指按照统一设计的、有一定结构的问卷所进行的访问。这种访问的特点是：选择访问对象的标准和方法，访谈中提出的问题、提问的方式和顺序，以及对被访问者回答的记录方式等都是统一设计的，甚至连访谈的时间、地点、周围环境等外部条件，也力求保持基本一致。标准化访谈的最大好处是，便于对访问结果进行统计和定量分析，便于对不同被访问者的回答进行对比研究。但是，这种访问方法缺乏弹性，难以对社会问题进行深入探讨，难以灵活反映复杂多变的社会现象，同时也不利于充分发挥访问者和被访问者的积极性、主动性。

2. 非结构性访谈。也称非标准化访问，是指按照一定调查目的和一个粗线条的调查提纲进行的访问。这种访问方法，对访问对象的选择和访谈中所要询问的问题有一个基本要求，但可根据访谈时的实际情况作必要调整。非标准化访问，有利于充分发挥访问者和被访问者的主动性、创造性，有利于适应千变万化的客观情况，有利于调查原设计方案中没有考虑到的新情况、新问题，有利于对社会问题进行深入的探讨。但是，这种方法对访问调查的结果难以进行定量分析，而且对访问者的要求较高。质化研究的访谈一般是无结构的开放式访谈。

3. 半结构性访谈。这是介于结构性访谈与非结构性访谈之间的一种访谈形式。半结构性访谈兼有结构性访谈和非结构性访谈的优点，有访谈提纲，既有结构性访谈的严谨和标准化的题目，又给被访者留有较大的表达自己想法和意见的余地，并且访谈者在进行访谈时，具有调控访谈程序和用语的自由度。

二　访问调查的优缺点

访问调查的优缺点是相较于其他调查方法而言的。其优点可归结为：

1. 简便易行，便于双向交流。在面访调查中，可以分享视觉信息，诸如显示卡、日历和时间表等直觉辅助工具，这些辅助工具能比电话调查得到更轻易更有效的使用（Groves 等，2004）。而在电话调查中使用辅助工具，需要事先联系并邮寄，以及依赖于被调查者对材料的保留与正确使用。

2. 实施程序比较灵活，也便于控制。既可随时澄清问题，纠正被访谈者对问题理解的偏差，又可以随时变换问题方式，捕捉新的或深层次的信息。

3. 可以有效防止问题遗漏不答的现象。面对面调查的访员能够明确地说服被调查者尽自己的努力，并鼓励他们检查回答记录或计算。访员也能更好地监控被调查者是否出现误解或疲劳的情况。因此，特别是对于持续时间长达一个小时以上的访谈，面对面访问调查可以提供比电话调查质量更高的数据（Holbrook 等，2003）。

4. 访谈法的适用面广，能有效地搜集关于态度、价值观、意见等方面的信息。不同的调查方式有不同的反应效应（Tourangeau, Rips, & Rasinski, 2000；Biemer & Lyberg, 2003；Groves 等，2004）。首因效应，即被调查者常常选择调查问卷中开头的选项；近因效应，即选择调查问卷中末尾的选项，这两种情况常常发生在提供口头反应的电话访谈中。其他反应效应，似乎电话调查比面对面访谈更普遍，包括默许（不管内容是什么，都同意所提问题的倾向）和极端反应（选择量表第一个或最后一个选项的倾向）。为了维持与被调查者的互动，电话访员的进度可能快于面对面调查。进度更快意味着被调查者也必须加快速度，因此他们更可能回答"不知道"或无应答，以及对开放式问题提供更简短的回答。

5. 调查质量高。面访特别是入户面访是调查质量最高的方法之一。个别访谈能在交谈的同时进行观察，可以获得电话调查或邮寄调查难以收集的数据，包括对被调查者及其周围环境的视觉观察，身体的测量（如身高）以及生物学样本（如唾液）。

6. 能建立主客双方的融洽关系，反映真实想法。霍尔布鲁克等（Holbrook, etc., 2003）研究发现，跟电话调查相比，面对面访谈中被访者对调查更感兴趣，访员也认为被调查者更合作。

7. 团体座谈时，可以相互启发，促进问题的深入讨论。

访问调查的不足主要有：

1. 时间和精力花费较大，访谈样本小，需要较多的训练有素的访谈人员。高额的访员雇用、培训、装备、管理和监控费用，还要加上附加的访员的差旅费。事先联系和访谈本身的费用，往往比电话调查大得多（Groves，1989）。如果调查者错过约谈时间，还会造成额外的时间和金钱成本。对于特殊人群的访问调查，因为可能需要懂双语和熟悉该群体规范的访员，成本可能还会进一步增加（de Leeuw & Collins，1997）。此外，访问调查的时间要比规模相当的电话调查长得多。

2. 有一定的主观性，且访谈者的特性，如价值观、信念、表情态度、交谈方式等都有可能影响被访谈者的反应。

3. 访谈者需要接受较为严格和系统的培训，被访谈者的言不符实，或者对某些问题的偏爱会影响所获信息的真实性。此外，对访谈结果的处理和分析也比较复杂。

三 访问调查的步骤

根据进程，访问调查一般可分为三个阶段：准备阶段、访谈阶段和结束阶段。

在访谈前的准备阶段，主要有 6 项工作：

1. 明确访问目的，制定访谈计划；
2. 编制访谈问卷或提纲；
3. 选择有代表性的被访者；
4. 培训访谈员；
5. 试访谈并修改问卷或提纲；
6. 预约被访者。

准备阶段至关重要，这是确保访问调查按照预定目标进行的关键。访谈前要对调查的主题、提问的方式、措辞做各种可能的考虑。要让访员做好工作，就得进行访员训练，这是许多民调执行单位最容易忽视的步骤。访员必须知道问卷是如何设计出来的，受访者是如何被选中的，该如何记录受访者提供的答案，如何回答受访者提出的问题，该如何与受访者互动，等等。

在访谈阶段，访谈员应尽快接近被访者并与之建立融洽的访谈气氛，然后按照访谈计划有条不紊地进行访谈并做好访谈记录。在这个阶段，访谈双方之间建立相互信任、相互理解的合作关系，对于获得客观可靠的资料极为重要。访员要让被访者理解此次访问调查的目的和意义，要严守保密原则，对于被访者的顾虑，可通过对交谈内容保密的承诺来消除。交谈中所提问题要简单明了，要善于洞察被访者的心理变化，引导访谈的逐渐深入。需要注意的是，一次访谈的时间不宜超过两小时，否则会引起双方的疲劳从而影响访谈效果。

结束阶段主要是根据访谈目的和情境，把握好时间，并以合适的结束语终止访谈。换言之，结束访谈应该注意两个问题：一是适可而止，二是善始善终。所谓适可而止，主要是控制每次访谈的时长，并且访谈必须在良好气氛中进行。所谓善始善终，指的是在访谈结束时向被访者表示感谢和友谊，如果第一次访问没有完成任务，还应具体约定再次访问的时间和地点，以便对方做好思想和材料准备。当然，结束访谈只是完成了访问调查收集资料的工作，后面的工作主要是资料的整理和分析以及研究报告的撰写。

第二节　访问调查的抽样与测量问题

是否使用面对面调查，一般要考虑成本、抽样和数据质量以及调查时间等因素。

一　样本的覆盖率

面对面访问调查一般使用多阶段区域概率抽样的方法。对于全国总人口的抽样，区域概率抽样跟电话抽样框相比，具有自身的优势（Biemer & Lyberg，2003）。在美国，电话抽样不可避免地会遗漏占6%的未装电话的家庭，以及只用手机进行通话的家庭，这一比例不高，但正在上升（Tucker，Brick，& Meekins，2004）。在国内，未安装家庭电话或虽已安装家庭电话但基本不用，拥有一部以上电话，只用手机进行通话，这样的家庭比例不容忽视，在以家庭为单位进行抽样时必须考虑其对总体推算的影响。

不过，以总人口为总体的面对面访谈抽样框，对某些群体来说也存在覆盖率的问题。例如，抽样框一般会遗漏生活在各类机构、住在集体宿舍、长期不在国内居住，以及生活在偏远或人口稀少地区的人。群租的人，周末和非周末轮流居住在不同住所的人也有可能被遗漏或忽略。

二　被调查者的应答率

有大量证据表明，不管采用哪种调查方式，应答率都存在下降的趋势，尽管面对面调查曾经并将继续拥有比其他调查方式更高的应答率（Hox & De Leeuw，1994）。格罗夫斯和库珀（Groves and Couper，1998）

对使用面对面调查或多种调查方式组合（开始是面对面的个别访谈，随后采用电话调查）的 6 个著名调查进行了趋势评析。结果表明，从 20 世纪 70 年代到 90 年代，6 个调查中有 3 个调查的无应答呈增加趋势，有 4 个调查的拒答率呈增加趋势。然而，整体看每项调查都有高达 75% 以上的应答率。阿特罗斯提克等人（Atrostic, Bates, Burt and Silberstein, 2001）对上述研究做了延伸，他们对贯穿整个 20 世纪 90 年代的 6 项调查的发展趋势进行比较，而且比较仅限于首次家庭调查中的应答率。结果仍然表明，无应答率（拒答率和联系不上的比率）呈增加趋势，但每个调查的总应答率仍高于 70%，有 4 个调查的应答率超过 85%。然而，随着拒答人数的增加以及找到并接触被调查者难度的增加，面对面调查的无应答率可能还会继续上升。

尽管应答率总体在下降，但面对面调查的应答率还是要高于其他调查方式。美国《消费者态度调查》是一项全国性的 RDD（random digital dialing）学术调查，其应答率已从 1979 年的 72% 下降到 2003 年的 48%（Curtin 等，2005）。有证据表明，其他 RDD 调查的应答率也许更低（Steeh, Kirgis, Cannon, & DeWitt, 2001）。自填问卷调查，如邮件调查和互联网调查的应答率一般比访员管理的调查要低很多。

有几个因素可以解释为什么面对面调查具有相对较高的应答率。自填问卷调查中被调查者身边一般没有访员，而电话调查中被调查者只能听到访员的声音，然而在面对面访问调查中，访员对所接触的被调查者有更直接的影响。由于现场访员能够看到被调查者的邻居、家庭、脸部表情，因此他们可以运用足够的信息来提出合适的请求，请被调查者参与调查。由于城市化、家庭规模和家庭构成（如老年被访者）等因素，使得入户访问更加困难，而现场决策和访员的行为可以在这些限制范围内影响接触率（Groves & Couper, 1998）。例如，访员可在初期访问时关注被访者的邻里关系以及居住单元等信息。运用这些信息，访员可以制定适合的方案，选择入户访问的时间。

尽管赢得被调查者的合作很重要，但仅靠访员层面的接触能力和合作来实施调查是不够的（Groves & Couper, 1998）。访员的个人特征在赢得被调查者合作方面可能不如其使用的调查技术和调查时机来得重要，但工作经验、自信和坚信自己工作的合法性等特征跟调查的成功还是有很大的关系（Hox & De Leeuw, 2002）。成功的访员往往能够在与被访者的初次互动中就被访者所关心的问题迅速做出反应。研究发现，具有 5 年以上工作经验的访员更能够预见并克服调查中的障碍，如应对调查的负面态度以及拖延访谈的策略（如，"我现在很忙"）（Groves & Couper，1998）。有证据表明，对访员进行培训，让其迅速、自然并令人满意地表达被调查者所关心的问题，有助于加强双方的合作（Groves & McGonagle，2001）。此外，当面提出访问邀请可能比电话访谈更不易被拒绝。

三 访员对测量的影响

访员对调查结果有什么影响？有研究者认为，访员不但可能对被访者的无应答产生影响，他们的特征（如外表、期待）、访谈中的行为举止（包括他们偏离标准化行为的范围），以及仅仅是出现在被调查者面前，都可能影响测量的结果（Groves，Fowler，Couper，Lepkowski，Singer，& Tourangeau，2004）。然而，总体来看，可以归因于访员特征的反应效应是很少的。访员的性别和种族有时也会影响被调查者的回答，但这一影响最有可能发生在访员看得见的特征跟研究主题有关之时，而且这一影响主要限于有关态度的问题。同样地，访员的期待，如对研究困难的关注，对数据质量也只有微小的影响。

访员的行为举止，特别是偏离标准程序时，可能对数据质量产生影响。不像自填问卷调查，调查问题的呈现方式对所有被调查者都是一样的，但在面对面调查和电话调查中，访员及访员与被调查者的互动会成为测量误差的来源。

为了控制误差来源，访员的行为必须受到标准化准则的限制（Fowler & Mangione，1990）。要求访员认真地逐字阅读问题，使用中性询问，保持中立立场，对被调查者合适的行为给予反馈，并避免暗示被调查者应该怎样回答。然而，即便受到监控，访员还是会发生偏离标准的行为。

标准化的作用和重要性仍存在争议。一些研究者提出，标准化削弱了调查的效度（Schober & Conrad，1997），因此，要借助实际交谈来促进对问题的理解，访员应该更有弹性。不过，重要的是在准确性和访员的差异性之间做好平衡。

有研究者认为，访员只要在场就会对被调查者产生影响。如果被调查者过度报告社会期待的行为、尽量少报告其不希望出现的行为，以达到正面呈现自己的目的，那么就会产生社会期望偏差（Schaeffer，2000）。研究者提出，改善对威胁性问题的回答，关键是提示敏感信息使被调查者得以心安，从而尽量减少被调查者回答威胁性问题的社会期望偏差。由此可见，研究者应该增强被调查者的隐私和匿名性，增进被调查者对其回答之保密性和调查机构合法性的信任，以及加强被调查者对信息重要性的认识。

许多研究在收集威胁性问题的数据方面所使用的方法是不同的（Tou-rangeau & Smith，1996）。跟自填问卷调查相比，面对面访问调查更少获得这方面的行为报告（Turner，Lessler，& Devore，1992）。相反，研究表明，跟电话调查相比，面对面调查可减少社会期望偏差（如，de Leeuw & van der Zouwen，1988；Holbrook，Green，& Krosnick，2003），尽管有时候这一效应并不存在或恰恰相反。作为访员管理的调查，面对面调查的访员可以通过私下访谈和远离家庭成员，甚至不在家访谈等方法来控制调查情境（Tourangeau，Rasinski，Jobe，Smith，& Pratt，1997）。个别见面，访员更可能证明其合法性并赢得被调查者的信任，以及通过给被调查者提供自填问卷的工具来减少其在场造成的影响。

第三节　小组访谈

小组访谈源于精神病医生所用的群体疗法，也称为中心组讨论（focus interview）、群体访谈（group interview），是由一位经过训练的主持人以一种无结构的自然的形式与一个小组的被调查者交谈。小组访谈的主要目的，是通过倾听一组从调研者所要研究的目标人群中选择来的被调查者，获取对一些有关问题的深入了解。

群体动力所提供的相互作用是小组访谈的关键，在小组访谈中，一个人的反应会成为对其他人的刺激，这种相互作用会产生比同样数量的人作单独陈述时所能提供的更多的信息。小组访谈的价值在于常常可以从自由进行的小组讨论中得到一些意想不到的发现。

一　实施小组访谈的步骤

1. 环境准备

小组访谈一般安排在会议室中，会议室除了桌椅外，一般还配有话筒、录音机或摄像机等设备。为了便于研究分析，有的会议室还在一面墙上装有单向镜，研究人员可在隔壁房间清楚地看到访谈者的自然状态。桌子通常使用圆桌，根据小组动力学的原理，圆形可消除不合理的对立和上下关系。

2. 招募被访者

小组访谈的被访者是根据研究目的进行招募的，他们一般由具有共同背景或经历的人组成，这有助于减少被访者在感觉、经历和口头表达技巧等方面的差异。这些差异如果太大，可能对小组讨论产生抑制作用。研究者事先需要明确小组访谈被访者的具体招募标准，而且应排除具有小组访谈经历的被访者，因为这些人有作为"专家"行为的倾向，从而影响小组访谈的正常开展。此外，还要排除具有朋友、亲戚或同事关系的被访者，因为这种从熟人开始的交谈讨论，会抑制小组间的自发性。

一般认为，小组访谈最合适的人数在6—10人之间（Morgan，1988）。当然，被访者的人数和代表的程度因研究项目的规模和要讨论的主题以及主持人的偏好和能力而异。

3. 选择主持人

拥有符合要求的受访者和优秀的主持人是小组访谈成功的关键。主持人的功能在于组织小组成员就有关问题展开充分的讨论，主持人要善于引导讨论，充分调动小组成员的热情，小组访谈成功的一个重要方面是参加者是否根据讨论指引互相交谈，而不是只与主持人交谈。称职的主持人需要准确理解项目的背景、熟悉调研目标以及明确希望从访谈过程中收集到的最主要信息。主持人也需要了解小组的规模、小组成员的基本情况。

4. 编制访谈提纲

任何小组访谈都需要制定完善的访谈提纲，访谈提纲是小组访谈中将要讨论的主题的轮廓，通常由主持人根据研究目标，与研究人员共同讨论制定。访谈提纲一般包括以下内容：

（1）所要研究的问题。需要研究的问题应明确而具体，要确保所有主要的问题都纳入讨论提纲，并且按照适当的次序进行。

（2）出示图片、样品的时间顺序。

（3）必须进行解释的地方。

（4）准备赠送的礼品内容。

5. 实施小组访谈

小组访谈的具体实施一般可分为三个阶段：

第一，建立融洽的气氛。在小组访谈开始之前，应准备糖果、茶点。座谈会一开始，主持人应简要进行自我介绍并清晰阐述研究目标，把活动规则解释清楚，然后请参加访谈的被访者一一做自我介绍。

第二，主持小组成员的讨论。主持人要善于把握讨论内容和节奏，保证讨论的话题紧紧围绕研究目标。当出现走题时，要不露声色地重新提起主题，使讨论回到主题上来；当出现冷场时，要鼓励小组成员畅所欲言。主持人要不断调整小组成员发言的次数，力求每人发言次数均衡，防止出现领导力量，要有效掌握讨论的控制权。

第三，小结。当有关问题讨论告一段落后，可简要地概括一下讨论的内容，并表示谢意，发放礼金或礼品。

6. 撰写小组访谈报告

一般来说，在小组访谈完成后，会有一个主持人的报告，有时称为"即时分析"。正式报告的撰写，开头通常解释研究目的，申明所调查的主要问题，描述小组参与者的个人情况，并说明招募参与者的过程。接着，总结研究发现，并提出建议。如果小组成员的交谈内容经过了精心归类，那么组织报告的主体部分也就很容易了。先列出第一个主题，然后总结对这一主题的重要观点，最后使用小组成员的发言真实记录（逐字逐句的记录）进一步阐明这些主要观点。以同样的方式——总结所有的主题。

二 小组访谈的优缺点和注意事项

小组访谈的优点是，被访者之间的互动有助于激发新的思考和想法；可以通过单向镜或录音录像观察分析被访者的访谈全过程。其不足是，小组访谈中被访者所陈述的观点并不一定都具有典型性；主持人个人风格的不同会使结果产生偏差。

此外，在跨国环境下进行小组访谈还应该注意被访者之间的社会文化差异、语言差异、生活习惯上的差异以及国际事件和经济方面的差异等。

随着信息技术的发展，小组访谈的具体形式也在变化发展，常见的有电话小组访谈、电视会议小组访谈、计算机焦点小组访谈等，这些变式的采用有助于克服小组访谈原有的某些不足并拓展自身的优势。

小组座谈是目前最为流行的一种定性调查技术，它经常被市场研究人员和民意研究人员用作大规模调查的事先调查，以帮助确定调查范围、研究假设以及问卷设计的具体内容。小组座谈由于具有小样本的特点，在组织实施过程中存在许多潜在的误差。为了尽可能减少误差，在组织与实施小组访谈时，应该注意以下事项：

1. 善于倾听。一个优秀的主持人不仅仅是思维敏捷、应变能力强，更重要的是应成为一个好的倾听者，能迅速地与组内成员建立友好融洽的关系，并抓住每个成员回答的要点。主持人不宜是所讨论问题的专家，若被访者觉得主持人是这方面的专家，那么会对主持人提出很多询问，而忘记表达他们自己的意见。

2. 被访者中应该避免亲友、同事关系，因为这种关系会影响发言和讨论。曾经参加过小组访谈的人，也不适合成为被访者。

3. 小组访谈的人数以 6—10 人为宜，但被访者人数的确定还应考虑讨论的主题、主持人的经验等情况。

4. 要积极采取措施吸引被访者参加访谈，一般来说，报酬越高越能吸引人参与，并且越枯燥的主题报酬越要高。此外，要向目标人选描述小组访谈如何有趣、有意义，并强调目标人选的参与对研究十分重要。小组访谈要尽量安排在周末举行。

5. 小组访谈的数据和资料分析要求主持人和分析员共同参与。可借助录像，认真听取被访者的发言内容，并观察发言者的面部表情和肢体语言。

第四节　计算机辅助访问调查

随着信息技术的快速发展，电脑产品变得越来越精细、越来越轻便，这为更快速、更方便、更精确地进行民意调查提供了物质基础。除了众所周知、应用广泛的计算机辅助电话调查（CATI）极大地提升了电话调查的品质和效率外，电脑技术的贡献还体现在另一种正渐渐兴起的人员面对面访问方式——计算机辅助个人访问调查（Computer-Assisted Personal Interviewing，简称 CAPI）的应用。

一　CAPI 的发展

CAPI 的发展构想可以说是基于 CATI 的计算机辅助系统对于电话调查品质的极大提升。研究者设想，研发一套计算机软件替代并提升传统的纸笔访问调查（Paper-And-Pencil Interviewing，简称 PAPI）的品质，如同 CATI 之于电话调查那样，可减少人为因素所造成的非抽样误差。

迄今为止，国外对于 CAPI 发展所做的研究已很多（如，Bradburn et al.，1991b；NCHS，1988；Lyberg，1985；Keller，Metz，and Bethlehem，1990；Foxon，1987；Bernard，1989；Martin et al.，1993；O'Reilly，Hubbard，Lessler，Biemer，and Turner，1994）。关于 CAPI 的优缺点，贝克等人（Reginald P. Baker，Norman M. Bradburn，and Robert A. Johnson）于 1995 年对 PAPI 与 CAPI 两种调查方式进行对比研究，发现受访者使用 CAPI 进行调查时其心理负担较使用 PAPI 时减少约 20%。虽然初看起来使用 CAPI 调查较为复杂，而且需要配置一定数量的计算机软硬件设备，但只要经过短暂培训，访员便能熟练使用。如果考虑到调查效率的提高和误差的控制，再加上计算机产品的价格不断下降，显而易见 CAPI 的成本并不一定比 PAPI 高。

CAPI 访问调查的实施方式是，让访员携带笔记本电脑或是 PDA，电脑中事先安装相关软件，访员在进行访问时可直接将问卷显示于电脑屏幕上，访员可依照电脑屏幕上的问题进行访问工作，并且将受访者回答的内容直接录入电脑；若是受访者不愿透过访员进行回答，亦可由受访者直接将答案输入电脑以保障受访者的隐私，如此不仅可以提高访问的有效性，更可以提升受访者完成问卷的意愿。

当访问结束或告一段落时，访员可立即透过互联网络直接将问卷结果传回调查主办单位以争取时效，并且主办单位可在接收到各调查结果后立刻进行数据分析。此外，通过互联网联系可以扩大调查范围，不仅可将范围扩大到偏远地带，甚至可跨越国界进行国际性的调查。

CAPI 跟纸笔访谈（PAPI）相比，有几个优势。计算机辅助设施可以提供复杂的跳答模式；样本特征信息（如被调查者的姓名）可以事先加载并在需要时提取；被访者对前面所提问题的回答可在随后的提问中予以结合；复杂的计算（如收入）可以自动化，而且既快又准确。对于纵向调查，前几次获得的信息可以录入程序，以检查各次报告的一致性或提醒被调查者前几次的回答。

关于不足，CAPI 似乎比 PAPI 成本更高，也许是因为电脑的成本、更复杂的工具以及编程时间。当前的 CAPI 程序限制问题呈现的方式，对于以矩阵格式呈现的问题可能更难，如家庭花名册（Moore & Moyer，1998）。访员还很难学会 CAPI 工具的总体结构，这一现象被称为分割效应（House & Nicholls，1988）。研究者正在积极地开发工具和增强屏幕设计以增进 CAPI 使用的便捷性（Fuchs，Couper，& Hansen，2000）。

有少数研究就数据质量对 CAPI 和 PAPI 作了直接比较。证据表明，单位应答率一般不受计算机工具的影响，但使用 CAPI 可减少遗漏数据和访员偏差（如 Tourangeau 等，1997）。一些研究表明，CAPI 比 PAPI 会产生更多的敏感行为报告（Baker，Bradurn，& Johnson，1995）。此外，CA-PI 访员可以让被调查者自己阅听完整的问题，如果由被调查者阅读问题，则称为计算机辅助自我访谈（CASI），如果问题是事先录音的，则称为音频计算机辅助自我访谈（ACASI）。ACASI 对于不能阅读的被调查者尤其有用。研究表明，跟 CAPI 或 CASI 相比，ACASI 会产生更高的敏感行为报告，包括流产（Lessler，Weeks，& O'Reilly，1994）、性伙伴（Tourangeau & Smith，1996）等。因此，如要收集敏感行为信息，似乎采用 ACASI 更有利（Tourangeau & Smith，1996；Turner 等，1998）。

二　在线访谈

除了利用电脑进行面对面的访问调查外，随着计算机网络的发展，研究者还可以利用实时软件（real-time software）通过网上"聊天"（chatting）的方式进行一对一的网上深层访谈。例如英国有研究者利用 CMC 的一项研究，不但对英国国内的快活父亲（gay father）进行了深度访谈，还突破了地理上的限制，访问了新西兰、加拿大和美国的快活父亲（Dunne，1999）。

在线小组座谈（online focus groups）是网上的小组访谈。网络和视频技术的飞速发展使得网上小组座谈会的实现有了技术上的保证。在线小组访谈的组织者需要使用特殊的网上会议软件，例如曼恩和斯图尔特（Mann and Stewart，2000）在其"青年和健康风险研究"项目中使用了名为"一级会议（First class Conferencing）"的软件包。每位参加者需要一个用户名和密码才能进入。该项目共计给出 49 个用户名和密码，其中 48 个是给被访者的，1 个是给主持人（facilitator）的。该项目在网上同时有 4 个聊天区域（分别叫红区、蓝区、绿区和黄区），用作 4 个实时的小组座谈会；还有 4 个子目录（红会、蓝会、绿会和黄会）用作非实时的会议区域。这些区域相互之间是排斥的、各自独立的，但是座谈会可以同时进行。选择座谈会所用的软件时，主要考虑的因素是隐私保护和价格。

对于传统的面对面的小组座谈会而言，集合地点和环境十分重要，有些研究者认为地点应该"中立"（neutral）（Morgan，1988），而另一些研究者认为"自然（naturalness）"才是最重要的（Lindlof，1995）。对于在线小组访谈来说，被访者可以来自既自然又中立的地点。例如，被访者所使用的计算机是在家中或其他熟悉的环境中，因而可以认为是自然的；中立性更是可以保证的，因为被访者不太可能知道其他被访者所在地的性质和环境。曼恩和斯图尔特（Mann and Stewart，2000）在其"青年和健康风险研究"中发现，不管是在青年男性组还是青年女性组，关于性行为和酒精的话题，网上小组被访者的自我表达和暴露都比面对面的小组多得多（网上小组座谈是紧跟在面对面小组座谈之后进行的）。

第十三章　内容分析法

本书第二章曾谈到，新闻是民意表达的主要载体，从某种程度上说"新闻报道"要比"国会辩论"更能准确地表达民意（Patterson & Donsbach，1992）。因此，对媒体报道的内容进行分析也就理所当然成为了解民意、研究民意的重要手段。

内容分析法（content analysis）源于社会科学借用自然科学研究的方法，进行历史文献内容的量化分析。第二次世界大战后，新闻学、传播学、政治学、图书馆学、社会学等领域的专家学者与军事情报机构一起，对内容分析方法进行了多学科研究，应用范围大为拓展。

第一节　什么是内容分析

精确而系统的内容分析方法，是由传播学先驱、曾在柏林大学学习心理分析学的拉斯韦尔（Harold Dwight Lasswell，1902—1978）创立的。他于 1926 年完成，1927 年出版的博士论文《世界大战中的宣传技术》，对战时宣传品进行了内容分析，对第一次世界大战中的宣传策略及其效果进行了全面的研究。他与莱斯特合著的《政治语言学》一书，对内容分析法进行了全面的阐述。1920 年著名记者李普曼对美国《纽约时报》近三年内关于俄国布尔什维克革命的报道进行的研究，证明美国传媒由于受"组成新闻机构那些人"的愿望主宰，其报道既不准确，又带有偏见。该研究为内容分析法的形成做了开拓性的工作。

一　内容分析的定义

内容分析是指对具体的大众传播媒介的信息所作的分析，是对传播内容客观的、有系统的和定量的研究。这里，传播内容不只是指大众传播媒介中的报纸、电视、书籍、杂志，凡是有记录、可以保存、具有传播价值的传播内容都在此列。

　　内容分析不仅是一种收集资料的方法，更重要的是一个完整的研究方法，其主要目的是分析传播内容所产生的影响力。因此，内容分析是指对整个传播过程的分析，实际上是效果分析，是呈现大众传播媒介问题的有效方法。

　　关于内容分析，最权威的是贝雷尔森（Bernard Berelson，1952）在其著作《内容分析：传播研究的一种工具》中所下的定义："内容分析是一种对显性的传播内容进行客观、系统和定量描述的研究方法。"传播内容是指任何形态的可以记录、保存的传播信息，可以是报纸，也可以是广播电视的录音、录像。客观是指研究者按设计好的程序研究现有的资料，对变量分类的操作性定义十分明确，不受研究人员的主观态度和偏好影响。系统是指要分析的内容是根据严密的抽样方法抽取出来的样本，并且必须用一致的、标准的方法进行分析处理。编码员或评分员接触的内容、时间必须一致，并且其编码或评分标准和统计方法必须一致。只有保持严格的系统性，才能避免其他影响结果的因素干扰。定量是指将各种形式的内容转换成使用数量方式表达的资料，如频次、百分数等，并进行统计分析。

　　作为内容分析理论和方法的权威学者，克里彭多夫（Krippendorff，2004）所下的定义有所不同，他认为"内容分析是一种从文本（或者其他意义体）到其使用环境进行可重复、有效推论的研究方法"。该定义未把定性研究排除在外，克里彭多夫认为定性不一定就不客观，比如人类学分析、框架理论分析都是非常出色的客观内容分析。

　　关于内容分析的定义还可以列出很多，如霍尔斯蒂（Holsti，1969）、莱弗等（Riffe, Lacy & Fico, 1998）都给出了各自的界定。比较一致的是，这些定义都强调内容分析的系统性、客观性和可重复性。

　　内容分析"通过考察人们所写的文章、书籍、日记、信件，所拍的电影、电视及照片，所创作的歌曲、图画等等，来了解人们的行为、态度和特征，进而了解和说明社会结构及文化变迁。内容分析法假定：在这些传播的材料中所发现的行为模式、价值观念和态度，反映出并影响着创造和接受这些策略的人们的行为、态度和价值观。因此，除了信息本身的内容外，内容分析还被用来研究信息发出者的动机，以及信息传播的效果或影响"（风笑天，2007）。

　　霍尔斯蒂曾指出，内容分析法除对假设进行科学检验外，还具有描述传播内容的倾向、说明信息来源的特征、分析劝服的方法、说明受众对信息的意见、描述传播模式等功能。德国学者阿斯特兰德在其《经验性社会研究方法》一书中将内容分析法分为描述式内容分析、推论式内容分析和交往的内容分析三种类型。

1981 年，克里彭多夫出版了其经典专著《内容分析》。之后，莱弗（Daniel Riff）、雷西（Stephen Lacy）与费柯（F. G. Fico）出版了《内容分析法：媒介信息量化研究技巧》，这是又一本关于内容分析的专著，该书提供了系统全面的内容分析研究的操作指南，深入探讨了内容分析中的各种常见问题，如测量、抽样、信度、效度和数据分析中的各种技术，并附以大量案例，方便初学者学习和运用。该书逻辑清晰，言简意赅，操作性强，具有很强的实际应用价值。2010 年 10 月，该书的中译本由清华大学出版社出版。

由彭增军所著、中国人民大学出版社出版的《媒介内容分析法》（2012）一书，对内容分析的理论与方法，以及内容分析研究的具体设计过程、操作规范和实施步骤进行了系统的介绍，该书对国内研究者学习内容分析法具有一定的参考价值。

二　内容分析的特点

内容分析具有以下几个主要特点：

1. 内容分析是较为客观的研究方法

内容分析完全是从现有文献资料出发，研究者按设计好的程序进行研究，研究人员的主观态度和偏好，不太容易影响分析研究的结论（结果），也就是说不同的研究者用同样的研究方法研究同样的内容，研究的结果应当是相同的。

2. 内容分析是数量化的分析

所谓数量化的分析是指对分析的内容（信息）进行准确的数量描述，排除了诸多的主观判断，使研究结果有可靠的信度（准确性）。由于提供的大多是描述性数字，人们看到的是用数字描述的分析对象，而不是研究人员的主观判断，有助于向受众或社会解释和分析检验对象。

3. 内容分析是系统的分析

内容分析采取科学的抽样方法，按特定的程序抽取，每个单位都有接受分析的机会；分析的内容是按明确的课题设计、一致的规则来确定；分析过程是用系统的、相同的方法处理；资料的统计是按预先设计的程序，通过计算机进行的。

4. 内容分析是比较经济的分析方法

由于内容分析是以现有文献资料为检验对象，工作量相对较小，且大部分工作在室内进行，于是减少了经费开支。在中国，公费订阅的媒介数量很多，研究者可以花很少的钱或不花钱使用。大量报刊有电子版，这无论是对于商业研究还是学术研究，都是比较有利的，是可以普遍开展的研究方法。

第二节　内容分析的步骤

跟其他研究方法一样，在运用内容分析法时，首先必须明确研究的目的，包括提出研究课题和假设以及规定分析对象的范围。然后抽取分析样本，选择分析单位，制定评分定量标准，进行预测并检验分类标准的可信度等。最后对内容进行评分，分析收集到的数据并根据分析结果得出结论。

完整的内容分析一般包括以下5个步骤：

一　确定研究目的、范围和假设

研究开始，首先要明确目的，选择什么样的信息材料，避免在收集资料的过程中漫无目的。在确定了研究目的之后，就需要设计研究主题和研究步骤。有了研究步骤，接下来就是提出假设、确定研究范围，明确内容分析的资料界限。

二　抽取样本

内容分析大多实行多阶抽样方法。首先是对研究内容的原始资料进行抽样。抽样后，就要设计内容分析分类统计表。

三　确定分析单位和编码

分析单位是描述和解释的个体单位。建立媒体内容分类的类目系统（categorysystem），这个类目系统的构成是根据研究的内容和主题不断变化的。制定分类方法或标准，按照分类标准去处理经过抽样而得到的信息资料，需要3名以上经过短期训练的评分员，分别对同一资料进行分类，然后计算一致同意的部分，并对有分歧的部分进行分类。有分歧意见的材料不列入统计结果。

关于抽样、确定分析单位和编码，本章将设专节进行阐述。

四　量化与统计

经过分类后的信息资料，需要用数量来反映其基本趋势与内在结构。这时，常用的数量概念有绝对数、百分比、平均值等。内容分析的量化主要涉及名目、等距和等比三种测量尺度。

五　报告研究结果

下面我们结合笔者所做的"富二代媒体形象的呈现与思考"（方建移、金慧，2013）对内容分析的实施步骤进行进一步的介绍。

1. 明确研究目标。"富二代"一词最早出现在 2007 年 12 月 10 日的《鲁豫有约》节目中。最近几年，由于一连串以富二代为主体的新闻事件陆续曝光，使得富二代成为公众议论的焦点。研究富二代的媒介形象，一方面可以提醒媒体从业者进一步审视自己的新闻理念和实践工作，是否存在倾向性的报道或者为了迎合受众心理而忽视了新闻的公正客观，另一方面也可以促发富二代群体直面自己的媒介形象，找到改善自己媒介形象的方法，减缓公众与富二代群体之间的对立情绪。

2. 抽样。样本一定要具有代表性。本研究在综合考量发行量、发行范围和影响力的基础上选取《中国青年报》《新民晚报》《广州日报》《北京日报》《人民日报》《都市快报》《羊城晚报》《扬子晚报》《华西都市报》《南方都市报》等十家报纸，对其 2011 年一年中有关富二代的报道进行内容分析。这十家报纸包含 2 家全国性媒体、8 家地方性媒体，既有党报，也有都市报。有 6 家创刊于 20 世纪 50 年代或之前，具有深厚的历史积淀。在发行量和影响力方面，有 5 家报纸名列 2011 年中国报纸发行量排行榜前十，8 家地方性媒体均是当地重量级报纸。在地域分布方面，十家报纸分属六个省份，可以在很大程度上规避由于地域造成的取样误差。然而，由于报业发展的不均衡，北京、广州等报业发达地区入选的报纸更多些。

本研究分析时段为 2011 年 1 月 1 日至 12 月 31 日。在样本界定方面，主要是以"富二代"为主题的新闻报道。由于媒体对富二代的评价或态度也是本研究关心的问题之一，因此，凡是涉及媒体对富二代态度的报道即使不是以"富二代"作为主要议题，也列入考察范围，但如果只是单纯提及"富二代"字眼而不涉及媒体态度的新闻报道则不在研究之列。

本研究首先抽取所选报纸 2011 年所有关于"富二代"的新闻报道共

216 篇，然后剔除不符合要求的报道，再在选取的每家报刊中各抽取 10 篇报道，总样本量为 100 篇。但在实际操作过程中，由于《人民日报》和《北京日报》符合要求的报道分别只有 7 篇和 5 篇，因此不足部分从其他报纸的报道中抽取。

3. 确定分析单位和编码。这是内容分析最主要的部分，是保证内容分析"客观性"和"系统性"的主要手段。分析单位在社会学研究中指的是描述和解释的个体单位，对分析单位的选择与确定是研究设计的一项重要内容，分析单位是否合适、能否清晰地界定与使用，直接关系到研究结果的有效性，甚至在很大程度上决定了整个研究的成败。编码是按照分类的标准去处理资料，需要三名以上掌握分类标准的编码员，分别对同一资料进行分类。

根据研究需要，本研究共建构以下几个类目进行分析：

（1）新闻体裁

a 新闻报道

b 新闻评论

c 副刊

新闻报道包括消息、通讯、新闻特写、新闻公报、调查报告、专访等；新闻评论，有社论、述评、编辑部文章、评论员文章、思想评论、理论文章等；副刊，有散文、杂文、小品、诗歌、小说、剧本、报告文学、回忆录、曲艺等。

（2）报道基调

A. 新闻标题的报道倾向

a 正面

b 负面

c 中立

B. 新闻内容的报道倾向

a 正面

b 负面

c 中立

对于新闻标题的报道倾向，主要根据关键词及标题整体语气含义等进行判断。比如"做慈善"、"自食其力"等为正面；"狂赌"、"炫富"、"败家"、"飙车"等为负面；"接班"等为中性。

对于新闻内容的报道倾向，笔者通过阅读报道全文，根据其对"富二代"的评价和态度，将其分为正面、负面和中性。

（3）报道内容

a 炫富奢侈成性

b 飙车等恶性违法行为

c 渔色猎艳和明星纠葛

d 违反社会公正公平

e 思想浅薄缺乏社会责任感

f 社会负面问题

g 指代贬义含义

h 好人好事先进人物

i 继承家业努力修为

j 各界言论

k 其他

其中各界言论指市民、专家、学者等社会各界人士针对"富二代"这个群体及其所做的某些行为发表的看法、意见及评论。社会负面问题主要是指以宏观角度表现富二代所造成的社会负面问题，且不归入1、2、4、5条中。

（4）被报道富二代特征

A. 富二代性别

a 男性

b 女性

B. 富二代年龄

a. 30 岁以下

b. 30 岁至 40 岁

c. 40 岁以上

C. 富二代学历

a 高中及以下

b 大专

c 本科

d 硕士及以上

由于一些报道并未提到富二代的年龄、性别、学历等信息，因此在统计时筛选出有相关信息的内容进行统计分析，如一篇报道只提到该富二代为女性，二十岁，就只将其列入性别和年龄的统计范围，而在统计学历等项目时将其剔除。

4. 量化与统计。量化是指内容分析的结果可以用数字表达，并能用某种数学关系来表示，如用次数分配、各种百分率或比例、相关系数等方式来描述。内容分析实际上是以预先设计的类目和编码为依据，以系统、客观和量化的方式，对信息内容加以归类统计，并根据类别项目的统计数字，做出叙述性的说明。它不仅是一种资料的收集方法，也是一种独立、完整的专门研究方法。

5. 报告研究结果。研究者通过对量化数据的统计分析发现，在与富二代相关的报道中，新闻报道达到45%，远超过29%的副刊与26%的新闻评论。在副刊体裁中有许多报道偏向于娱乐花边新闻，也就是说，对富二代的娱乐化报道比较明显。报道基调上，负面新闻超过半数，且存在"标题党"现象；报道内容方面，炫富、绯闻、违法事件居多；报道主体特征方面，多为高学历低年龄的男性。由此可见，作为主流报纸，其所构建的拟态环境对公众对于富二代群体形象负面认知的构建具有重要影响。大众媒介应当客观公正地反映各个群体的形象，做到事实客观与整体客观并存，并利用其平台优势塑造良好的意见环境从而正确引导公众舆论，帮助社会各群体各阶层建立和谐的阶层关系与群际关系，履行自己的社会协调功能。

第三节　抽样与编码：两个关键步骤

抽样和编码是内容分析的关键步骤，以下结合相关研究案例阐述如何进行抽样和分类编码，以及抽样和分类编码过程中应该注意的事项。

一　抽样

抽样是内容分析的关键步骤之一，直接关系到数据的代表性、结论的可靠性以及整个研究的质量。本书第七章已对抽样方法进行比较全面的介绍，这里仅介绍与内容分析有关的几种具体抽样方法以及相关的注意事项。

内容分析跟其他研究一样，在抽样之前首先要确定总体，在确定总体时，必须注意总体的完整性和它的特殊性。完整性是指要包含所有有关的资料，特殊性就是指要选择与研究假设有关的特定资料。

在内容分析研究中，抽样一般分为3个阶段：

第一个阶段是来源抽样，即对内容的原始资料进行抽样，如选择怎样的报纸、杂志、电视节目、网络信息、书本、演讲等。

第二个阶段是日期抽样，即选择哪一段时间的资料进行分析。常用的抽样方法有三种：简单随机抽样（simple random sampling）、构造周抽样（constructed week sampling）和连续日抽样（consecutive day sample）。

在日期抽样时，必须注意可能存在的资料的周期性特征。如果以报纸或电视节目为研究对象，间隔抽样就必须避开七或它的倍数，否则可能使全部样本都集中在同一个"星期x"。针对这一现象，在内容分析时可采用构造周的抽样方法。构造周也称人为周，具体抽样方法是，在一定的时间范围内（如一年），先按一星期中的天数分为 7 个分层，然后通过概率抽样从这 7 个分层中抽取所需的样本数。

第三个阶段是单元抽样，即确定抽取资料的单元，可能是整份报纸、某个版面、某篇文章、某个图片等等。

在内容分析研究中，需要特别注意的是，如果目标样本量不大，如某媒体关于学生自杀事件的报道，应考虑总体取样，而不必采取抽样的方法。

近年来，互联网的快速发展使研究者不得不思考如何进行互联网抽样的问题。麦克米兰（McMillan，1999）将互联网的内容分析比作用显微镜观察移动的靶子。互联网具有很强的互动性，研究总体难以确定，而且文本具有多媒体化的特征，文字、声音、图片、视频同时存在，这对抽样方法提出了许多挑战。彭增军（2012）提出，可尝试采用 IP 地址、搜索引擎、网站大全、排行榜等抽样框进行抽样。

总而言之，不管研究对象是报纸、杂志，还是电视、网络，所采取的抽样方法首先得根据研究目的来确定，其次应该充分考虑研究对象的特点。各种抽样方法也可以结合使用，以抽取具有代表性的样本。

二 分类与编码

类目的建构和编码是内容分析的核心，也是难点。内容分析的目的是对信息内容进行描述和分析，发现、检验变量之间的关系，并据此推论到信息传播过程的其他方面，而这一切都是通过类目的建构和编码来实现的。

类目即研究问题的具体化，也就是根据研究假设的需要，设计信息内容分析的维度。如我们所做的对于新浪网所涉残疾人报道的内容分析中，主要有报道总量、报道篇幅、报道主题、报道基调、报道主体以及报道体裁等 6 个维度，这些就是内容分析的单元。

对于编码，一般有两种方法：一是依据传统的理论或以往的经验，或对某个问题已有的研究成果发展而成；二是由研究者根据假设自行设计而成。第一种方法：先让两人根据同一标准，独立编录同样用途的维度、类别，然后计算两者之间的信度，并据此共同讨论标准，再进行编录，直到取得基本一致的理解为止。最后，还需要让两者用该系统编录几个新的材料，并计算评分者的信度，如果结果满意，则可据此编录其余的材料。第二种方法：首先熟悉、分析有关材料，并在此基础上制定初步的分析维度，然后对其进行试用，了解其可行性、适用性与合理性，之后再进行修订、试用，直至发展出客观性较强的分析维度为止。编码必须有明确的操作定义。此外，每个分析单位的编码还必须遵循穷尽和互斥原则。

试举一例，笔者所教的一组学生曾对《都市快报》2000—2010 年有关学生自杀事件的报道进行内容分析，其分析单位主要有：自杀方式、自杀原因、自杀结果、自杀者性别、自杀者年龄段、报道方式、消息来源等。对于自杀方式，设置了 5 个编码，即：1. 高空坠落：如跳楼、跳悬崖等；2. 窒息：上吊、溺水等；3. 利器：割腕、自刎等；4. 药物：毒药、药物搭配等；5. 其他。对于自杀原因，设置了 5 个编码，即：1. 情感原因；2. 学业原因；3. 家庭原因；4. 自身心理原因；5. 其他。对于性别，设置了 3 个编码，即：1. 男；2. 女；3. 未注明。其他不再一一赘述。

第四节　内容分析的应用

真正使内容分析方法系统化的是 J. 奈斯比特，他主持出版的《趋势报告》充分发挥了内容分析法的优势，享誉全球的《大趋势——改变我们生活的十个新方向》一书正是以这些报告为基础写成的，书中的结论得自对十二年来 200 多万篇报道城镇事件的文章的内容分析。该书一出版，就赢得了成千上万的读者。人们惊叹于书中提出的独到见解，而冷静的研究者却被书中所运用的研究方法所吸引，奈斯比特也因此声名大震。

内容分析法的适用范围比较广泛。就研究材料的性质而言，它既可适用于文字记录形态类型的材料，也适用于非文字记录形态类型的材料（如广播与演讲录音、电视节目、动作与姿态的录像等）；就研究材料的来源而言，它既可以对用于其他目的的许多现有材料（如学生教科书、日记、作业）进行分析，也可以为某一特定的研究目的而专门收集有关材料（如访谈记录、观察记录、句子完成测验等），然后再进行评判分析；就分析的侧重点讲，它既可以着重于材料的内容，也可以着重于材料的结构，或对两者都予以分析。我们把内容分析法的应用简要地归纳为以下 4 个方面：

（一）描述某一段时间内的媒介内容和媒介再现手段

1. 描述媒介内容和再现手段的特征、趋势，比如研究广告对女性的再现方式，研究电影镜头的使用。

刘伯红、卜卫（1997）曾以全国10个城市电视台的1197个广告为样本，对广告中的女性形象进行分析。结果表明，广告中的女性职业角色有51.6%为家庭妇女，而男性职业角色中科教文卫及领导管理者占47%。广告中女性出现的地点51.5%是在家庭，出现在工作场所的只占14.5%，而男性即使出现在家里，也多为娱乐（31%），做家务的只有5.3%。

在一项非常全面的内容分析中，考夫曼（Kaufman, 1999）考察了各个不同观看时段电视广告中塑造的伴随儿童的男女人物形象。总的来说，广告中的男子很少在孩子母亲不在场时跟儿童单独出现，尽管这一广告模式在美国足球赛期间稍有不同（此时屏幕上更可能出现体育设施广告或赛事，而且更可能出现父亲与孩子一起在院子里打球的场景）。该研究中最有趣的是孩子与父母一起出现时的年龄，以及孩子父母参与的活动。男子更可能从事的照看对象是婴儿而不是学龄儿童。对表中数据的进一步分析表明，广告中男子的照看行为毫无二致地指向男孩。男子还比女性更可能参与孩子的教育活动，以及饮食和游戏活动。特别是游戏，它成为父子广告中的一个独特特征。这些数据表明，广告中的男子虽然比过去更多地跟家庭在一起，但其活动还是主要局限于饮食、游戏和教育。

表　　　　　　广告中的亲子交往：父母的性别和活动的性质

塑造的活动	父亲			母亲		
	婴儿	儿童	少年	婴儿	儿童	少年
照看孩子	33	7	—	37	27	6
教育	11	29	22	5	10	6
吃饭	—	35	44	—	22	19
游玩	56	37	22	58	22	13

注：表中数字为各年龄组的百分比，摘自Kaufman, 1999。

2. 比较不同媒体之间的内容差异，如比较中美网络媒体对于"朝核危机"议题的报道。王东（2007）曾以人民网和纽约时报网为例，针对2006年10月朝鲜首次核试验后的报道，考察中美网络媒体的新闻报道在新闻数量、新闻主角、新闻方向、新闻体裁和新闻来源上的差异。

3. 通过研究媒介内容和再现手段体现真实世界里的社会观念和行为，即比较媒介现实和"社会真实"的关系，如通过研究我国报纸的征婚广告来考察人们的婚姻观念变迁等。婚姻观念是一种价值观，属于精神文化，它比物质文化和制度文化的变迁要滞后得多。考察婚姻观念的变迁，内容分析法要比调查法更为合适。

（二）推断传播者的特征和态度

1. 通过媒介内容和再现手段来描述与传播有关的变量特征，比如通过研究广告在报纸中的地位和比例来体现广告对报纸的影响。

2. 了解媒介对某些群体（如少数民族、外国人、儿童、女性等）和某些议题（如艾滋病、农民工）的态度，以此评价媒体在社会权力运作过程中的地位和立场。如张自力（2004）曾通过对《人民日报》《河南日报》《北京青年报》《南方周末》4 家报纸在 1988 年、1995 年、2002 年的艾滋病相关报道进行内容分析，考察媒体是如何建构与呈现艾滋病相关议题的，以及这一建构方式在 15 年中的演变，并对不同媒体对艾滋病议题的建构方式和特点加以比较分析。

方建移（2013）曾以 2004—2012 年新浪网所涉残疾人报道为研究对象，采用内容分析方法，从报道总量、报道篇幅、报道主题、报道基调、报道主体以及报道体裁等 6 个维度予以考察，据此提出改进残疾人报道方式、促进残疾人事业发展的对策建议。

（三）跟受众调查结合在一起，估计特定媒介内容的传播效果。

（四）查证历史文献的作者。内容分析法还可以用于查证历史文献的作者，具体操作过程就是统计待查证文献里某些字和词出现的频率，然后跟已知作者文献里相同字和词出现频率进行对比，如果二者差不多，就可基本确定该作者就是待查证文献的作者。陈大康通过对《红楼梦》词汇的研究，统计 8 个文言虚词和 24 个常用动词出现的频率，发现前 80 回里这些词出现的频率明显高于后 40 回，因此认为前 80 回与后 40 回属于两个不同作者的作品。

第五部分

民意研究方法的新发展

第十四章 在线调查

随着电子技术的发展，自 20 世纪 50 年代至今，调查研究所使用的方法和手段不断推陈出新。20 世纪 70 年代，电话在西方的普及使得电话调查流行起来，20 世纪 80 年代，计算机技术特别是便携式计算机和笔记本电脑的发明，使得计算机辅助调查信息采集（即 Computer-Assisted Survey Information Collection，简称 CASIC）成为可能，电话加计算机的计算机辅助电话调查（即 Computer-Assisted Telephone Interview，简称 CATI）随即诞生。20 世纪 90 年代，国际互联网和计算机结合，诞生了计算机辅助网络调查（即 Computer-Assisted Web Interview，简称 CAWI）等新兴调查方法。本书在第十章和第十二章已设专节介绍了计算机辅助电话调查和计算机辅助访问调查，本章则以"在线调查"为主题，全面系统地阐述数字化调查的发展及相关概念辨析，在线调查法的类型、特点和存在的问题，以及在线问卷调查的设计和组织实施。

第一节 数字化调查的发展及相关概念辨析

以计算机技术为依托的数字化调查仍处在不断变化发展之中，方式概念和术语也不尽一致，如计算机辅助网络调查（CAWI）就有多种表述，有的称"网络调查（Web Survey）"，有的称"在线调查"（Online Survey）"或"互联网调查法（Internet Survey）"等。本节将对此进行介绍。

一 计算机辅助调查信息采集模式的出现和发展

"计算机辅助调查信息采集"是由美国统计政策办公室的联邦统计方法委员会下属的 CASIC 小组委员会在 1988 年提出的调查研究领域的新术语，后来经过密歇根大学米克·库珀（1998）教授的梳理，使之成为研究方法界广泛认可的专门术语。库珀将 CASIC 定义为："一种将计算机技术应用于调查数据采集、记录、处理及后期调查活动有关的各种工作的综合性方法，其中也包括将计算机技术应用于调查活动的准备、支持、管理及各阶段工作之间的相互协调和配合等方面。"由此可见，CASIC 并不是一种单一的调查手段，而是一系列基于计算机技术的多种调查方法的集合，见图 14－1：

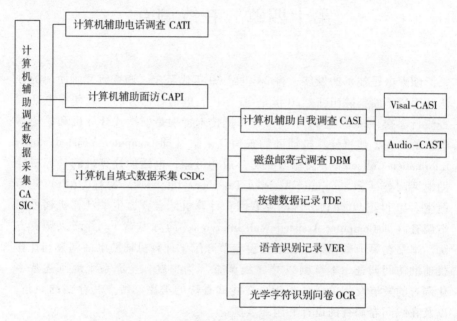

图 14－1　计算机辅助调查信息采集方法类型

（资料来源：赵国栋：《网络调查研究方法概论》（第二版），北京大学出版社 2013 年版，第 61 页。）

（一）计算机辅助面访（CAPI）

计算机辅助个人访问调查（Computer-Assisted Personal Interview，简称 CAPI），最早由政府部门开始应用，并不断完善。如 1987 年美国斯坦福研究所和反馈分析研究中心进行了 CAPI 实验，瑞典统计局和荷兰统计局分别于 1982 年和 1984 年进行了相关实验。1987 年 1 月，荷兰统计局使用一种运行 CP/M 系统的便携式计算机进行了"荷兰劳动力资源调查"，这是世界上第一次使用 CAPI 进行的全国性社会调查。随着更加轻便的计算机和笔记本电脑的出现，调查员可以轻松地携带这些设备入户。在早期，电子调查问卷或者预先装在计算机中，或者通过磁盘传送给各地的调查员。而入户获得的调查数据则被存储在磁盘中，调查结束后寄回总部进行处理。到 20 世纪 90 年代末期，多数大型调查机构开始从传统的面对面调查向 CAPI 调查转变。一种通用的计算机辅助调查数据采集管理系统也被研发出来，用于统一管理和处理 CAPI 和 CATI 两种模式收集到的数据。

（二）计算机自填式数据采集（CSDC）

"计算机自填式数据采集（Computerized Self-Administered Data Collection，简称 CSDC）"是指受访者自己阅读调查问卷，并自行填写答案的一系列调查方式。这类调查方式很多，如计算机辅助自我访谈（Computer-Assisted Self-Interview，简称 CASI）、磁盘邮寄式调查法（Disk-by-Mail Survey，简称 DBMS）、按键数据记录（Touchtone Data Entry，简称 TDE）、语音识别记录（Voice Recognition Entry，简称 VRE）、光学字符识别问卷（Optical Character Recognition，简称 OCR）等，但其共同特点是计算机起到记录和控制作用，访问员的作用被削弱或者根本没有，并且在接受调查时，受访者具有一定的主观能动性。

1. 计算机辅助自我访谈（CASI）

计算机辅助自我访谈是 CAPI 进一步发展的结果。即访问员入户后将便携式电脑留下来，让受访者自行操作完成问卷的填写，而后访问员再回来取走电脑，完成数据的收集。这种方法可以免除受访者对一些敏感话题的顾虑，减轻其面对他人时的社会压力。但这种方式的缺点在于受访者在答题过程中碰到填写问题时，访问员无法及时解答，使无应答率升高。后来调查公司又设计出一种新型的计算机辅助面访，即"语音计算机辅助面访（Audio-CASI，或称 ACASI）"，引入了电脑语音提示。受访者佩戴耳机在电脑前答题，同时可以听到由电脑语音合成的阅读声。当受访者通过键盘或鼠标选择一道题的答案后，下一道题的文字内容和声音会同时呈现。为了跟新的计算机辅助面访有所区别，原来的 CASI 则被称为 Video-CASI，或 VCASI。

2. 按键数据记录（TDE）

按键数据记录指受访者拨通调查机构提供的免费电话，系统会自动通过语音向受访者读出事先录制好的调查问题，根据系统提示，受访者需要操作电话机上的按键来完成填答。第一次正式使用 TDE 是美国劳工统计局在 1987 年进行的"美国就业率统计调查"。此后，TDE 被广泛应用于商业调查。

3. 语音识别记录（VRE）

语音识别记录是同 TDE 类似的调查方法，VRE 能直接记录受访者的声音回答，系统会自动分析识别和记录答案。如果系统无法识别，则会自动重复提问，受访者只需用是或否、单个数字、连续数字、语音单词或字母的拼写等方式进行回答。而 TDE 则需要受访者操作电话机上的按键来完成调查。1992 年，英国环境研究中心用此法进行调查。2000 年，VRE 被当作一种可选方法用于美国每十年一次的人口普查。

二 计算机辅助网络访谈（CAWI）的发展

从大的方面来说，计算机辅助网络访谈还是属于"计算机辅助调查信息采集"（CASIC）范畴，它重视计算机在收集调查数据方面的重要作用，同时强调应该将计算机和网络结合起来进行调查。随着国际互联网的兴起，利用互联网媒介进行各类市场调查、民意调查和其他学术性目的的调查开始流行起来。

在 20 世纪 80 代末至 90 年代初，全球互联网尚未普及应用之时，研究者尝试运用电子邮件调查（E-mail Survey）在局域网内进行实验性调查。调查者通过调制解调器或电子邮件将电子问卷发送到受访者的计算机中，受访者在自己的计算机上接收电子问卷，填写完成后，或者打印出来通过信件寄回调查机构，或者再通过调制解调器发送回调查方。但这种电子邮件仅包含静态和 ASII 形式的内容信息，仅通过局域网来发放。而且此时的电子邮件编辑格式都是线性的，问卷长度也受到限制，文档排版比较简单。后来电子邮件具备了发送附件和可执行性文件的功能，大大扩展了其在问卷调查上的能力。而今调查者可以通过电子邮件向目标对象发送可以在其电脑上运行的问卷程序，受访者完成后可以通过电邮或信函方式反馈给调查者。

20 世纪 90 年代中期之后，随着全球互联网在西方的普及，一种基于网页的调查（Web Survey）开始盛行起来，并逐渐取代电子邮件调查，成为西方发达国家的主流调查研究方法。这种真正基于全球广域网（Internet）的网络调查，给调查行业带来了革命性的变革。它使电子问卷的呈现具有视频、音频等多种媒体功能，用户界面更加亲切友好，交互性更强。然而，与业界的火热相比，网络调查法作为一种调查研究方法在学界还是有很多争议，尤其是其科学性受到质疑，但因其便利性和节约成本方面的优势，在西方已经成为主流调查手段之一。在我国的商业领域，越来越多的客户委托网络调查公司进行市场调查，诸如新浪网、凤凰网等门户网站也常针对新闻热点事件进行在线调查。

三 相关概念辨析

利用互联网进行调查研究是个新兴的事物，其术语、概念、类型、特点及规律等，业界和学界大多没有统一的定论。美国内华达州大学商学院的朱迪·福斯特在一项研究中发现，早在 1986 年，就已经有美国学者开始使用所谓的"在线研究法（Online Research）"进行研究活动。他认为，所谓"在线研究法"是指一种通过计算机网络而实施的市场调查研究方法或活动，是计算机辅助自我调查法（CAPI）与自填式问卷相互结合的产物。在线研究法实际上与以往各种基于计算机的调查研究方法，尤其是计算机辅助自我调查法（CAPI）有千丝万缕的联系，从某种意义上说，"在线研究"实际上是一种网络环境下的 CAPI。

据国内外的研究文献显示，基于互联网调查研究方法的术语和概念主要有"在线研究法"（Online Research）、"网络调查法"（Web Survey）、"在线调查法"（Online Survey）、"互联网调查法（Internet Survey）"、"电子调查法（E-survey）"等。其中"网络调查法（Web Survey）"使用频率较高，为欧美学者常用。从字面上看，"Web Survey"最初的含义主要是指"基于网页的调查（Web-based Survey）"，利用各种网页制作技术来制作网页问卷，生成网址，接受调查者只要通过相关链接就能登录网页参与调查。"Web Survey"应该属于"Online Survey"的一种，而"Online Survey"外延更广，它还包括电子邮件调查法（E-mail Survey）、下载式文件调查法（Downloadable Survey）等类型。随着网络技术的进步，"Web Survey"越来越完善，受到各方推崇，成为当今各国学者使用最为普遍的方式，而其他几种方法因为操作复杂且容易遭网络病毒攻击而逐渐被弃用。

赵国栋在《网络调查研究方法概论》（第二版）一书中认为，"网络调查法（Web Survey）"比较符合目前主流研究取向，且代表未来发展趋势。但"Web Survey"这个术语译成"网络调查法"却存在歧义和争议。如柯惠新（2002 年）就认为"目前关于网络调查的概念比较混乱，不少人所理解的网络调查可能指的是完全不同的研究"。她认为，从研究目的、内容和技术手段等方面看，目前有两种不同含义的网络调查：

第一种是以互联网络为数据收集工具进行的调查。在调查目标方面，这类调查与通常的社会科学调查、商业性的市场调查和民意调查基本相同，但区别于传统的利用印刷问卷、访谈提纲和电话访谈采集数据，而是利用网页问卷、新闻讨论区和在线聊天室等采集数据。

第二种是测量互联网络使用情况的调查。此类调查的目的主要是测量网站的流量以及网站使用者的数量、结构和行为。

"Web Survey"是英语语境中调查领域的主流术语，但因其含义在中文语境中存在歧义，没有"在线调查法（Online Survey）"的含义那般明晰。与"Online Survey"相比,"Web Survey"在外延和内涵上都无法涵盖此领域的其他研究方法(虽然有些方法已经没落了),且被"Online Survey"所包含,因此出于研究的需要,本章选用"在线调查法(Online Survey)"这个术语,作为学术探讨的基石。

在某些语境中,"在线调查法(Online Survey)"和"网络调查法(Web Survey)"、"互联网调查法(Internet Survey)"等可以通用。但"在线调查法(Online Survey)"具有特殊的含义。出于对各类研究在使用"在线调查法"概念上的混乱,有必要对此概念进行明确界定,本章所称的"在线调查法"(Online Survey),是指以互联网为媒介,以互联网用户为调查对象,以互联网互动技术为基础,收集调查数据和访谈资料进行定量或定性研究的新型研究方法的总称。此定义区分了传统的利用纸媒介(纸质问卷)的面对面调查、利用声音媒介的电话调查,限定了调查对象为使用互联网的用户,排除了不使用互联网的调查对象,强调了此类研究方法实现的基础和前提是在线互动技术。

第二节 在线调查法的类型

随着网络技术的发展,在线调查法衍生出一系列基于互联网应用的调查类型。从研究文献来看,在线调查法有两大分类标准:一是传统调查研究方法中的定性和定量区别,二是抽样是概率抽样还是非概率抽样。本节将介绍这些方法及其特点。

一 基于研究范式的在线调查类型

在传统的社会科学研究方法中,有定量研究和定性研究之分,以互联网为媒介平台的在线调查也存在定量和定性两种不同的研究范式。

(一)在线定量研究

在线定量研究是指在互联网媒介平台上,通过电子邮件、网页等方式发送或刊载电子问卷来收集特定调查对象的观点、态度、行为方面的数据,进行量化分析的研究方法。美国调查研究机构委员会(CASRO)将在线定量调查分为三大类:E-mail 调查、网页问卷调查(Html Form)和下载式交互程序调查(Downloadable Interactive Survey Application)。

1. E-mail 调查法

在线调查法兴起的初期,使用电子邮件发送电子问卷比较流行。主要有三种类型的电子邮件调查：

最早的是文本式电子邮件调查（E-mail Text Survey）。电子问卷是 ASCII 文本文件，不具备数据自动采集功能。这种问卷虽然可以通过电子邮件发放和回收，但在分析调查数据时通常还需要使用人工方式输入数据，使用起来十分不方便，现在已经很少使用了。

第二种是电子邮件软件调查（E-mail Program Survey）。这种方式是利用电子邮件管理软件生成问卷，这类软件可以根据用户需要设计个性化邮件管理系统，支持关系型数据库如 Oracle 或 SQL 服务器，可实现自动采集数据。这种方式成本比较昂贵。

第三种是附件式电子邮件调查（Converted Disk by Mail Survey）。这种方法以某种格式的文件（如后缀名为 .doc、.pdf 等）生成问卷，受访者要打开这些特殊格式的电子问卷，需要在电脑上安装相应的软件程序。调查者通常将这些特殊格式的电子问卷放在附件中发放给受访者，受访者填完后就直接储存在文件中。但是由于附件中常常含有病毒，为人所忌惮，因此这种通过附件发送问卷的方法慢慢被弃用了。

2. 网页调查法

网页调查法是以网页作为问卷载体的在线调查形式。根据问卷格式和所依附的系统不同，有如下三种：

第一种是最早出现的纯超文本格式网页调查（Web Html Survey）。即以超文本标记语言（Html）编写的网页为问卷的载体，可以插入图形、声音、录像剪辑、动画等多媒体信息。目前有 80% 以上的在线调查采用这一形式。此类问卷通常以单页出现，如果问卷比较长，受访者填写时需拉动下拉横条完成填写，完成后把数据一次性提交。此类调查在数据回收环节需要利用其他程序，最常用的是 CGI。此外还有一些软件包可编写 Html 格式文件并在数据发送时自动回收。这种调查不能实现真正的交互功能，不能逻辑跳转，也不能控制答案修改和实现实时差错监控等。

第二种是固定表格互动网页调查（Web Fixed-Form Interactive Survey）。这是一种专业调查软件，多由支持 CATI 的软件发展而来，适合在线环境下互动性调查。此类软件大部分以软件包的形式存在，使用时需下载和安装。另外，现在已有一批专门的在线调查网站，调查者可以使用网站提供的调查软件设计问卷。专业调查软件或专业调查网站，具有很强的针对性，可以设计比较复杂的问卷，支持逻辑分支和跳转、筛选甄别和自动纠错等功能。所谓的"固定表格"是指调查问卷的格式受所使用的软件的限制，只能选择某种格式的问卷，如单页显示一个问题或几个问题，问题的版式只有几个可以选择。

第三种是可定制互动式网页调查（Web Customized Interactive Survey），这是功能最强的网页调查方式。这种方式需要专门的技术人员根据客户需要编写可以生成多种特殊功能的问卷程序，以满足不同类型的调查需要，但这类调查时间和金钱成本较高，调查方对调查过程的控制较弱。

3. 可下载交互程序调查

可下载调查问卷和之前的邮件调查问卷有些相似，但前者问卷是由专门的调查软件生成的，受访者需要在自己的电脑上先下载这类专门的软件，再下载调查文件。其界面和功能同固定格式的网页调查问卷相似。运行时会生成一个数据文件，受访者不需要点击上传，当受访者再次运行电脑时，数据文件会自动上传，调查者完成数据回收。这类调查，周期比较长，成本也更高，操作上对受访者提出更高的要求。此外，离线填答问卷还造成无应答率上升。这种方式通常应用在利用固定样本库和预先招募被访者的调查项目中。

（二）在线定性研究

在线定性研究也是以互联网为基础，通过各种同步或异步的网络通信工具，如聊天室、BBS、双向视频会议系统和电子邮件等，来收集调查对象的文本、音频和视频等各种信息。赫格（2002）认为，网络定性研究方法主要包括："在线焦点团体"、"网络空间中的民族志研究"、"自然在线论坛"、"跨国跨文化研究"以及"在线个案研究"。在形式上，网上的定性研究又可分为网上一对一的深度访谈、网上小组座谈、网上观察等。

1. 在线焦点团体

在线焦点团体调查是利用专门基于在线社区的调查软件实现的一种实时性调查方式。在线调查公司一般都有这类调查软件。用户可以实时通过另一个界面监测社区内的讨论进程。可以随时向讨论主持人提出对讨论内容的意见和建议，而不会让讨论者察觉。主持人一般是两位，一位擅长主持讨论，控制讨论局面；另一位精通对互联网和计算机技术，以便排除可能发生的技术问题等，可在一定程度上代替传统的小组访谈和头脑风暴。

在线焦点团体访谈可以分为实时在线和异时离线两种。前者通常使用在线聊天室，所有成员同时在线；后者则使用电子邮件和电子邮件列表等方式，受访者可以在任何时间填写和反馈。随着宽带和移动互联网的推进，地点的限制也逐渐缓解，各种交互式视频群聊或视频会议系统软件使访谈变得更加生动。

2. 在线讨论访谈

在线讨论访谈主要利用 BBS 或网络聊天软件，是另外一种常用的网上定性研究方法。和焦点团队访谈的不同之处在于，这种在线讨论或访谈通常持续时间比较长，具有一定的深度。其操作流程是：首先建立一个讨论区，邀请目标人员登录进入，参加某个话题讨论，持续时间较长可能要分几次进行讨论。主持人通过封闭式问题和开放式问题的讨论，可以得到非常丰富的信息。这种方法不支持数据自动回收，需要人工进行统计，适用于关于某个主题的快速反馈或了解人们对某事物印象为目的的调查。

3. 网络民族志

民族志研究方法是研究者通过田野调查，运用观察和参与观察法及许多正式程度不同的访问方式，针对某个社区、区域、社会、文化或其他单位的长时间研究，需要多次重复访问。网络民族志法（Inter Ethnography）又称赛博民族志（Cyber Ethnography）或虚拟民族志（Virtual Ethnography），是"在特定时间内，通过持续的网上参与式观察（观察并参与网络社区的讨论），描述虚拟社区（论坛、网络圈子、博客、QQ群等）中的族群及其文化现象的过程"（朱洁，2008）。与传统的民族志调查方法相比，网络民族志法的调查者无法对被调查者进行面对面的访谈和观察，观察者和被观察者主要靠文字、图片、音频和视频等信息进行互动，因此需要去建构情景，收集虚拟社区的内容副本，以情景、隐喻、符号来诠释意义。

二　基于抽样的在线调查类型

在线问卷调查中，对样本的抽样同传统问卷调查一样，有概率抽样和非概率抽样两种。如果调查者的目标是以样本的特征推论总体调查对象的话，非概率抽样莫属，而便利抽样法则无法推导至除样本以外的人群。但是现在国内很多调查者出于各种目的，常常在网上用便利抽样法收集数据，却将便利样本的观点和行为倾向推导至整个网民群体，误导了社会舆论。

（一）基于便利抽样的在线调查类型

便利抽样由于样本成员被选择的概率无法计算，因此无法以样本来推及总体。便利抽样在时间和成本上比概率抽样要占优势，因此得到许多调查者的青睐。特别对于一些特殊人群，用常规的抽样方法无法接触，这时候利用在线便利抽样法，可以轻松实现。在特定假设条件下，便利抽样也能被用于"基于模型的推论"。其前提假设是这一回归模型是被正确修订的，即所有影响反馈的变量都包括在这个模型中。

1. 无限制式在线调查

所谓"无限制式在线调查"是指调查者将调查问卷张贴在网站上，供人不加限制地自由填写。这类无限制在线调查话题无所不包，商业门户网站和政府网站经常会在主页或专题内登载一些民意调查，而这些调查数据被引用时却常常当作随机调查所得，俨然已经代表了整个网民群体甚至整个社会，非常具有蛊惑性，如下图。

图 14-2　腾讯网无限制式在线调查

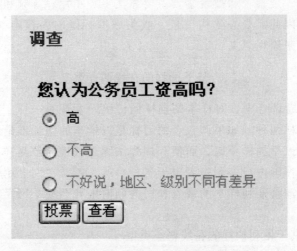

图 14-3　人民网无限制式在线调查

这种调查之所以被冠为"无限制"，是因为任何可以登录所在网站问卷页面的人都可以自由填写且无任何填写次数限制，因而被认为是具有娱乐性或杂耍性的调查，也被称为娱乐性在线调查。

2. 自选式在线调查

自选式在线调查是指网站程序根据访问者访问的顺序间隔，自动在被选中的访问者电脑页面上弹出调查问卷，邀请被选中者参与填写。这种方式也被称为对网站访问者的系统抽样式网络问卷调查。这种调查看似根据系统抽样的随机方式，但也只局限在目标人群为"某网站的访问者"，而不可能推论至所有可能的访问者。这种方式的调查中，调查者使用 Cookie 技术确保每位访问者只能被特定的调查选中一次，但访问者浏览器必须设置为接受 Cookie。

3. 志愿者固定样本在线调查

志愿者固定样本法，是以打广告或人际传播滚雪球方式在网上招募志愿者，参加未来不定时间的调查，调查公司要求这些志愿者详细申报各项人口统计特征信息，并将其信息分门别类录入数据库，组成固定的样本库。国内外许多在线调查公司号称他们的样本库有数百万至上千万之多，可以在极短的时间里为各种主题的调查找到适合的样本，而且这些样本数远远超过传统抽样数量。不过由于样本库构成的抽样框是由志愿者组成的，无法涵盖志愿者以外满足调查需要的目标人群，因此还是一种便利抽样。

（二）基于概率抽样的在线调查类型

满足概率抽样的要求是抽样框和目标人群正好一致。由于网民的分散性，使得通过随便或自愿而进入的样本无法穷尽目标人群。满足概率抽样的在线调查类型通常能够创建一个覆盖绝大多数或全部目标人群的抽样框。

1. 基于封闭人群的列表式在线调查

当调查者的目标人群为某一确定的封闭人群，即这一人群以某种组织的形式存在，可以获得完整的成员名单和邮箱，也就是说获得的抽样框正好和目标人群契合，就可以通过随机抽样获得样本，或向全部成员发送电子邮件邀请其参与在线调查。

2. 混合模式中的在线调查

当调查者的目标人群为不确定的人群时，调查者无法获得一份完整的名单和电子邮箱列表，也就无法创建一个根据随机原则建立的抽样框。调查者如果采用线上和线下结合的混合调查模式，在线下通过各种随机抽样方式，如随机数字拨号（DDR）、门牌地址号码等获得随机抽样框，抽出样本后再通过电话、邮寄信件等方式通知样本对象登录指定网页，填写问卷。针对普通人群的调查，目前还无法确保调查目标对象都会上网，而且都有条件上网，因此针对那些无法上网的样本对象，可通过传统的邮寄问卷或上门提供上网设备，帮助其上网完成填写。混合模式抽样调查，从成本的角度来看，其实并不便宜，但由于通过在线技术反馈问卷节约时间，调查周期可以相应缩短。

3. 随机招募的固定样本在线调查

随机招募的固定样本在线调查是指事先通过概率抽样的方法招募潜在的调查对象，这些对象可以重复参加调查公司后续的调查。知识网络公司便是采用这种方式，先通过 RDD 招募并组成一个用于以后调查的固定样本库。其成员通常每月参加三到四个平均填写时间为 10—15 分钟的调查项目。样本库成员参加完一项调查后，公司确保其在三个月内不会被选中参与类似主题的调查。固定样本可以节约不少成本，但易出现"固定样本厌倦症"，即固定样本随着调查次数的增加会出现疲倦，填写问卷的专注度下降，随意性增强。

第三节　在线问卷调查的设计和组织实施

在线问卷调查和传统问卷调查从实践操作的层面上讲，都涉及问卷的设计和组织实施，两者有相似的地方，但由于借助的媒介介质迥异——前者借助于互联网实现人机互动，后者借助于纸媒、电话等实现人人互动——而存在根本上的差异。

一　在线问卷的设计

跟纸质问卷不同，在线问卷的发放和填答，主要是靠人机互动，涉及网页的美工设计和问题的编排设计。为了实现人机友好互动，增加应答率，减少因为网络技术或网页设计问题所造成的填写困难和填写失误，引发各种误差，需要遵循一定的规则，进行一定的规范。

（一）在线问卷设计应遵循的原则

1. 技术上向下兼容和多元兼容原则

因为不同计算机的硬件和软件不同，如微软和苹果，而同一公司的软件和硬件也在不停更新和升级。例如目前网页设计和制作最常用的技术工具 Html（超文本标记语言），已经发展到了 Html 第 5 版，使得网页问卷设计者可以实现问卷的颜色区分、分页、嵌入式程序、动画、声音和其他一些纸质问卷无法实现的效果。但由于一些用户的电脑软硬件有可能没有升级，比如还是用 XP 操作系统，装的还是 IE6 甚至 IE5 浏览器，在线问卷编写者如果使用各种高级技术和语言编制的网络问卷极有可能无法被这些网民的浏览器读取，从而无法填写。

因此，在线调查的设计者在设计网页问卷时，必须充分考虑到电脑硬件、网络传输和网页读取等技术方面的兼容性，采用"向下兼容"原则，即，在一个程序或者类库更新到较新的版本后，用旧的版本程序创建的文档或系统仍能被正常操作或使用，或在旧版本的类库的基础上开发的程序仍能正常编译运行。如果情况允许，尽量不要采用最新的技术手段来设计问卷，以免带来无法兼容的情况，导致问卷填写的失败。尽量做到多元兼容，比如既能兼容 IE 浏览器，也能兼容谷歌浏览器；既能在微软操作系统上进行，也能在苹果操作系统上进行。

2. 填答方便操作原则

由于在线问卷填写和传统纸质问卷填写存在差异，纸质问卷填写时，填写者将注意力主要放在思考问题和选项上，无须对如何填写问卷花费太多的精力。而在线问卷对于填写者来说除了要思考问题和选项外，还需要一定的电脑操作技巧，如操作键盘在网页规定区域内输入文字和鼠标点击任务。

由于被调查者在电脑操作技能上参差不齐，因此研究者在设计在线问卷时，必须在计算机操作方法和所设计的问卷填写方法之间建立一个有效和一致的沟通方式，要求设计者能够在一些复杂环节，向调查对象传递各种有关完成填写所需要的操作提示，帮助在线调查对象顺利地完成填写。如提示何时需要单击和双击鼠标，何时使用回车键，何时和如何使用滚动条，如何改变窗口的大小等。同时应遵循简便化操作的设计原则，尽量避免复杂操作，尽量使得在线问卷的问题编排、页面效果和纸质问卷保持风格的一致性。

3. 混合调查模式下灵活转化和保持统一性原则

所谓混合调查模式下的灵活转化原则，是指所设计的问卷通过一定的转化，既可用于网络调查，也可以根据需要应用于面访调查或者纸质自填问卷调查、电话调查等传统调查方式。保持内在的统一性，指无论是网络问卷、纸质问卷或是电话问卷，问题的属性、主旨保持一致，确保被调查者对同一问题的理解和判断保持一致。

比如，问卷中的多选题，在纸质问卷、电话和网页上的呈现方式各异。举例来说，对于"下列电视节目你经常收看的有哪些"，其选项有十几个，如果是纸质问卷，其视觉效果是在某一 A4 页面中全部呈现；而在电话调查中，这些选项会被单列为口语化的各个小问题，按照先后次序一个一个被问及，每读完一个问题后还让受访者重复一次；在网页上，则应该被处理成单题单页，或者多题单页中的一题，或者全部问题单页中的一题。这类多选题无论在何种媒介上以何种形式呈现，都应尽可能确保被调查者对其理解和判断的一致性，而不会受到某种因素的干扰，出现理解偏差，导致填写误差的产生。

（二）在线问卷的要素构成及设计规范

在线问卷在计算机高级编程语言的帮助下可以实现各种效果和功能，允许研究者进行更加自由的设计发挥，但总的来说，一份完整的在线问卷业界和学界有其公认的构成要素和设计规范。

1. 邀请函

被调查者进入在线问卷页面有三种方式：一是在浏览器中输入在线问卷的网址（URL），直接进入问卷首页；二是在自己的邮箱里，点击电子邮件邀请函中的相关链接后进入问卷首页；三是进入相关网站页面或社区页面后，点击弹出页面邀请函中的相关链接，或固定广告区域在线问卷邀请函的链接，进入问卷首页。

图 14 - 4　态度 A8 调查网在线调查邮件邀请函

在线调查邮件邀请函一般由抬头称呼和主体构成。抬头称呼可以由敬语、所属调查机构名称、订阅用户的用户名构成，或者直接简化为敬语后加"用户"，如"亲爱的用户"、"尊敬的用户"；主体则需要包含调查主题、截止时间、报酬奖励、登录账号和密码提示、链接按钮和替代性信息，要求简洁明确，行与行之间有一定的间隔。关键信息，如奖励或奖品、截止时间、链接按钮等可用红色等色彩鲜明的颜色，同其他信息进行区分。如图 14-4 态度 A8 调查网在线调查邮件邀请函所示。

在线问卷调查必须严格审核问卷填写者的资格，杜绝非抽样对象填写问卷，影响调查结果的准确性，为此在向抽样对象发送调查邀请函时会附带一个 PIN（个人身份识别码）或密码。调查对象可以凭此进入问卷。

2. 问卷首页

被访者在点击在线调查邀请函中的链接之后进入的页面称为问卷首页面。这个页面通常是欢迎页面，欢迎页面也由抬头敬称和主体构成，欢迎页面主体包含此次调查的主题、目的、操作说明、鼓励性的欢迎致辞、PIN 码或密码填写说明、进入下一页的操作说明等内容，其中有一部分和邀请函重复。如果有些调查也想吸收非抽样样本（称为游客）进行填写，则会在此前增加一个用户身份确认页面。如图 14-5 和图 14-6 所示：

图 14-5 被调查者身份确认页面

3. 问卷主体

在线问卷的主体部分，同纸质问卷、电话问卷有很大的不同。其页面数量可以根据研究目的和需要灵活调整，版式美工设计灵活多变，跳答问

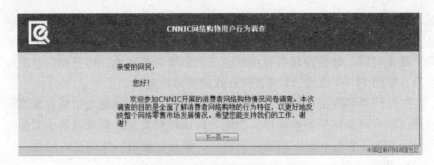

图 14 – 6 正式在线问卷欢迎页

题设计更加自然巧妙，题型更加多样，包含在线调查独有的数据错误检验功能的设计等。

（1）单页式问卷和分页式问卷

在线调查问卷的主体部分根据网页数量可以分为单页形式的问卷和分页形式的问卷。

单页形式的在线问卷是指将问卷的所有问题都置于一个网页之中，被调查者拖动滚动条来完成在线问卷的填答，无须点击"下一页"按钮变化页面。单页形式的在线问卷使被调查者能够自由上下前后浏览问卷中的每个问题，可以对整个问卷有总体的背景式的认识，有利于回答一系列相互关联的问题。单页式在线问卷同纸版问卷在某种程度上具有同样的特点。在设计网络问卷时，应尽可能采用单页形式的问卷。

分页式问卷可以分为"主题分页式问卷"和"逐题分页式问卷"。如果问题之间的顺序很重要，如问卷中设计了很多跳答题，则可以考虑采用"逐题分页式问卷"。在单页式问卷中设置跳答题，有可能使受访对象在拉动滚动条时因看到上面那些已被跳过的问题而产生某种困惑，填答时有可能产生测量误差。另外在混合调查模式下，如电话访谈和网络问卷调查相互结合时，也宜采用逐题分页式问卷。而当问卷题量比较大，填写时间较长时则采用"主题分页式问卷"，即将问卷中具有相同选项和相关主题的问题（如将使用同样等级量表的具有相互关系的各个问题合并为一个表格题）集中在一起，分别置于不同页面之中，然后在不同页面之间通过"下一题"按钮连接起来。

不过，由于分页式问卷缺乏对问卷总体背景的认知，及前后相关问题的关联认识，受访者注意力稍不集中就会失去上下文联系的感觉，思路被打断后很难重新开始填写。有研究者建议可以在页面上提供"上一页"按钮，实现快速返回浏览，重新建立前后联系。

有研究（赵国栋，2013）表明，对于短小的在线问题，采用"一题一页"的分页式设计方案，会使中途退出率降至最低。相反，在篇幅较长的问卷中，将全部问题置于一页之中，则会增加中途退出率。

（2）在线问卷版式设计

在线问卷设计最重要的三个原则就是实现页面布局的清晰性、提示的通俗性、操作的简便性。从网页美工的角度来说，在线问卷所有页面应该在色彩、线条、字号、间距等布局元素上保持一致性。

一般情况下，在线问卷的页面布局有三个基本组成部分：头部、躯干部和尾部。

头部：在线问卷头部是指在线问卷页面最上面的部分，也称"标题部"。在线问卷页面的头部通常很简约，一般只包含调查机构的 LOGO 标识（一般置于头部左边），该次调查的主题（一般置于头部中间或右边）、问卷填写进度指示器（一般置于头部底端）等信息。问卷填写进度指示器，用来向调查对象展示整个问卷的长度及其目前进度状况，其形式既可用文本形式，如标明百分比或第几页，也可用图形，如进度条等。库珀（Couper，2001）研究表明，这种设计可以有效减少调查的无应答率。不过在设计进度指示器时，应尽量不要增加额外的问卷下载和显示时间，同时也要考虑浏览器的兼容，以防某些浏览器无法打开你所设计的指示器。参见图 14 – 7。

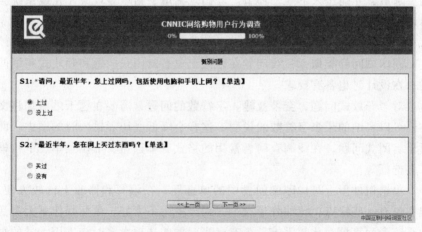

图 14 – 7　CNNIC 网络购物用户行为调查

躯干部：在线问卷的躯干部位于问卷页面中间，也称问题部，包含各种要求受访者填写的问题。一个完整的调查问题通常由四个部分构成：

题示：即对所提问题的某种描述说明；

题干：即问题的提问部分；

操作说明：包括如何回答该问题，以及如何进入下一个问题等；

问题选项：其格式根据问题的类型不同而各不相同，如开放题、封闭题、可全选题和数字题，等等。

在有些比较简单的在线调查问卷中，"操作说明"等部分可以省略。问题部分因为内容较多，因此设计风格要求既有区别又要统一。通常在一个页面内，题干分、操作说明和问题选项等部分，字号、颜色等应有所区分。一般而言，题干部分颜色和字号要突出，而各部分所选字体应该保持一致，每个页面的版式风格也应该保持一致。

另外，在线问卷的问题编制、排序方面也有很多讲究。如对于在线问卷的第一个问题，应尽可能在一屏内完全展示，不要让受访者拖动滚动条查看。总的来说，第一个问题的设计，在原则上要能够激发调查对象的填答兴趣，而有关人口统计资料部分的问题（如受教育程度、年龄、收入和婚姻状况等），一般放到问卷的最后面。

尾部：在线问卷的尾部通常放置问卷的"导航按钮"，如"上一题"、"下一题"、"重新回答"或"提交问卷"。当调查对象点击此类按钮后，问卷会自动进行答案检验。只有所有填答都符合研究者预先设置的填写规则要求后，才能进入下一个环节。若出现漏填、错填等现象，在线系统会自动出现错误提示信息，提醒调查对象予以更正。

（3）在线问卷的题型设计

同印刷问卷类似，在线问卷在题型上也有封闭式问题和开放式问题两类，在设计时也各有要求。

对于开放式问题，会涉及输入字符数的问题，需要在题干之后加注文本框可以容纳的最多字符数的说明，这样会降低受访者输入时的顾虑。而对于封闭式问题，在线调查问卷常用的格式有单选钮、下拉菜单、下拉框和多选框等。

单选钮外形上最像印刷问卷中的单选题，在填写和修改上比较方便，但它也有一些缺点，比如外形太小，对于视力不太好、鼠标操作不太灵活的受访者而言填写比较困难。再有，当问题的选项太多时会占用大量的页面空间，无法使整个问题在一屏内显现，需要拉动滚动条。为了解决这个问题，可以考虑将选项横向排列成两列或三列，并加以带颜色的边框，增强视觉感。

下拉菜单式单选问题是网络问卷独有的题型，其优点是：第一，如果选项太多的话采用下拉菜单可以节省版面；第二，从网络服务器下载到本地浏览器所需时间较短。但缺陷至少有两个：一是操作较复杂。至少需要点击三次鼠标才能完成选择：点击下拉菜单、拉动滚动条、选择选项。特别是使用鼠标上的滚轮进行选择之后，需要在下拉菜单之外再点击一次鼠标，否则的话，原来选中的选项会随之改变，导致测量误差。第二，下拉菜单可能会导致"次序效应"。所谓"次序效应"是指调查对象在回答问卷问题时，由于问题选项次序不同而产生的选择倾向性。当选项相关性由高到低排列或由低到高排列时，其相关性易被全面低估或高估。研究发现，当调查对象面对下拉菜单单选题时，更倾向于选择那些在一次点击后直接显现的选项，而不是需要拉动滚动条才能发现的选项（Couper，1999）。此外，另有研究发现，在"混合调查"模式中使用下拉菜单单选题极易导致"模式效应"，因为在印刷问卷中无法找到下拉菜单单选题型。有研究者（赵国栋，2013）建议，在设计网络问卷时，如果采用混合调查模式，应尽量避免下拉菜单单选题型。

二　在线问卷调查的组织实施流程

在线问卷调查的组织实施目前尚没有一个正式的、标准的调查流程设计框架，但经过业界实践和学界的总结，逐渐形成了一些共识。如台湾研究者陈佳玲提出的网络调查实施流程，她认为从决定使用互联网作为调查工具开始到最后的资料收集和分析，其完整的过程应该包括如下几个基本环节：

1. 调查研究目的的设定
2. 网络问卷的设计
3. 确定样本框
4. 选择发送问卷的形式
5. 问卷的前测与网络测试
6. 正式问卷调查
7. 适时发送催复函
8. 数据整理
9. 信度和效度检查
10. 资料的统计与分析
11. 提出研究结论

在线问卷调查的实施流程和传统的信函调查有一定的相似之处，但在线调查在问卷的设计、问卷的发放方式、提醒催复、数据回收等环节均存在差异（见图 14 - 8）。在线调查可以在线"实时监控"，研究者和被访者可以实时互动，而信函调查则很难做到这点。再则，在数据的整理、回收环节，信函调查均需要人工介入，而在线调查则通过数据库和电脑程序软件自动完成。但这不等于说信函调查已经过时，在线调查在提醒催复环节，可以借鉴传统的信函问卷调查，使用三段式提醒法来催复样本对象（见图 14 -9）。国外有研究表明，类似的提醒催复方式同样可以提高在线问卷的反馈率，只是信函催复换成了电子邮件。在混合调查模式中，信函调查经常配合在线调查进行。

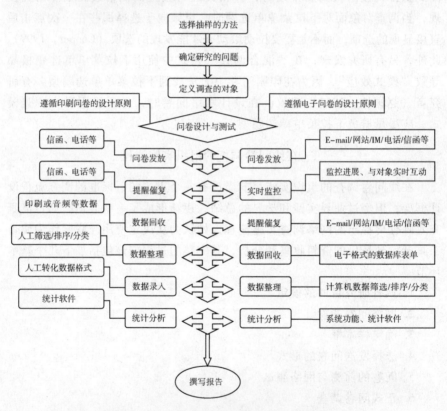

图 14 - 8　在线调查与信函调查基本流程比较

（资料来源：转引自赵国栋《网络调查研究方法概论》（第二版），北京大学出版社 2013 年版，第 209 页。）

当前，国内商业机构经常委托在线调查机构进行在线问卷调查，如态度 8 调查网、数据 100 在线调查网、问卷星等。这些新兴的在线调查机构更倾向于使用固定样本调查法或在自己的网站社区内或访问量大的门户网站、BBS 社区等发布调查招募邀请链接，参与者可以得到积分，可以换取丰厚的奖品，以此吸引"游客"进行填写。而学术性在线调查研究则喜欢利用电子邮件向一部分被访者发送邀请函，再通过这部分收到邀请函的被访对象向其关系圈内的同学、亲朋好友等转发电邮邀请函。现在还可通过微博、微信等社交媒体途径，更快捷地向更广的人群发送邀请函，以滚雪球的方式迅速扩大受访者的数量和范围，但在线调查法目前还只是局限于特定的领域内，在当下还不具有普遍替代信函调查、电话调查等传统调查方法的可能性。

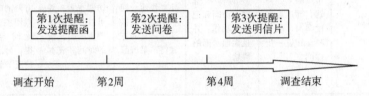

图 14 – 9　信函调查中的三段式提醒催复法

（资料来源：转引自赵国栋《网络调查研究方法概论》（第二版），北京大学出版社 2013 年版，第 210 页。）

第四节　在线调查法的特点和存在问题

作为一种新兴的调查研究方法，在线调查法尚处在不断的变化和完善过程中，它特点鲜明、优势明显，但在使用过程中也存在各种争议和问题。

一　在线调查法的特点

由于在线调查法以计算机和互联网为主要载体，因此融合了计算机和互联网技术的诸多特点和规律，如数字化、实时性、互动性、跨时空、匿名性等等。台湾学者林承贤（2005）比较了各种调查法的特点，如下表所示。

表 14 – 1　　　　　　　　各种调查法特点综合比较

特点＼方法	面访调查	电话访谈	传真调查	信函问卷	在线调查
沟通模式	一对一	一对一	一对一	一对一	一对多
交互方式	双向同步	双向同步	单向异步	单向异步	双向同步
样本分布	窄	广	广	广	全球性
回收速度	最慢	慢	普通	普通	最快

续表

特点＼方法	面访调查	电话访谈	传真调查	信函问卷	在线调查
花费时间	最长	长	普通	普通	短
受暗示程度	高	普通	无	无	无
优点	有回馈反应，可反映复杂问题，面谈者高度参与，故有机会作进一步探问	可借助电脑来协助样本选取、访问和记录等动作，并且无面对面的尴尬	跟邮寄问卷相比更快速、回答结束后直接通过传真的方式将结果传回	地理弹性比面访调查大，并可以减少面谈调查所需花费的时间和成本	可突破时空限制、成本低、受访者可选最方便的时间地点回答，标准化问卷易获得；可立即快速反馈调查结果
缺点	成本高，无匿名性，有时受访者会害怕因而拒答，有时间压力	样本可能有偏差，缺少视觉观察	研究者无法引导受访者进行问卷调查	所需成本极高，时间太长	在针对普通群体时，目前样本代表性较差，反馈率较低

（资料来源：林承贤《网络问卷调查回收率影响因素之初控分析——以1999—2003年台湾硕博士论文为例》，2005年。指导老师：刘骏州，台湾中正大学电讯传播研究所。）

　　大陆学者赵国栋（2013）将网络调查法的特点归结为三点：第一，以多媒体形式呈现，具有较强的互动性；第二，调查时间较短、范围广、反馈快，可降低调查的成本；第三，互联网匿名特点可降低社会期待效应，提高数据质量。

　　综合各方观点，笔者认为在线调查具有以下一些特点：

　　第一，比起传统调查方式，调查者利用互联网技术平台来制作、发放和回收问卷，周期大大缩短，样本数据库可以反复使用，不断扩充、调整和升级，可显著降低成本。

　　第二，调查者可以随时调整和修改问卷，可提升问卷内容质量和问卷界面美编水平，使得人机交互性变得越来越好。

　　第三，利用在线技术，如电子邮件、即时聊天工具、社会化媒体等，和受访者进行各种方式的互动，有效解答问卷填写过程中的问题，可有效降低问卷的无应答率和弃答率。

　　第四，利用在线调查方法，可以接触到平时难以接触到的社会特殊类型人群，比如同性恋群体、艾滋病群体等，可以收集到比传统调查手段多得多的样本数。

　　第五，利用在线技术，受访对象可以匿名，可以全时空填写，非常自由，减轻其填写敏感问题时面临的社会压力，提升问卷数据的可信度。

二 关于在线调查法的争议和存在的问题

跟传统调查研究方法相比，在线调查有独特优势，但在线调查法的便利抽样能否将样本特征推论至总体目标群体尚存在争论。哈里斯互动调查公司（Harris Interactive）认为，通过利用倾向指数法的方式，可以将基于便利抽样的调查结果推论至一般人群。许多研究者对此表示怀疑（Couper，2000）。尽管如此，哈里斯互动调查公司内部权威人士还是宣称，他们已经利用指数法准确地预测了选举的结果（Taylor，2000）。

在线调查法的大样本优势及通过统计加权方式调整数据，从而提高外部效度，这些措施虽然可在一定程度上弥补其缺陷，但丝毫掩盖不了其存在的误差问题。抽样调查主要存在四种重要的误差：覆盖误差、抽样误差、测量误差和无应答误差，每一种误差都会对调查结果产生非常严重的影响。传统概率抽样调查方法对这几种误差都有一套严格的控制机制和科学测试手段，而在线抽样调查法在现阶段对覆盖误差、抽样误差和无应答误差仍无法找到完美的控制手段，在信度和效度上影响最后的调查结果。

（一）在线调查法的覆盖误差问题

覆盖误差指样本框无法覆盖调查目标群体产生的误差。这是多数在线调查面临的主要问题。如果抽样的对象为一般人群，引起覆盖误差的第一个因素便是互联网接入的问题。据第33次CNNIC互联网调查报告，截至2013年12月，我国网民规模达6.18亿户，互联网普及率为45.8%。虽然互联网使用已接近总人口的一半，但离全面普及还有很远一段距离。显然，以网民群体为对象的抽样框无法覆盖以一般民众为目标的调查对象。

除了无法上网填写问卷外，许多研究表明，上网人群与不上网人群在很多方面存在着差异，如年龄、受教育程度、收入、职业等等，特别是消费习惯、信息接触量、对时事和社会问题的观点和立场等存在显著差异。据历次的CNNIC调查报告显示，我国网民群体集中在10岁到39岁之间的青壮年人群。青壮年人群比较积极活跃、冲动和感性。香港政府2013年5月发布的报告显示：香港网民总数约为458.01万人（10岁及以上人士在统计前12个月内曾使用互联网服务的数目），占人口总数的60%左右；45岁以上的群体中，有50.7%的人士不使用个人电脑。香港评论人士艾岗馨分析香港网民构成和人口分布后，得出结论：半数以上市民未能通过网络表达民意、反映情况。①

除了网民与非网民的意见和行为存在鲜明的差别外，即使在网民之间，也存在地域差别、城乡差别、职业差别、收入差别、学历差别等。据第 33 次 CNNIC 调查报告，2013 年我国互联网发展地域性差异仍然存在，北京、上海、广东等省市的互联网普及率相对较高，超过 65%，而江西、云南、贵州等省份的互联网普及率则相对较低，均不到 33%。中国农村互联网普及率为 27.5%，仅为城镇网民数的 30% 多。学生依然是中国网民中最大的群体，占比 25.5%，个体户/自由职业者构成网民第二大群体，占比 18.6%。企业公司中管理人员占比为 2.5%，一般职员占比为 11.4%。月收入为 2001—3000 元和 3001—5000 元的上网群体规模最大，在总体网民中占比分别为 17.8% 和 15.8%，500 元以下及无收入人群占比为 20.8%。②

由此可见，如果抽样框无法将目标群体完全覆盖，忽略不上网的群体，或者无法接触自愿前来或随意参与网民之外的网民群体，都会损害样本框的完整性和多样性，从而影响在线调查最后结果的可信度和有效性。也有人认为，如果可以假设，那些低收入但有上网条件的反馈者的态度和意见，与其特征相似但无法上网者，两者之间并不存在重大差异。在这种情况下，可以利用在线调查的一小部分这样的样本对象所获得的反馈数据，将结论推论至更大范围的群体。但这种假设忽略了可以上网的低收入者和不能上网的低收入者，两者接触媒介类型、获取的信息量及人际交往圈子等的不同，而这些不同会分别影响人口统计特征相似的两类人对某些调查主题的观点和立场，因此这种假设是不能成立的。

这是否就说明在线调查无法解决覆盖误差问题、无法进行准确调查呢？也未必。如果调查对象是某些特定的群体，其成员具备调查主题所要求的特质和共性，如某些公司的雇员、专业组织的成员、某些类型的商业机构、同等教育层次的人群如大学生等，这类在线调查一般来说可不要求过高的覆盖率。

（二）在线调查法的抽样误差问题

抽样误差是指由于抽样的随机性引起的样本结果与总体真值之间的误差。在进行抽样调查时不可避免会产生抽样误差，因为从总体中随机抽取

---

① 参阅艾岗馨《网络民意不能代表社会主流民意》，《香港文汇报》2013 年 12 月 31 日。

② 第 33 次 CNNIC 报告：《网民规模与结构特征》，http://tech.163.com/14/0117/00/9IOHA8QU000915BF_2.html。

的样本，其结构不可能和总体完全一致。抽样误差不可避免，但可以通过增加样本量来降低抽样误差水平。一般来说，样本量增加4倍，抽样误差可以降低50%，因此理论上讲，如果样本数达到数千个，其测量精确度可达到0.1%，但这个假设只有在没有其他误差影响的前提下才能成立（赵国栋，2013）。对于在线调查来说显然无法忽略其他误差，如上述的覆盖误差。因此，如果以样本数为号召力，动辄拿数千、上万的样本数来炫耀在线调查大样本的优势，而不提其他误差，要么就是无知——非专业性人员进行在线调查，要么就是故意隐瞒真相，具有欺骗性和误导性。

《环球时报》旗下的环球网曾在2013年毛泽东诞辰120周年纪念日之前做过一次所谓线上线下结合的舆情调查。如下是关于此次调查抽样设计的说明：

> 本次调查采用CATI（计算机辅助电话）与会员数据库在线调查相结合的方式进行数据收集，所有样本均通过随机抽样的方式获得，调查时间为2013年12月23日至12月24日。调查在中国大陆七大区域选出7个具有代表性的城市北京、上海、广州、成都、西安、长沙、沈阳，对象为18岁以上普通民众。截至12月24日，共回收有效问卷1045份，其中电话调查264份，在线调查781份。本次调查为简单随机抽样，在95%的置信度下，样本允许抽样误差为3.0%。[①]

从上述文字可以看出，这次调查的抽样设计说明并不严谨。仅从说明看，并不是采用概率抽样。首先，这次号称线上线下结合的调查，其实是分别进行，而且样本数在线上和线下的分配也不明确，为什么电话调查是264份，而在线调查是781份？其次，作为全国性的调查，它只选出7个有代表性的城市，而没有农村地区农民参与，并且这七个城市也是强调有代表性而不是随机性，也就是根据调查者主观意图来选这七个城市。该在线调查是通过会员数据库来筛选的，那么这个会员数据库是根据什么建立的？如果是根据自愿参加或奖励刺激招募的会员数据库则无法承担所谓的随机抽样的重任。据悉，国内经营在线调查的公司还没有一个完全根据随机原则建立起全国性的固定会员样本库。因此"说明"中声称的"本次调查为简单随机抽样"不能成立，其调查结果无法推论至全体中国人。

---

① 马晴燕：《环球舆情调查：85%受访者认为毛泽东功远大于过》，http://world.huanqiu.com/exclusive/2013-12/4693137.html。

《环球时报》记者据此问卷调查采写的报道具有很大的误导性，文中诱导性语句比比皆是，如："在改革开放 30 多年后的今天，中国民众如何看待他的功与过？总体上给予他怎样的评价？就此，环球舆情调查中心对中国大陆 7 个代表性城市的普通民众进行调查。""91.5% 的受访者对毛泽东持'敬仰'或'尊重'的态度；85.1% 的人认同毛泽东'功远大于过'"，"中共中央党校教授谢春涛 24 日对《环球时报》记者说，这个结果跟他本人心目中对毛泽东的印象，以及中央对毛泽东的评价是基本吻合的。这应该是中国社会对毛泽东真实评价的反映"①。即便此次调查没有弄虚作假，受访者们确实对毛泽东作如是观，但新闻报道也不能以"中国民众"、"中国社会"等具有全局性的主体词来做诱导性推论。

（三）在线调查法的无应答误差问题

抽样调查中的受访者无应答现象普遍存在，这就出现了无应答误差问题，也就是反馈率问题。反馈率是影响调查质量的一个重要因素，控制无应答现象是抽样调查的重要措施。传统的面访、随机数字电话调查等可以通过增加样本数、加强指导和沟通、给予奖励等手段，减少无应答率。但是新兴的在线调查法由于调查员和受访者人际互动的减弱，甚至取消，导致无应答现象比较普遍，反馈率偏低。概括起来，造成在线调查无应答率高的原因有如下几个：

第一，电子邮件被当作垃圾邮件处理。如果没有事前通过客服或调查员跟受访者进行沟通，而是根据网上随意收集的电子邮箱来撒网捕鱼的话，多半会被受访者当成垃圾邮件处理掉。

第二，调查主题无法引起受访者的兴趣。有研究显示，调查主题是否足以引起受访者的兴趣是能否降低无应答率的重要影响因素，如果问卷调查的主题和受访者个人生活、工作等密切相关，则反馈率会提升。如果无法掌握受访者足够的有统计特征的信息，不加区分地将各种调查邀请发给没有分类的受访者，或者将含有问卷信息的说明或帖子发布在不合适的BBS 聊天室、网络社区或社交媒体上，也是无法提高问卷反馈率的。

第三，电子邮件邀请函或网贴邀请函的措辞语句及发送的时间和时机，也会影响受访者对问卷邀请函的关注。措辞语句生硬的邀请函一般无法引发受访者的兴趣，网络虚拟社区有其独特的措辞语句修辞手法。如果含有问卷邀请函的电子邮件或者社区帖子、微博帖子在不恰当的时机发布，如在工作时间等，肯定无法引起足够多的受访者注

---

① 马晴燕：《环球舆情调查：85% 受访者认为毛泽东功远大于过》，http：//world. huanqiu. com/exclusive/2013 - 12/4693137. html。

意和参与填写。

第四，受访者没有上网的硬件条件或者缺乏上网填写的必要技能。受访者如没有接入宽带或者拥有电脑、路由器等硬件设施，则会影响其上网填写。对一些要求到指定网页登录注册或者下载辅助性调查软件等的调查，有些受访者由于不会或者感觉麻烦而放弃参与。

第五，电子问卷页面设计不友好，操作起来繁琐，问卷内容艰涩，理解起来困难，填答过程花费时间较长，调查者不能及时给予咨询等因素都会影响受访者完成填写。受访者有的喜欢每页一个问题或两三个问题，有的则喜欢将所有问题集中在单页中完成填写。

第六，没有提供足以引诱或招募受访者填写问卷的奖励措施。无论是招募来的固定样本还是自愿、随意而来的样本都需要一定的激励措施，很多在线调查通常以现金奖励、抽奖（金钱或各种实物奖品）等方式吸引样本参与调查。但有研究显示，这种物质激励会有攀比效应，在众多调查中，如果有的调查奖励额比较高，而其他的在线调查奖励不那么高，则有可能会降低受访者填写的欲望，即便填写也不好好填，而是敷衍了事，影响问卷填答的信度。因此，需要控制固定样本的填写频率及对样本库进行更新轮换，以提升反馈率。

（四）解决在线调查误差问题的措施

目前国内各种商业性在线调查非常流行，但其误差问题不但没有解决，有时反而尽量隐藏遮盖。国外学术界对解决在线调查误差有不少讨论和尝试，有研究者（Couper，2000；Dillman，2000）认为，要解决这些问题，在运用在线调查时，就必须遵守一些基本原则：

基于涵盖误差的考虑，调查内容与目标总体必须具有一致性，避免过度推论。

在可能的情况下，计算调查的反馈率；否则，至少也要尽量增加样本的数量。

在调查内容与目标总体一致的前提下，尽量提高样本的异质性与代表性。

基于样本代表性的考虑，必须能取得适度的数据作为对比基准，利用统计加权方式，对网络调查数据进行调整，调整除了面向人口变量之外，也应该关注态度变量。

台湾学者李政忠（2004）从抽样程序、宣传、资料收集、数据处理等方面列举了减少在线调查误差的种种注意事项（见表14－2）。

表14-2 使用网络调查法时应注意的事项

调查环节	注意事项
抽样程序	为提高样本代表性，必须事先对抽样总体特性进行严格定义； 将网络问卷的网址张贴在比较常用的网站，并将网络问卷的消息广泛发布于讨论群组、BBS聊天室，调查的内容必须与这些新闻群组或是BBS的使用者有相关性； 如果是采用E-mail征求愿意填答者，必须先获得同意后再将问卷网址寄给受访者，并且信中附上密码，以避免重复回答； 为避免无关对象回答而影响资料的可靠性，可以在发布网络调查的消息时，注明问卷填答者的适合资格。
宣传网络调查	将网络调查的信息公告在不同的网站，避免只针对少数几个讨论群组，以便提高样本的多样性； 将网络问卷的网址提供给搜索引擎网站，并提供不同的相关搜索关键词； 公告次数适可而止，避免引起公愤； 检查联结到网络问卷的链接在网站上是否显而易见； 问卷中可加问填答者如何发现这个调查的网址，以利评估不同网站的公告效果； 利用赠奖品或其他奖励方式来提高反馈率； 也可以利用非网络的广告方式（例如传统书面广告），告知网络问卷的信息，以提高反馈率。
资料收集	要求填答者留下E-mail，以此检查是否有重复填答的情形发生，或是记录填答者的IP地址； 受访者填答问卷送出以后，务必发送一个感谢函。
数据处理与分析	利用统计加权方式调整数据，以提高外部效度； 同时进行（或事先取得）随机抽样数据（或是普查数据），作为加权调整的参照指标； 避免过度推论样本数据的结果，注意调查的内容与目标总体跟调查方式是否兼容； 在网络普及率大幅度提高之前，建议不要利用网络调查的结果进行全国人口的推论。

（资料来源：转引自赵国栋《网络调查研究方法概论》（第二版），北京大学出版社2013年版，第102页。）

除了误差问题影响信度和效度外，在线调查还存在其他一些问题，比如专业从事调查方法研究的专家同精通计算机网络程序的技术人员的合作问题。在线调查以电脑和互联网技术为基础，目前无论是网络调查的设计者、实践者还是提倡者，都是一些技术型人才而非调查专家。由于既深谙调查研究方法又精通电脑网络技术的人才罕见，因此一个在线调查系统和方案如何设计、调整以达到最优化，需要知识结构不同的两类人密切合作才能取得成效。

第十五章　协商民意调查

民意调查通常有三种主要方法：一是案例考察，二是问卷调查，三是社会实验。前两种方法是国内外学者普遍采用的调查方法，第三种方法国内学者开展得很少。其原因不外乎思想观念、知识结构、评价体系和研究经费方面。自20世纪90年代开始，中国大陆陆续出现了一些零星的社会实验并取得了一定的成效，比如1996—1998年间，华中师范大学农村问题研究中心的张厚安教授，在湖北省黄梅县的水月庵村进行的村治实验；1998年和2002年，安徽省社科院辛秋水研究员分别在来安县邵集乡八个村、颍上县王岗镇两个村所做的"组合竞选制"实验；2005年斯坦福大学的费什金（James Fishkin）教授在浙江温岭泽国镇进行的一系列民主协商实验。

本章主要介绍协商式民意调查的理论基础、操作步骤、主要特点，并结合在浙江省温岭市泽国镇所做的协商民意调查案例进行分析。

第一节　协商民意调查的理论基础

协商民意调查的理论基础是协商民主理论。协商民主的传统源于古希腊。在古希腊雅典民主中，审议是在对全体公民开放的公民大会中展开的，协商、讨论、争辩占有极其重要的地位。近代自由主义者杜威对选举民主的"多数决定"提出质疑，他主张以公开讨论和平等交流的方式代替少数服从多数的原则。

一　协商民主理论的源头

协商民主理论的源头有两个，即自由宪政主义和批判理论。自由主义的协商民主认为，协商民主绝不是对自由民主的替代，它只是对自由民主的一种补充而已。自由主义的核心是有一个共同的假设，即绝大多数个人受到私利的驱动，而不是受任何共同的善的观念的驱动，此外，还假设个人自身能对这种私利的要求做出最佳的判断。为了防止在协商过程中出现对个人权利的侵犯，宪政的程序制度不仅可以有效保护个人的权利，而且能够保证协商的顺利实施。罗尔斯就认为协商民主是自由宪政主义的核心，它是秩序良好的宪政民主。

协商民主的另一个来源是批判理论，其要旨是追求个人和社会的进步性解放。激进的协商民主理论家如德雷泽克（John S. Dryzek）认为协商民主提供了一种发展民主的新的可能性，是对自由民主的一种超越和替代，是深化民主内涵的一种尝试。他们认为民主的本质是协商，而不是投票。理性协商是不需要投票就可以达成共识的。民主参与能够改变个体，个体从观念上会变得"更加公共精神，更容忍，更有见识，更关心他人利益，更追求自身利益"。

二 协商民主的提出

20 世纪 90 年代早期，民主理论研究开始转向研究协商民主，约瑟夫·M. 比塞特首次使用了"deliberative democracy"一词（翻译为审议性民主、商议性民主、审慎的民主、慎辨熟虑的民主）。在众多的研究者中，哈贝马斯和罗尔斯被公认为协商民主的理论大师。

协商民主的关键词在"协商"。协商是指不同的行为主体交换信息、辩论以及共同商议以达成协议的传播行为。它的社会功能在于，有助于相互理解和团队建设。在当今多元、复杂、高风险的社会中，社会的和谐和稳定需要人们真诚的沟通，特别在政治领域，只有理性地交流，才能达成最大限度的共识，实现政治关系的和谐。正如哈贝马斯所言，对沟通程序的共识是公共理性的一个理想条件，协商民主未必追求政策上的共识，但是协商民主必须假定某种规则的共识。约翰·德雷泽克和西蒙·尼迈耶对多元和共识的价值进行了探讨：一方面，多元主义自身是一种价值，而且在某些层面上，多元主义与共识理论并不冲突；另一方面，在无规则层面上，他们肯定共识的必要性。何包钢认为，协商民主具有多维度的价值，它具有相对独立的价值目标，即追求政治平等和决策中的审议性；它也是一种公共咨询，即政治治理的手段；它是一种政治参与的过程；它还是一种民主化的、科学化的决策过程。

哈贝马斯对协商民主的研究强调两个最为基本的信念。第一，民主是一种对公共政策进行讨论、协商的制度，政治决策最好是通过广泛的协商来做出，而不是通过金钱和权力。协商民主更像公共论坛，而不是竞争的市场，公共讨论应以公共利益为导向，而不是个人的利益。第二，在协商过程中参与者应该尽可能平等并且尽可能广泛。

协商民主理论为协商制度确定了以下标准：第一，集体决策的权力能够平等分配。在集体决策过程中，参与者有平等和有效的机会。第二，决策要结构化，以使畅谈的影响能够最大化，而权力和财富对决策的影响最小化甚至消除。第三，使决策从受权力和财富影响的那些人向受协商影响的那些人转移。第四，在沟通、争论、挑战和阐述等过程中，应该确保争论或者阐述是真实的，合乎规范，且表达真诚。第五，使协商的力量转化为国家力量，并使所有相关的人都有影响决策的机会。

第二节　协商民意调查的基本方法

只理解协商民主的原则，而不知道协商民主的方法，对于研究民意是没有作用的。再者，协商民主理想需要通过各种方法才能得以实现。

协商民意调查的方法有四种，分别是协商民意测验、公民陪审团、专题小组和大规模的协商大会。

一　协商民意测验

协商民意测验（DP：deliberative polling）的意图是通过大、小组会议的讨论对信息进行加工处理，使得民众的意见发生变化，产生高质量、可靠的民意。相比其他普通民意调查，协商民意测验是一种基于信息对等和充分协商基础上的民意调查，以解决目前民意咨询不足的问题。美国斯坦福大学费什金教授已经在许多国家运用并发展了协商民意测验方法，浙江省温岭市泽国镇在多年应用"民主恳谈会"进行决策听证的基础上，引入"协商民意测验"方法，尝试中西方法结合的参与式重大公共事务决策的政治实验，取得了较好的实效。协商民意测验的特点可归纳为以下四点：

第一，参与者由随机抽样产生，具有较好的代表性。随机抽样体现了协商民主的平等原则，即所有的人都有被抽到的可能性，人们在统计意义上是平等的。

第二，在协商之前，向参与者送发说明材料让其充分了解协商议题的相关背景和信息。提供说明材料的用意在于加强信息的透明度，解决信息不对称的问题。事先公布与讨论主题有关的材料，让参与者事先得到这些说明材料，先与周围的百姓讨论，也有机会自己先消化和思考，从而有助于提高讨论的质量。

第三，采用大、小组分开开会的形式。几百人的大会，先分成十几个小组，一个小组约 10 个人，每个人有充分的时间发表自己的意见。了解各种不同的看法，使参与者有不同的选择。小组讨论并不追求共识，不要求每个人认同某一方案。只是在小组讨论最后 10—20 分钟，确定到大组会议提问的问题及其发言人。小组会议的目的是让每个人充分发言，提供平等发言的机会。在几百人的大组会议上，每个组交流其讨论成果并与专家或政府官员对话。这样做的好处是让人们提取不同人的发言。专家的解答有助于扩大样本的视野，改变他们以前的一些看法，消除误解。

第四，采取主持人制度。主持人可以有效克服小组讨论中参与者的不信任感，保障每一个参与者平等地发表观点。在小组讨论时，采用编号制，主持人和记录员只记录每一个编号的发言，每一个人可以大胆发言而不必担忧政府官员事后的打击报复。

DP 调查的流程是：抽样、问卷调查、小组讨论、大组讨论、小组讨论、大组讨论、问卷调查。在小组讨论前做第一套问卷，在讨论后再做同样的问卷。同样的问题检测两次，通过比较，就可以看出协商民主讨论所带来的结果。第二次的问卷结果可以作为决策的根据。

协商民意测验是一种高度综合民意的方法，它可以避免专家、学者、部门利益所带来的片面性。它以填表问卷形式把各种观点、看法、利益倾向性高度综合起来。这也是一种大众参与和精英指导的综合机制。通过大小组的讨论，沟通理性得到发展，每个人在相互沟通和理解过程中可以改变自己原来偏激的想法。另外，这种方法可以避免其他民意测验的不足，如参与者只获得极少信息，只有极少的时间来考虑一些被咨询的问题。协商民意测验的代表、开放性的程序和不拘一格的辩论使得协商的结果通常难以被操纵；讨论的时间非常充分，大约有三天；在协商期间与会者可以采用各种辩论模式。

协商民意测验的缺点是需要支付给参与者一定的经济补偿，花费比较大。问卷的制作和分析需要一定的专业人士的参与，以保证其可靠、中立和科学。

二 公民陪审团

公民陪审团也是一种协商民主的办法，它起源于美国历史上的陪审制，现在已发展成为公民参政议政的形式。公民陪审团是把随机抽样挑选的 12—25 人集中起来，进行为期 3—5 天的听证活动，相互讨论协商后，最终向决策者和公众报告讨论结果的一种方法。我国在抗日战争时期曾在陕甘宁边区应用过这种方法。当时陕甘宁边区高等法院陇东分庭庭长尝试把群众路线具体应用到司法实践中，强调公民参与审判①。英国和澳大利亚在征询民意时也常常用到这种方法。2007 年英国首相布朗参加了布里斯托市（Bristol）举行的一次公民陪审团，公开表明要在民主改革上有新思维；加拿大温哥华市使用规模较大的公民议会讨论修改地方选举方案；丹麦举行共识会议。各地的公民陪审团，根据实际情况抽样的人数有所不同。德国乌帕塔尔大学（Wappertal）皮特（Peter Dienel）教授组建的公民参与研究所进行的公民陪审团的民意测验，最小的样本为 25 人，最大的为 500 人。

公民陪审团由一个解释公民陪审团建议并按建议行动的官方委员会创设，陪审团成员由专家、证人等通过随机抽样的方法选出。公民陪审团在集会和讨论会上的议题事先公布于众。当陪审团成员商议时，证人或者专业人士也被邀请，当场为陪审团成员提供必要的信息资源。最后陪审团将出具一份推荐报告给委员会。

（一）公民陪审团的特点

1. 参与者由随机抽样产生；

2. 参与者具有一定的代表性；

3. 参与者人数较少，一般为 12—25 人，多则 50—60 人；

4. 需要独立的经过培训的主持人或协调者的参与；

5. 参与者进行会面商议要持续 3—5 天；

6. 参与者在被召集之前能够得到书面的与议题相关的信息；

7. 参与者可以请教专家或者证人（通常由组织者指定），专家和证人可以在商议程序中提供特别的知识或经验；

8. 商议所得的结果最终以正式报告的形式公开；

9. 要公开说明为何采取这样的建议或以充分的理由解释说明持异议的原因。

（二）适应情形

如果提供的议题比较清晰，公民陪审团的协商形式就能适用。当决策过程中碰到技术问题既需要向专家咨询，又需要听取公民意见时，公民陪审团的方法比较有用。当议题比较复杂时，这个方法也比较适用。另外该办法比较易于操作，协商程度较高，所以值得推广。

---

① 《马锡五同志的审判方式》，《解放日报》1944 年 3 月 13 日。

（三）优缺点

公民陪审团的优点是，这一方法允许多层次的知识、技术和经验进入协商程序，要求参与者像处理法律案件一样进行激烈的辩论，参与者能够有充分的时间发言讨论，保证协商讨论的质量。另外由于参与者在完成协商后提交的建议报告确实可知，所以可以对公共协商有无真正达到公众参与的目的和影响决策进行比较公正的评价。

公民陪审团的缺点是，参与者和专家或证人在参与协商讨论期间都需要支付一定费用。公民陪审团的人数少，参与面不广，一般也不搞两次民意调查，不能证明其结果在统计学意义上代表某个社区的民意。

三 专题小组

专题小组的成员由与议题相关联或者了解议题的人员组成，可能包括利益集团、支持者的团体或者监督者，因此在某个议题上，由于代表各自的利益取向，会坚持各自的观点。一次专题小组常常用来作为制订计划的前置程序，以便确定议程后采用公民陪审团或者协商民意测验的方法。在国内外，专题小组方法被广泛使用。比如澳大利亚新南威尔士州政府曾用过此方法讨论城市发生紧急情况时反应措施的问题；中国温岭市松门镇关于制定渔业行业规范的讨论也曾用类似的方法。

（一）专题小组的特点

专题小组有以下特点：

1. 运用该民意调查方法所获得的结果并不能反映全社区，它只能代表社区中某一利益的分配，并且参与者通常不是通过随机抽样产生的，而是由当地的公共机构或非政府的中立机构指定的。各种利益群体的成员都可能参与协商。

2. 参与人数最多不超过 25 人。

3. 根据需要，专题讨论可以进行一次、多次，也可以有规律性地定期举行。

4. 从各种利益群体反馈得到的信息可以用各种形式（常用书面形式）反馈给委员会。

5. 利益群体可以通过相关参与者向专题小组提供各自的特殊信息，这是大规模的协商民意调查做不到的。

（二）优缺点

由于专题小组的讨论者代表各自的利益群体，且在讨论前已经充分掌握了相关信息，因此他们可以在短时间内深入讨论。另外，各利益群体所掌握的独特知识或信息也能让他们发表一些让人耳目一新的观点或者解决方案。相比公民陪审团，专题小组的成员并不具备专业知识，其掌握的知识是有限的。

在专题小组中可能出现积极参与的成员，但是他们也许并不代表某一利益群体。这就可能导致在长时间的专题讨论中，他们的意见受到代表利益群体的成员的挤压，从而迫使他们边缘化。另外，长时间的协商不利于参与成员作出自己的选择，也不利于参与成员保持他们观点的一致性。

（三）适用情形

适用于局部的、专业的、带有强烈个体或小团体利益要求的课题。它可获得各种利益群体的态度或观点。当采用大规模的民意咨询方式得不到满意的结果时，往往倾向采用专题小组方法。

四　大规模的协商大会

大规模的协商大会，是公民参与直接民主的新形式，它最早起源于非营利性组织"美国之声"策划、组织的新兴城镇会议。该方法采用小组协商讨论同计算机联网技术相结合的方法，每个参与者用一个键盘直接表达意见，协商大会立即显示出各种统计数据。各小组的讨论结果也被录入电脑，然后这些信息以电子数据的形式传输给主题中心，主题中心在综合多个小组的讨论结果后将最终结果显示在大屏幕上。每一个参与者都要提交自己的意见，其中一些重要的问题会被优先考虑。

2002 年，"美国之声（American Speak）"组织了几千名纽约市民，针对"世贸中心旧址重建"进行讨论。在"9·11"事件之后，人们对旧址的重建及未来规划有很大的分歧，为了寻找比较一致的解决方案，重建纽约商业区，城市联合会请求"美国之声"提供一套超越分歧的方案。为此，"美国之声"安排了三次大型讨论。第一次讨论人数为 600 多人，主要是对设计的重建过程进行评论；第二次讨论人数有 4500 人；第三次讨论人数为 800 名，用两周的时间在网上进行评论。通过三次大型讨论，城市联合会改变了最初的设计蓝本，修改之后的最终版本得到了社会的高度肯定。

除了美国之外，其他国家也进行过大规模的协商大会。比如澳大利亚亚帕斯市就组织过一次由 1100 名公民参与的大规模的协商民主试验，讨论如何更好地促进该城市未来的发展，具体讨论的目标是如何让该市在2030 年成为世界上最适合人类居住的城市。在大会中，每 10 个参与者组成一个讨论组，共 110 个小组，同时配备一位经过培训的主持人。协商大会首先由大会主持人用半小时的时间介绍协商大会的目的和方法，然后各组成员相互介绍，交流各自的参与动机，由大会屏幕控制发言时间，并显示各小组讨论的结果，或比较各小组讨论结果之间的差异。

又如，巴西阿雷格里港（Porto Alegre）自 1988 年以来，每年在 16 个区举行 1000 人参加讨论的市政财政预算大会。公民直接参与讨论财政预算及其重大发展项目问题，这是社区自治参与机制最富有实质性的例子。

（一）特点

1. 从每个小组的参与者当中选出一名记录员。

2. 每个小组有 30—40 分钟的时间对议程中所给出的问题进行回应和讨论，并把他们的意见录入电脑。在讨论前，每一个参与者都有机会把自己的意见写在活动面板上。

3. 当小组讨论开始后，每个参与者的意见、小组公认的观点和少数人的看法都被录入电脑。

4. 各个联网的计算机将所有录入的信息再传输给主题中心，由主题中心的分析者将所得的信息综合成 10 条最主要的意见或议题，并将这一结果展示在大屏幕上。

5. 主题中心向参与者显示各种标准和理由，然后让参与者讨论和选择这些标准。

6. 每个参与者都被要求对遭遇两难困境的计划问题提出实用性的解决方法。

7. 为了保证实现参与者继续对这些议题进行跟踪关注，在大会结束后，每一个参与者都会收到一份载有重要建议的初步报告，不仅如此，几周之后，他们还会收到一份大会专家所做的分析报告。

8. 参与者在一段时间之后将被分成几个小组再次聚会商讨，讨论后的结果作为制定相关政策的依据。

（二）优缺点

此方法运用当代电子技术进行大规模的民意调查，参与面广；小组讨论的结果马上通过计算机在大屏幕上显示统计结果，意见公开。

此方法成本高、费用大、技术要求高。协商大会的工作人员需要上百人，而且事先必须进行培训。另外，由于参与人数多，很难用抽样的方法。因此，在统计学意义上看，这一方法很难代表整个区域的人口情况。

（三）适用情形

在城市一级对城市重大发展计划或重大问题上需要广大市民协商咨询时可以采用该方法。在会议过程中，让公民充分发表意见，并通过计算机进行数据处理，综合各种观点并按优先性的原则加以排列。

五 几种协商民意调查方法的比较

以上 4 种民意调查方法，从人数上来看，公民陪审团、专题小组要求人数较少，一般是几十人；协商民意测验一般是几百人；大规模协商论坛是几千人。从科学性的角度而言，协商民意测验采用科学抽样方法、两次问卷，其科学性较强。

从合法性角度来看，协商民意测验和大规模协商论坛具有较高的合法性。

从可推广性看，公民陪审团和专题小组最简单，可操作性较强。

民意调查者可以根据需要采用以上一种方法或者混合使用多种方法。但是，需要注意的是，每一种方法的主要环节都有其深刻的含义，比如保证协商过程的公正、平等和中立，因此，不能随意对操作环节进行删减。另外，在实际操作中，要避免各种方法的弊病，特别是各种方法之弊病的集合。

表 15 - 1　　　　　　　　四种协商民调方法的比较

名称	协商民意测验	公民陪审团	专题小组	大规模协商论坛
参与者是否具有最终决定权	不一定	否	否	不一定
是否使用随机抽样	是	是	不一定	否
规模	几百人	一般为 12—25 人，50—60 人亦可	最多不超过 25 人	上千人
面对面协商的时间跨度	1—3 天	3—5 天	1 天或者数天（根据需要）	1—2 天
组织协商的时间跨度	6 个月	2—6 个月	1—3 个月	6 个月
讨论成果的形式	协商前后两次民意测验的分析统计报告	书面报告	各种形式的语言信息或者书面反馈材料	经过统计处理的建议报告
难易程度及可推广性	难度大，不易推广	简单，易推广	简单，易推广	难度大，不容易操作，很难推广
科学性	高	低	低	高
合法性	高	中	低	高

第三节　协商民意调查的实施

协商民意调查的实施需要注意很多问题，其中最关键的是确定参与者、确定工作程序、培训主持人、撰写材料等。因此，本节先将协商民意调查的步骤列出，之后就实施中的一些关键问题分别进行阐述。

一　协商民意调查的步骤

在协商民意调查研究方面走在前列的是美国斯坦福大学的詹姆斯·费什金（James S. Fishkin）教授，他已经在世界二十多个国家和地区尝试了协商民意调查的方法。澳大利亚国立大学社会科学院的约翰·S. 德雷泽克（John S. Dryzek）在美国和澳洲也做了不同形式的公民主导的协商民主试验，以考察各种不同协商制度对民主决策的影响。在这里，我们主要介绍美国斯坦福大学费什金教授的协商民意测验的步骤。

第一步：征集参与者

从公众中随机抽取一个有代表性的样本参与协商民意调查。

第二步：均衡信息

在参加讨论之前，参与者会收到与讨论议题相关的均衡的说明材料。

第三步：第一次民意问卷

对抽中的民意代表进行问卷调查。

第四步：小组讨论和大组问答

在协商当日，参与者被随机分配到由受训过的主持人主持的小组中进行讨论。在结束小组讨论后，参与者确定想要提出的问题，然后在大会交流中向专家和决策者提问。之后再进行小组讨论和大会交流。

第五步：第二次民意问卷和媒体报道

第二次大会交流之后，将进行第二次问卷调查，以获得经过深思熟虑后的民意。协商民意测验之后，调查结果将很快由媒体向公众公布。

二　建立会务组和专家组

在选定参与者之前，需要建立一个工作小组筹备会务，准备说明材料和问卷，落实问卷调查、抽样选代表等工作。会务组通常情况下分为五个小组，分别是报到组、后勤组、会务组、代表接送组、治安协调组，并明确各自小组的岗位工作职责。

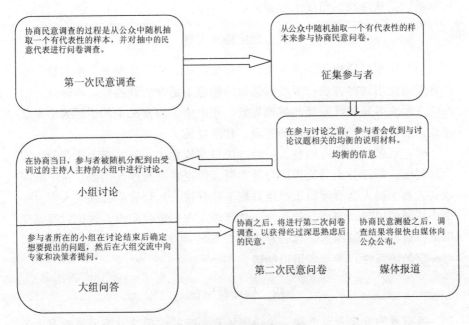

图　协商民意调查的步骤

报到组负责民意代表抽取随机号码并进行签到，发放会议资料。签到结束后，以每组13—15人为区间划分讨论小组，并送交大会主持人，同时报告实到人数。

后勤组安排中餐，在就餐之前打好餐盘并以分组形式进行集中就餐；安排会议茶水供应及会务用车；落实好贵宾食宿及车辆接送工作。

会务组负责记录、递话筒、摄像、会场布置、大会抽签、问卷统计和补贴发放。

代表接送组做好民意代表通知、接送、保证到会率。

治安协调组负责会场及周边治安、交通秩序和环卫清理等。

另外，要成立一个专家组，负责提供所讨论项目的信息。如果话题涉及利益团体，如企业或某民间组织，还应当有他们的代表。协商前，专家从纯技术角度论证每个项目的可行性、优缺点，并提供一套技术说明材料。在协商中，专家从纯技术角度为有争议的问题提供技术知识，他们不参加小组讨论，不以代表者的身份介入，只参加大组会议，并在大组会议上回答公民提出的问题。斯坦福大学的费什金教授主持的项目，规定每位专家回答问题的时间不能超过2分钟，要让出更多的时间让参与者提问，并使每个专家都有机会回答问题。专家要避免在项目和政策选择上做出价值判断，只从纯技术角度上回答问题。

三　确定协商主题

协商民意只适用于重大决策，如环境保护、公共建设等。小事情、小课题无须使用这种方法；有些敏感的话题也不适合公开协商。在国外，协商的主题大多是社区发展和城市规划。在中国，协商民主的话题大多是实体性话题，如选址建设、市场管理、社区建设。

确定话题的方法有两种。一种方法是结构化的，就是把大话题分为多个时间段，每段分别讨论规定好的话题，讨论非常有序。当到了某一时间段，大会主持人会提醒每个小组只剩下几分钟，几分钟后必须进入到另一个小话题的讨论。当然，把每个小话题限定在一定时间内，讨论时间难免不足，讨论也不够深入。另一种方法是非结构化的，即不规定分段时间，有一定的随意性，参与者可以畅谈。

四　确定参与者

参与者的确定及其方法，是协商民意调查的前期阶段需要做的重要工作。协商民意调查首先要考虑谁来参加的问题。按照协商民主理论的观点，所有受到公共政策影响的人都应当参与民主协商。但是现实问题是并不能容许每一个人都参与，也并不是每一个人都有条件和意愿参与。在协商民意调查中，确定参与者常采用随机抽样、自愿参与、主办方指定相结合的方法。

（一）随机抽样

随机抽样就是从所有受决策影响的人中随机抽取，方式包括从身份证号码、电话号码中抽取以及通过编号等方式抽取，从理论上讲这是比较公平的方法。通过随机抽样，把表达权、审议权平均地分配给每个人，每个人都可能被抽到，这体现了协商民主的平等性。它可以解决由主办方指定所带来的操纵问题。同时，这种方式也具有较强的代表性，因为从统计意义上讲，它可代表全体受影响的人口，像文盲、妇女等一些平时很少有机会参与的弱势群体也有同样被抽到的概率，这样就扩大了参与的范围，进一步体现了协商民主的广泛参与性原则。

随机抽样还有一个好处，即有可能抽到一些本来根本就没有可能参加的人，比如文盲、社会边缘人物，比如不会讲话的人。通过这些人的参加，可以广泛了解民意。

抽样方式的成本比较高，首先要确定应参加的人，然后进行编号、抽签等，这需要具有一定专业水准的人员专门来完成，而且，它不能保证每个抽到的人都有条件和意愿来参加，也就是说不能确保参与率。此外，在多元社会中，多数群体被抽中的概率仍然较高，少数群体和边缘群体被抽中的概率仍然很低。也就是说，随机抽样在形式上对每个人都是平等的，但在实际操作中却难以做到平等。为了避免这一问题，有人提出：先将社会群体进行分类，按照群体的比例再进行抽签，就能保证少数群体中有一定的名额，这样既有代表性，又具有公正性。然而，在涉及到利益的相关的立法听证和行政听证中，即便是这样的抽样方法也很难被接受。

浙江省温岭市泽国镇于 2006 年 2 月制定城镇建设预选项目民主恳谈会民意代表抽样实施办法。第一，根据随机抽样的有关原则和户籍管理的实际情况，确定样本对象及范围是户籍在泽国镇的 18 周岁以上公民（1988 年 3 月 20 日前出生）。第二，将符合样本条件的全镇人口按村（居）划为 97 个子样本，按照 2% 的比例产生约 230 名民意代表。代表人数具体计算方法为：村（居）人口数 × 2% = 代表人数。采取四舍五入法确定村（届）民意代表人数后，再按简单随机抽样方式抽取各子样本产生民意代表。第三，具体方式是简单随机抽样，即十进位制号码球。对子样本——各村（居）名册进行编序，用随机抽取十进位制号码球（千位、百位、十位和个位）的办法产生民意代表。第四，抽样工作在联村干部和村会计的协助下由指定人员进行；抽取号码如不在样本序号范围内，则应重新抽号；抽取民意代表的过程在工作人员的指导监督下进行，若发生本实施办法以外的情况，由会务组成员讨论解决。第五，抽样完成之后，马上公开现场登记，填写下列登记表。

村别	编号	代表姓名	性别	年龄	备注

（二）自愿参与

民意调查要遵循自愿参与的原则。所谓自愿参与就是受决策影响的人根据自身意愿、不受限制地参加。这种方式的优点一是尊重参与者的意愿和权利，二是不需要专人负责确定参加者，成本也就比较低。

但是自愿参与的缺点也是显而易见的。首先，它不能确保参与的人数。其次，它的代表性不能保证。由于不能保证代表性，因而公正性也就无法得到保障。澳大利亚的塔斯马尼亚州某社区曾经举行过一次关于是否可以焚烧树木的听证会，到会的大多数是老年人、失业者，他们一直保留自由焚烧垃圾的生活习惯，而大多数环保人士却没有参加。在中国的社区政治参与活动中，自愿参加的方法往往导致老年人的比例过高，这就形成了所谓的"老年民主"。

（三）主办方指定

主办方指定是国内常见的一种民意调查确定参与者的方式。所谓主办方指定，就是由主办方根据意愿，从受公共政策影响的人中指定一部分参与协商。指定参与者的方法对领导来说可能是件好事，成本也比较低，但是弊端也是很明显的，就是主办方常常无法听到真实的声音。依据"代表专业户"制定出来的决策，其公正性、合法性都会受到严重的质疑。

（四）混合型

混合型是指把自愿参与、随机抽样与主办方指定几种方法相结合，这样可以集合上述三种方法的优点，既能保证现有体制中的法律意义上的代表性，又能保证科学抽样的代表性。比如，在澳大利亚进行的一次公民陪审团的实践中，何包钢就主张通过抽签抽取进行协商的地区，然后再在这个地区根据实际情况选择代表。代表产生先在自愿参加的基础上，然后主办方为了保证公正性，例如性别平等，确定实际参加的人员，使代表名额中男女代表相等。2006 年，何包钢在浙江温岭扁屿村进行的民主恳谈也是采用混合型方式确定参与者，先确定村民代表来参加民主恳谈，之后按社会阶层进行抽样，抽取妇女代表、打工者、老年人和五保户代表。当然，混合型的成本相对较高，需要更专业的人员来进行。

表 15 - 2　　　　　　　　　确定参与者的各种方法比较

	代表性	参与率	成本
随机抽样	高	不一定	高（可以降低成本）
自愿参与	低	高	低
主办方指定	不一定	高	低
混合型	高	高	高

（资料来源：转引自何包钢《协商民主：理论，方法和实践》，中国社会科学出版社 2008 年版。）

五　培训主持人

与其他民意调查方法最大的不同是协商民意调查需要主持人。这些主持人是与协商主题无相关利益的人，要求有较强的责任心，能公正地主持并使协商民意调查的参与者能够表达自己的观点。

（一）主持人的作用

首先，由于主持人不是政府官员，也非政府指定，因此既可确保独立性，也有助于使民众公开地表达自己的意见。

其次，主持人通过规定每个人的发言时间来保证意见表达的平等性。他们会要求语言表达能力强的人不能超过发言时间，鼓励不善于表达的人尽量多发言。

最后，主持人要保证参与者理性讨论议题，防止参与者出现过度的情绪化。一方面通过鼓励不善于理性思考的民众积极思考问题，另一方面，通过启发性、诱导性的问题引导参与者考虑集体利益和他人利益。

（二）主持人的素质要求

第一，主持人的开场白很重要。通过恰如其分的几句开场白拉近与听众的距离，就能减少参与者的顾虑，有利于控制会场。在主持小组会中，最省事、最能引起讨论的方式就是让参与者讲述自己生活上的故事，这种讲述自己真实感受的方式可以立即活跃会场气氛。

第二，主持人应保证公正、中立，这是对主持人的最基本的要求。主持人要避免用所谓的权威观点引导参与者，不能使用"某某领导说"、"某某专家说"等具有引导性的话语。

第三，在主持过程中，主持人要保证每位参与者能都发表自己的观点，避免其他参与者的随意插话，但可酌情给予确有重要观点要阐述的"插话者"发表简短评论的机会。在时间充足的情况下，也可以在所有人发言之后给插话者发言的机会。同时，对于不擅长表达的人，应积极鼓励，带着问题引导他发言。此外，主持人还要有控制会场的能力，对于一些谈起话来滔滔不绝却经常偏离主题的人，主持人要及时提醒。

第四，主持人要有较强的责任心。民主协商的内容一般会涉及个人利益和公共利益，因此，主持人要本着对参与者、对公共利益负责的心态来对待。记录过程要尽可能详尽，这样才能真实完整地反映发言者的本意。

第五，主持人要有较强的表达能力和概括能力，同时善于诱导参与者对问题进行深入的思考。主持人应及时概括不同发言者发言内容的相同处和不同处，并能提出一些启发性的问题，这样才能使协商深入展开，使讨论进入到理性思考阶段中。

第六，口头表达清晰，既要通本地方言，还要会讲普通话。有些参与者根本不会讲普通话，所以主持人必须能够听懂当地方言。总的来说，主持人的语言要让参与者听懂、理解。

六　问卷设计

民主协商需要做两次问卷，即会前会后各做一次问卷，且两次问卷的内容一致，旨在判定参与者的态度、观点是否经过大小组讨论发生改变。因此问卷的设计非常重要。

问卷问题一般包括参与者的年龄、性别、文化背景、收入、社会地位等。关键性的问题是关于协商会议要讨论的主题，也包括一些地方性事实知识问题，公民对协商会议的效果、过程的看法。需要注意的是政策和态度问题一般要采用从 0 到 10 计分的形式。0 为最不重要，10 为最重要。在填问卷的过程中如果遇到文盲，可由主持人读出问卷，帮着填表。此外需要注意的是每个人填表应当在不受到他人影响的环境下独立完成。

附：泽国镇 2005 年城镇建设预选项目民意调查问卷

一　答卷人基本情况

姓名：_____

（1）性别：1. 男　2. 女

（2）年龄：____

（3）婚姻状况：1. 已婚　2. 未婚

（4）文化程度：1. 文盲　2. 小学　3. 初中　4. 高中　5. 中专　6. 大专　7. 大学　8. 其他

（5）职业：1. 农民　2. 工人　3. 企业主　4. 商人　5. 教师　6. 公务员　7. 其他

二　今后几年我镇将陆续建设下列 30 个项目，共需建设经费 13692 万元，2005 年镇政府在土地指标解冻的情况下，预计可筹集资金 4000 万元用于城市规划、绿化和基础设施建设。请您按照 4000 万元投资规模，仔细审阅以下每一个项目，并在该项目的选择意见栏内标示您所认为的重要程度（0 为完全不重要，依次顺序递增，5 为中间状态，10 为最重要，98 为不知道）。

序号	工程名称	投资额（万元）	基本情况	备注
（1）	文昌路主干道	1095	自泽国大道到牧长路，长 4501.9 米，经过坭桥、山北、山南、汇头林、南洋王、马家、姜家、沈桥、牧东等 9 个村。主干道宽 20 米	文昌路设计宽度 42 米
	选择意见： 不重要 0　1　2　3　4　5　6　7　8　9		重要 10	不知道 98

续表

序号	工程名称	投资额（万元）	基本情况	备注
(2)	牧长路一期主干道	406	西起牧陈路，东到文昌路，长 1860 米，经大池陈、五里泾、牧南、牧东 4 个村，主干道宽 17 米	牧长路设计宽度 40 米
	选择意见： 不重要 0　1　2　3　4　5　6　7　8　9		重要　　　不知道 10　　　　98	
(3)	桥梁	345	山北桥（涵洞）15 万元，易盛桥（幸福东路）22 万元，云祥桥（幸福东路）43 万元，东河 1 号桥 35 万元，元渚桥（丹崖工业区）25 万元，池里桥 11 万元，西泾桥（金施村）29 万元，后仓桥（后仓路）90 万元，官路桥（西城路）75 万元	
	选择意见： 不重要 0　1　2　3　4　5　6　7　8　9		重要　　　不知道 10　　　　98	
(4)	复兴路东段	129	自下樟桥到东城路，全长 600 米，宽 18 米	
	选择意见： 不重要 0　1　2　3　4　5　6　7　8　9		重要　　　不知道 10　　　　98	
(5)	东城路一期	65	北起复兴路东段，南到东城桥，长 300 米，宽 18 米	东城路全长 1650 米，设计宽 26 米，经腾蛟、下汇头 2 个村，幸福路北已浇路面 350 米
	选择意见： 不重要 0　1　2　3　4　5　6　7　8　9		重要　　　不知道 10　　　　98	
(6)	东城路二期	1310	北起幸福路，南到泽楚路，长 1000 米，宽 18 米，道路硬化需 218 万元，需拆建房屋 140 间，拆建经费约 1092 万元	
	选择意见： 不重要 0　1　2　3　4　5　6　7　8　9		重要　　　不知道 10　　　　98	

续表

序号	工程名称	投资额（万元）	基本情况	备注
(7)	商城路一期	129	北起泽国二小，南到泽国大道，长 520 米，宽 18 米，填土 20 万元，拆建房屋三间 20 万元，18 米硬化等 109 万元	商城路设计宽 30 米
	选择意见： 不重要 0 1 2 3 4 5 6 7 8 9		重要　　　　　不知道 10　　　　　　98	
(8)	商城路二期	187	北起泽国大道，南到 104 复线，长 858 米，宽 18 米	
	选择意见： 不重要 0 1 2 3 4 5 6 7 8 9		重要　　　　　不知道 10　　　　　　98	
(9)	腾桥路	193	北起后仓路，南到泽楚路，设计长 870 米，主干道宽 18 米	腾桥路设计宽 42 米
	选择意见： 不重要 0 1 2 3 4 5 6 7 8 9		重要　　　　　不知道 10　　　　　　98	
(10)	东河路填土拆建	256	北起泽国大道，南到牧联路，全长 3950 米，经山北、山南、章衰、郑家、姜家 5 个村，主干道宽 16 米，沙石路面需 176 万元，拆建房屋 7 间约 80 万元	东河路设计宽 42 米
	选择意见： 不重要 0 1 2 3 4 5 6 7 8 9		重要　　　　　不知道 10　　　　　　98	
(11)	东河路主干道路	866	硬化主干道 3950 米	
	选择意见： 不重要 0 1 2 3 4 5 6 7 8 9		重要　　　　　不知道 10　　　　　　98	
(12)	西城路一期	1743	北起泽国大道，南到水澄村，长 3538.3 米，经茶屿、官路、桥伍、水澄 4 个村，砂石路面需 146 万元，拆建房屋 154 间约 1060 万元，主干道 16 米全部硬化需 537 万元	西城路设计宽度 42 米。主干道全面硬化价格包括填砂石路面价格（下同）
	选择意见： 不重要 0 1 2 3 4 5 6 7 8 9		重要　　　　　不知道 10　　　　　　98	

续表

序号	工程名称	投资额（万元）	基本情况	备注
(13)	泽国大道二期	1165	自文昌路到 104 复线，完成砂石路面需 150 万元，50 间民房拆建约 400 万元，30 米主干道全面硬化需 615 万元	自文昌路到江洋河长 6050 米，设计宽度 50 米，经堁桥、汇头林、光明、戴家、洪家、金施、长大 7 个村
	选择意见： 不重要　　　　　　　　　　　　重要　　　　不知道 0　1　2　3　4　5　6　7　8　9　　　　10　　　　98			
(14)	泽国大道三期	2331		
	选择意见： 不重要　　　　　　　　　　　　重要　　　　不知道 0　1　2　3　4　5　6　7　8　9　　　　10　　　　98			
(15)	空压机工业区配套	100		
	选择意见： 不重要　　　　　　　　　　　　重要　　　　不知道 0　1　2　3　4　5　6　7　8　9　　　　10　　　　98			
(16)	牧屿工业区配套	200	牧屿工业区道路硬化、道路侧石、道板铺设等 60 万元	
	联树工业区配套		联树工业区配套 40 万元	
	水仓工业区配套		水仓工业区路面改造、腾南路硬化 100 万元	
	选择意见： 不重要　　　　　　　　　　　　重要　　　　不知道 0　1　2　3　4　5　6　7　8　9　　　　10　　　　98			
(17)	城区支路改造	600	腾蛟路 35 万元，空压机工业区东侧道路 12 万元，联树段道板 6 万元，山西路（丹山村）道路 28 万元，卷洞桥人行道 15 万元，二环路两侧改造，山北桥桥面接口修造等	
	选择意见： 不重要　　　　　　　　　　　　重要　　　　不知道 0　1　2　3　4　5　6　7　8　9　　　　10　　　　98			
(18)	高家岭边坡治理	172	丹山村高家岭，南接西城路，北通镇环路	
	选择意见： 不重要　　　　　　　　　　　　重要　　　　不知道 0　1　2　3　4　5　6　7　8　9　　　　10　　　　98			

续表

序号	工程名称	投资额（万元）	基本情况	备注
(19)	文昌公园一期	200	位于幸福东路和文昌路十字路口西北，占地 9918 平方米	
	选择意见： 不重要 0 1 2 3 4 5 6 7 8 9		重要 不知道 10 98	
(20)	文昌公园二期	100	修复文昌阁	
	选择意见： 不重要 0 1 2 3 4 5 6 7 8 9		重要 不知道 10 98	
(21)	市民公园一期	300	行政中心南边，东河路西边，占地 9614 平方米	
	选择意见： 不重要 0 1 2 3 4 5 6 7 8 9		重要 不知道 10 98	
(22)	城区绿化工程	300	泽楚路联树段，空压机工业区沿河，二环路两侧，幸福东路两侧沿线，牧屿欧风路、泽牧路、文昌路水仓段、茶屿路、双屿路	
	选择意见： 不重要 0 1 2 3 4 5 6 7 8 9		重要 不知道 10 98	
(23)	单崖山公园	280	道路、台阶、景观点、绿化	
	选择意见： 不重要 0 1 2 3 4 5 6 7 8 9		重要 不知道 10 98	
(24)	牧屿山公园	280	道路、台阶、景观点、绿化	
	选择意见： 不重要 0 1 2 3 4 5 6 7 8 9		重要 不知道 10 98	
(25)	城乡规划设计	240	中心区详细规划80万元，市容环卫规划4万元，给排水规划9万元，绿地系统专项规划16万元，近期建设规划18万元，村庄规划18万元，燃气规划16万元，消防规划9万元，总规路网调整修编10万元，铁路站前分区控规20万元，重点区划街景设计20万元，其他规划预计20万元	
	选择意见： 不重要 0 1 2 3 4 5 6 7 8 9		重要 不知道 10 98	

续表

序号	工程名称	投资额（万元）	基本情况	备注
	示范街建设	200		
(26)	选择意见： 不重要 0 1 2 3 4 5 6 7 8 9		重要　　　　不知道 10　　　　　98	
(27)	老街区拆迁	100	按照"政府规划、群众自愿、自求平衡、稳步推进"的要求，选定改造区块，着手改造工作	
	选择意见： 不重要 0 1 2 3 4 5 6 7 8 9		重要　　　　不知道 10　　　　　98	
(28)	牧屿环卫中转站	150	位于牧屿村，占地 3333 平方米	
	选择意见： 不重要 0 1 2 3 4 5 6 7 8 9		重要　　　　不知道 10　　　　　98	
(29)	丹崖环卫中转站	150	位于西桐村，占地 2110 平方米	
	选择意见： 不重要 0 1 2 3 4 5 6 7 8 9		重要　　　　不知道 10　　　　　98	
(30)	污水处理前期工程	100	对全镇工业、生活污水进行处理，着手前期工作	
	选择意见： 不重要 0 1 2 3 4 5 6 7 8 9		重要　　　　不知道 10　　　　　98	

七　其他需要注意的问题

在正式实施协商民主调查之前要撰写导论，导论中应当包括会议的目的和目标、抽样方法、会议的具体内容及背景材料，将导论书合订成册，分发给每位参与者，并组织实地考察。

会议场所的选择非常重要。大组讨论和小组讨论最好不要在同一个地点进行。小组会议宜放在小的场所举行。由于小空间不会感到有其他小组的影响，小组成员在心理上不会受到压力，有助于轻松地讨论。大组则放在大的会场，比如学校的操场、会议室等等。

在中国农村，使用方言可以使参与者比较容易表达自己的观点，可以促进深入讨论，但是在外来人口参加讨论的情况下，使用普通话就非常重要。

2007 年 10 月在比利时首都布鲁塞尔举办过一次大规模的协商民意论坛，有 21 个国家的近 400 人参加了大会，覆盖了 27 种语言。大会在欧洲议会大厅举行，配有同声翻译，除了偶然技术上的一些小故障，各种语言之间不构成交流的障碍。协商民意调查需要充分的讨论时间，公民陪审团一般要求至少三天的时间，协商民意调查也需要一两天的时间。比如泽国镇的讨论就花了一天的时间，上午小组讨论，参与者大多涉及各个项目的重要性程度，下午大组讨论，参与者提出不同意见、不同问题，甚至还有为镇政府考虑如何花钱、如何省钱。

浙江省温岭市泽国镇十多年来一直致力于民主恳谈的制度化、程序化、规范化，将民主恳谈作为公共政策制定和公共事务决策的必经程序。2006 年时任泽国镇党委书记蒋招华在接受《半月谈》记者采访时所说的"三个想不到"①，值得各级党委政府深思。尽管在民主恳谈会之前，镇党政班子对提交审议的 30 个年度城镇建设项目进行了认真的研究，但事实表明，决策层对民意的估计和真实的民意之间存在很大的偏差。原先估计环境保护、绿化园林、规划设计等项目与道路、桥梁、旧城改造等项目比较，群众会将道路等后三类项目排在前面，将环境保护等前三类排在后面。但民意调查的结果恰恰相反，污水处理前期工程、城乡规划设计等涉及长远利益的项目被列为最优先考虑的项目，而短期即可见效的道路等后三类共 17 个项目中只有 1 个进入前十位。

---

① 一是没想到决策层对民意的估计和真实的民意之间会有那么大的偏差。原先估计环境保护、绿化园林、规划设计等项目与道路、桥梁、旧城改造等项目比较，群众会将道路等后三类项目排在前面，将环境保护等前三类排在后面。决策者一般也喜欢优先安排近期内能见效的项目。但结果恰恰相反，在道路等后三类共 17 个项目中只有 1 个进入前十位，而环境保护等前三类 10 个项目中有 8 个进入前十位，其中污水处理前期工程项目名列榜首。当时估计"城乡规划设计项目"可能最多排在 20 位左右，因为"城乡规划设计"是与群众没有直接利益关系且在近期内不能见效的项目。但投票结果显示，该项目名列第 2 位。这进一步说明，即便决策层有真实意愿自觉代表群众的利益和要求，但凭猜测和估计的"直接决策"并非都能代表当地大多数人的希望和利益；同时也说明在公共事务方面，群众可能比现有体制下的部分决策者更关心区域发展的长远利益，而非短期效应。二是没想到决策层平时听到的"民声"并非真实广泛的"民声"。蒋招华说，平时听到群众反映较强烈的是老街区拆建、商城路一期、西城路一期、泽国大道二期和三期等 5 个项目，而预选结果这 5 个项目都列在 12 位之后，而且仅这 5 个项目需要的资金就超过 5000 万元。这说明决策层容易听到的意见和建议并非都有广泛的民意代表性和可行性，而可能是与决策层较接近的部分阶层或区域人士的意见。三是没想到最基层的党委政府在民意收集和反映机制上尚存在那么多的缺陷。在经济转轨、社会转型和社会利益逐渐多元化的今天，在基层，要使"党的主张通过法定的程序成为人民的意志"，其前提应该是基层党的"主张"在没有通过法定程序以前已经代表了人民群众的利益，这需要有一个载体或机制来保证这一基本要求的落实。

第十六章 网络舆情监测与语义分析

随着网络用户的增长和网络化、社交化的深入，互联网已经成为反映民意的主要载体，网络舆情（网络环境下的舆情信息）成为社会舆论的重要组成部分。网络新闻、论坛、微博、微信等新媒体的快速发展，使网络舆情也进入大数据时代。

大数据时代信息的多、快、杂、新等特点，使得传统的网络搜索和分析技术面临挑战，因此基于智能语义分析的技术和方法对网络民意进行分析非常有必要。

第一节 网络舆情新挑战

从 2010 年起，随着社会化媒体和移动互联网的发展，新媒体的传播格局发生了重大的改变，这对快速成长的网络舆情监测与分析带来了新的挑战，主要表现在两个方面。

一 新传媒格局下的挑战

1. 微博、微信等新媒体崛起

从 2010 年起，中国社会化媒体（SNS）逐渐成长壮大；2011 年微博成长为生力军，成为网民讨论众多社会议题的重要平台；2012 年微信崛起，成为发展最迅速的新媒体通信社交平台，截至 2013 年 6 月，用户已经达到了 3.5 亿户，2014 年初已达到 6 亿户。微博、微信具有发布方便、传播迅速、跨级扩散等特点，目前已成为新传媒格局中影响力最大的"自媒体"。

微博、微信等自媒体工具的大量使用，使得网络舆情传播进入"自媒体"时代，以大众传播为主导的社会舆论格局开始向人际传播为主导的社会舆论格局转变。这一转变使网络舆情具有更强的时效性，原来舆情

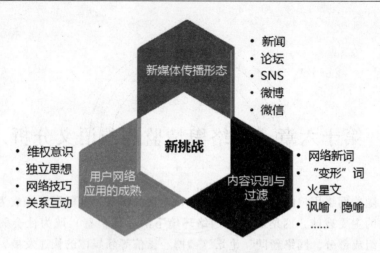

图 16 – 1 新传媒格局下网络舆情的挑战

(注：本章图表如不注明出处，均为上海易步信息技术有限公司提供，来源网站：www.ebuinfo.com。)

监控的"黄金 4 小时"被颠覆；发布者和内容的分散化，使传统的依赖主要网站和意见领袖的监测也面临挑战。

2. 网民的成长与成熟

根据 CNNIC 的统计，截至 2013 年 12 月，中国网民规模达 6.18 亿人，全年新增网民 5358 万人。互联网普及率为 45.8%，较 2012 年底提升 3.7 个百分点。综合近年来网民规模数据及其他相关统计，中国互联网普及率逐渐饱和，互联网发展主题从"数量"向"质量"转换（见图 16 – 2）。① 与前几年相比，中国的整体网民规模增长进入平台期。

与此同时，中国网民在十多年的时间里也变得更加成熟，思想更加独立，维权意识更加高涨，而且他们掌握了更多的网络技术，能获取更多的信息来源，网民之间的互动也更加有效。适应中国的网络管理体制，网民创造了大量的网络新词、"变形"词，并频繁使用反讽、隐喻等表达方式，这使传统网络舆情监测的内容过滤与分析处理面临困难。

二　大数据时代的挑战

2012 年底，麦肯锡公司提出的大数据时代到来的观点，引起了全球

① 见 2014 年 1 月 16 日，中国互联网络信息中心（CNNIC）发布第 33 次《中国互联网络发展状况统计报告》。

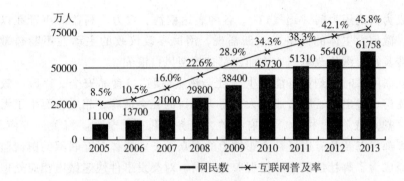

图 16 – 2　中国网民规模和网络普及率

广泛的反响。多家机构认为，"大数据"将会成为贯穿未来的一条全新主线。在新媒体环境下，网络舆情也以庞大的体积规模和数据流，进入"大数据时代"。

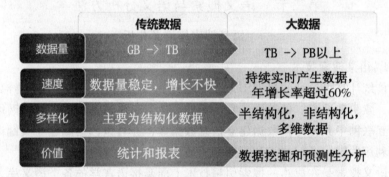

图 16 – 3　大数据的挑战

（资料来源：2013 年大数据全球技术峰会上的《英特尔大数据技术与分布式架构设计详解》PPT 报告，演讲人为英特尔中国云计算创新中心系统方案架构师朱海峰。）

真正的大数据时代刚刚开始。其标志性的特点就在于：一是数据量的急速增加，预计数据量每 18—24 个月就翻一番，年数字信息量将会增长 50％以上；二是以往的数据只是结构化数据、非个性化的数据，进入 2012 年后，非结构化数据占有比例达到互联网整个数据量的 75％以上；三是对数据价值的要求更高，传统的统计报表已满足不了需求，基于深层数据挖掘的预测性分析成为重点。

大数据（Big Data）所带来的别样世界，还深刻地影响了舆情的表达方式与获取方式。处于社会转型时期的中国，各种社会矛盾不断积累，互联网成为舆论压力的"出气口"。各种表达权益、权力、利益的声音在以微博、微信为主体的网络上不断涌现，网民参政议政的主动性不断被激发，涉及社会深化改革的方方面面都被推至风口浪尖。

互联网每时每刻都可能诞生"社会热点话题"。食品安全、医改、教改、住房、进出口、股市成为人们每天探讨的社会话题，相应也诞生了无数个"热点意见"，由此，政府机关、税务、药监、金融、海关、工商、质检等部门以及具有广泛社会影响力的大众、专业媒体对互联网的舆情监测已经成为了解社情民意、把握舆论动向、对突发事件快速做出相应处理的不可或缺的手段。

如何规范对互联网网络信息的收集和管理，建立健全舆情监测与应对机制，加强互联网"大数据"分析研判已经成为今后民意研究的重要内容。

第二节 语义搜索与语义分析方法

一 语义搜索与语义分析

1. 语义搜索技术

传统计算机领域的搜索引擎技术已经比较成熟，包含三个主要部分：抓取、索引和搜索。像谷歌、百度等成熟搜索引擎都是利用大量的网络爬虫从互联网中获得海量数据建立信息数据库，并对该数据库建立关键词索引，利用关键词匹配技术和排序算法向用户提供搜索服务。

语义搜索是在成熟的搜索引擎技术上面套接语言学的各类语义库，运用中文自然语言处理（NLP）技术，对海量的数据进行自动语义分析和深度挖掘，从而满足用户对海量数据精准分析的需求。

在实践上，谷歌提出了"知识图谱"的概念，并推出了基于知识图谱的新型搜索服务。与传统网页搜索相比，基于知识图谱的搜索能够更好地理解用户的搜索意图，并对相关内容和主题进行总结。微软公司通过提取网页中的非结构化数据，构建了结构化的知识库 Satori，用于从语义层面提高和改进必应的搜索质量。目前百度也正加紧布局下一代搜索引擎，通过整合、使用大数据资源，依托先进的深度学习、语义分析、数据挖掘等技术，打造更加智能的搜索服务，力图最大限度地满足网民的新搜索需求。

2. 语义分析技术

语义分析技术研究的是如何让计算机理解人类的自然语言（如汉

语、英语等），基础是语言学、计算机、网络技术的融合。近年来，随着搜索引擎的快速发展，该领域的研究也取得了新的突破，尤其是苹果手机内置的语音语义应用 Siri 把语音识别和语义分析的技术应用到了普通消费领域。

智能语义分析技术作为一项面向未来信息处理的底层技术，具有极其广阔的应用前景，国内外相关技术的研究和开发也比较多。尤其是最近十年来，随着互联网信息的剧增、搜索引擎技术的发展、云计算和大数据技术的进步，语义分析技术也取得了很快的发展。

国际上，美国斯坦福大学、卡内基梅隆大学、麻省理工学院、康奈尔大学、加州大学洛杉矶分校等都做了很多有关智能语义分析基础理论和关键技术的研究。2013 年 10 月 3 日，来自美国斯坦福大学的学者宣布在句子情感倾向性分析（sentiment analysis）上做了突破性的工作，用 RNN 训练的模型精度达到了 85%，被评论为"搞定"了情感分析（nailed sentiment analysis）。[①] 这使分析精准度从之前的 80% 提升到了 85%，被业内认为是很大的提升，并且更具有商用的前景。

英国、日本、北欧国家的一些大学和研究机构也纷纷开展了该领域的研究工作，谷歌、微软、IBM、Facebook 等国外公司更是做了很大的技术创新和应用实践。

在国内，前些年中国的许多高校及科研机构如中科院、哈尔滨工业大学、清华大学、北京大学、苏州大学等也一直保持对中文语义分析的研究。企业方面，像百度、阿里巴巴、海量、腾讯等公司也做了不少应用实践。

3. 语义技术其他应用

语义分析技术还可应用在自动问答、语音助手和社交媒体的内容分析上。

自动问答方面，最有名的是由 IBM 公司研发的自动问答系统 Watson。可以预见，随着知识库的不断更新，以及对自然语言理解技术的研究不断深入，基于知识库的问答模块必定会在自动问答系统中起到越来越重要的作用。目前，Watson 已应用于医疗、金融等多个领域。

手机语音助手方面，最有名的是苹果手机从 4S 系列就开始支持 Siri 语音助手，这是一个语音识别和底层语义分析结合的应用系统。国内科大讯飞、百度、搜狗、小 i 机器人也推出了类似的产品。2013 年 9 月，科大讯飞宣布语义理解技术已经在各大运营商的短信营业厅智能化服务

---

① 原文为 These Guys are Teaching Computers How to Think Like People，链接：http：//www. wired. com/wiredenterprise/2013/10/nasent-deep-learning/。

图 16 - 4　语义分析核心引擎

中广泛应用。

　　社交媒体商业分析方面，腾讯和新浪都做了一些尝试。2013 年 5 月，腾讯依托后台数据与语义分析技术，将用户的社交媒体内容与当前热点事件做即时匹配，动态生成的热点事件全脉络发展成页面。2013 年 2 月，SAP 公司携手复旦大学进行社交媒体大数据研究，帮助用户在海量数据中捕捉含有特定关键词的信息，实现信息分类、用户情感反馈等结果的实时分析。[①]

二　基于语义的网络舆情监测分析

1. 监测分析流程

　　在大数据时代背景下，基于语义分析技术的网络舆情监测分析，包含了舆情信息采集、舆情信息自动解析、舆情热点发现、舆情事件态度分析、舆情报表生成等流程。

2. 监测分析架构

　　系统底层基于 EBU 智能语义分析平台，能够识别中文语义；在平台

---

① 相关报道见《SAP HANA 携复旦打造社交媒体数据分析新工具》，链接：http：//m. ctocio. com. cn/esoft/494/12551494_ m. shtml。

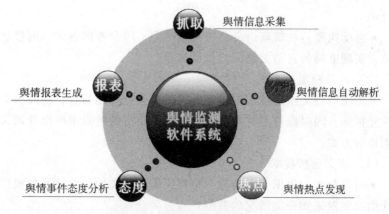

图 16 - 5　网络舆情监测分析流程

基础上，融合了计算机网络技术、自然语言技术（NLP）和新媒体传播分析。这样，可以分别实现海量信息的抓取和分析、信息文本内容的识别和过滤、舆情传播分析和内容监控。这些基础保证了整个系统的信息抓取、自动分类、信息过滤、热点发现、褒贬分析、网络新词识别、传播路径分析等功能（见图 16 - 6）。

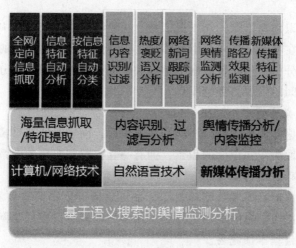

图 16 - 6　网络舆情监测分析架构

3. 监测分析方法

（1）自然语言处理

•自动分词：以词典和规则为支撑，综合利用基于概率分析的语言模型方法，提供分词的准确性，并可根据不同的应用进行适合特定要求的分词。

● 自动摘要：在篇章语义分析的基础上，综合考虑词频、词性、位置信息，实现准确的自动关键词与自动摘要。

（2）信息检索技术

将传统的全文检索技术与最新的语义搜索技术相结合，提高检索引擎的性能指标。同时融合多种相关技术，提供丰富的检索手段以及同义词等智能检索方式。

（3）语义分析技术

● 自动分类：根据文本特征分析得出每一分类的属性特征的模型，然后使用模型对未知分类情况的数据进行分类。

● 自动聚类：将数据集合中的数据划分为具有一定意义的子集，使得不同子集中的数据差别尽可能大，而同一子集中的数据差别尽可能小。

● 自动过滤与消重：过滤是指根据计算文本相似度排除不相关信息；消重是指对内容重复的信息进行识别、处理和合并。

● 褒贬分析：又称情感倾向性分析，是依据基础语义库和语义规则算法，对目标文本进行的自动态度分析，包括区分正面、中性、负面及打出具体分值。

● 热点识别与追踪：热点识别是自动检测信息片段集合中的热点，热点追踪是指在各种信息来源中追踪那些与讨论目标主题相关的信息。

● 趋势分析：从海量数据中挖掘关联规则，并利用趋势分析法分析网络舆论随时间的发展趋势情况。

（4）语义库技术

主要是建立用于各种分析的语义知识库，网络舆情项目实施的成败在很大程度上取决于知识库的积累，拥有一套完整和实用的舆情知识库是舆情分析的基础。

传统上，语义库多数依赖人工标注，总体容量和实时更新程度有限，耗费的人力巨大。目前业内主要利用搜索引擎技术，在互联网上面发现中文新词汇并自动添加完善。

4. 分析技术优势

现今比较实用的信息检索和系统主要采用关键词匹配技术。随着用户对检索和分析效果的要求不断提高，关键词匹配技术在信息的语义和语用的揭示上存在局限性。与传统分析技术相比，基于语义的舆情监测分析具有诸多技术优势（见表 16 - 1）。

表16-1   语义分析技术与传统技术对比

	传统技术	语义分析技术
智能过滤自动分类	过于刚性，会导致大量误删和漏删	采用智能技术，运用基于自然语言技术的语义分析引擎，实现对内容关键特征的抽取、分类、聚类等语义标引，可大幅降低误删率和漏删率
语义识别主题词预警	很难识别各类词语的"变形"	进行同音、同义、同形等方面的变形分析，同时进行网络新词自动跟踪，对最新出现的网络用语进行识别，可有效预警各种变形信息和潜在不良信息
传播分析来源分析	很难识别各种不同信息来源的传播路径和特征	提供基于传播路径分析的传播特征分析引擎，从时间、来源、内容、转引、回复、褒贬等多维度做出分析和标引

在过滤和自动分类方面，传统方式采用关键词，在过滤和分类时查全率和查准率都会有很大问题，会导致误删和漏删；语义分析技术可通过文本内容分析，根据上下文组合关键词，并进行文本特征抽取和语义标引，大幅降低误删率和漏删率。

在语义识别和主题词预警方面，传统技术根据敏感词进行匹配，很难识别各种"外星文"、变形词；而语义分析技术支持网络新词的同步更新，对关键词进行同音、同义、同形等方面的变形分析，可有效预警各种变形信息和潜在不良信息。

在传播途径分析和来源分析方面，传统技术的分析颗粒较粗，基本不提供不同来源和不同传播途径的分析；语义分析技术提供更细度的内容分析和来源分析，对信息的传播路径和传播特征模型进行分析和总结。

三 网络舆情监测分析系统

网络舆情监测分析系统是围绕政府机关、企事业单位、媒体机构等用户的新闻宣传工作和公共应急的实际需求，结合网络舆情最新传播的规律和特点，依托大数据挖掘和语义分析技术搭建的软件系统，它能够帮助政府和企业及时了解舆情、发现线索、疏导舆论，积极有效地进行舆论引导和处置突发事件应急工作。

1. 系统架构

2. 系统主要模块与功能

（1）信息采集模块：全网实时，实现日常舆情监控

网络舆情监测分析系统全面抓取国内外新闻以及论坛、博客、微博上

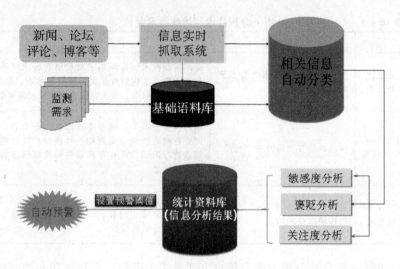

图 16 - 7　网络舆情监测分析系统架构

的相关报道和评论，每隔3—5分钟更新一次（如有需要也可调整为10分钟），全网实时地协助使用单位完成日常舆情监测工作。

系统采集模块按内容、地区、来源以及监测时间，将网络信息进行自动分类，便于不同部门或不同职能单位进行舆情信息的浏览。

（2）舆情分析模块：海量数据处理，进行褒贬热点分析

基于业内领先的自然语义处理技术，系统对海量信息进行排重去杂等初步处理后，将所关注信息按设定类别进行自动归类，同时对于每条信息给予褒贬（正负面）分析和热点（关注度）分析，并将最负面的信息及关注度最高的信息放在醒目位置，以提醒相关负责人员予以关注。

（3）舆情预警模块：进行重大突发事件监测预警

在第一时间大量采集、汇总各种互联网信息，通过组建舆情预警模型，及早发现突发事件，并对可能产生的现实危机的走向、规模进行判断，通知各有关职能部门进行预警。同时也可以根据需要通过 E - mail 或短信方式进行自动发送，提醒相关决策人。

如有需要，系统可以通过预警模块，预留信息跟踪接口，通过电信网关进行负面及恶性事件信息跟踪，协助相关职能部门进行对上网行为的监测和管理。

（4）舆情简报及报表模块：数据决策支持

系统可根据用户需求自动生成各种图表，合成舆情简报，支持简报格式模板的自定义；能方便地将舆情信息和图表引入报告，舆情报告最终以

Word 文档或其他文档格式提供给相关部门。如有需要，可提请相关专家对该舆情简报进行专业解读分析，为相关负责人决策提供专业意见。

（5）安全及权限管理

系统特设安全及权限分级管理功能，一方面在服务器端设置防火墙等安全模块，另一方面在用户端进行"软 + 硬"用户身份识别，根据具体情况为不同人员设定不同查看及管理权限，满足不同角色舆情管理的不同需求。

（6）专家深度分析作为补充

根据用户的具体要求或某一时期危机事件的发展趋势，相关专家在系统自动生成的舆情数据的基础上，参考其他相关背景资料，针对某些问题进行深度的分析，并撰写分析报告，作为补充。

第三节 网络舆情语义分析的具体应用

一 网络语义分析的具体步骤

1. 设定监测分析范围

在进行监测分析前，需要确定具体研究的课题，即要确定具体的问题，然后将这些具体的问题转换成监测分析目标，主要是定义关键词、设定监测时间段、选择监测内容的类型。

• 设定关键词：由于监测分析主题的复杂性，设定的关键词往往是多个关键词的组合，组合关系主要包括：并列关系（"与"），一般用" + "表示；析取关系（"或"），一般用"／"表示；排除关系（"非"），一般用"—"表示。

• 设定时间段：根据课题或者事件发生的时间来设定，一般具体到"年月日"；对于时效性要求较高的课题，也可具体到"小时"甚至"分钟"。

• 选择网络内容的类型：可以根据课题研究的需要，选择网络新闻、论坛、微博、博客、电商等类型中的一种或者几种。微信作为影响力日渐增强的类型，一般可监测到公开的官方微信。

2. 采集网络原始数据

设定好监测分析的范围后，语义分析的软件系统就可以自动搜索和采集网络数据，形成原始的数据池。根据监测范围的大小和采集的难易程度，原始数据池的最终形成数据从几小时到几星期不等。如果事先就设定涵盖主要监测分析范围的庞大母数据池，那么很快就可从中抽取出所需的

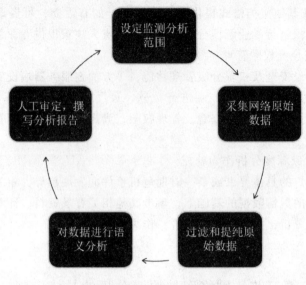

图 16 - 8　网络语义分析流程

原始数据。

3. 过滤和提纯原始数据

原始数据还是比较"粗糙"的信息内容，需要根据研究需求进行过滤和提纯。过滤一般是设定关键词或者类别排除"杂质"；提纯则是根据一定规则提取更精准的内容。对原始数据的过滤和提纯更依赖行业经验。

4. 对数据进行语义分析

在对数据进行"初加工"之后，下一步就可以进行深层的语义分析和数据挖掘了。主要包括：自动分类、自动聚类、自动摘要、褒贬分析、热点分析、趋势分析等。分析的结果一般为具体文本或者数值，通过可视化软件，可呈现为形象的图表。

5. 人工审定，撰写分析报告

最终的分析结果递交专业人员，根据行业经验和研究背景进行审定、复查和补充；对数据结果进行解释分析，阐释意义，最后形成分析报告。这一环节是最重要的部分，某种程度上也决定着整个报告的质量和水平。软件系统分析出的数值好比医疗仪器测量出的医疗数据，最终的诊断需要资深医生的研判分析。

二 具体分析实例

下面以"浙江教育系统2013年度舆情分析"为例，具体介绍网络监测和语义分析的步骤和方法。

1. 设定监测分析范围

● 关键词设定：地域范围是"浙江"，并增加了杭州、宁波、温州、嘉兴、台州等11个地市；行业领域"教育"，增加了教师、学生、幼儿园、小学、初中、高中、大学、职高等领域词；按"与"、"或"关系用符号连接。

● 时间段设定：本报告考察2013年度，起止时间分别是2013 - 01 - 01至2013 - 12 - 31。

● 网络内容类型选择：主要是新闻和微博内容，具体监测国内主流新闻媒体网站2300多家，浙江本地媒体网站134家，新浪微博150万名大V博主。

2. 采集网络原始数据

以上监测范围设定后，软件系统自动采集原始数据，用时2周，共获取相关信息169204条。从来源看，新闻77407条，微博91797条。

3. 过滤和提纯原始数据

对收集到的海量信息进行预处理，如格式转换、去掉重复的内容、数据清理、数据统计等。对于新闻，主要滤除无关信息，保存新闻的标题、内容、出处、发布时间、原始链接等；对于微博，主要记录内容、发布时间、发言人、转发内容、转发数量等，最后形成格式化信息。

4. 对数据进行语义分析

主要包括：

● 热度趋势分析：分析在不同的时间段内，人们对主题所关注的程

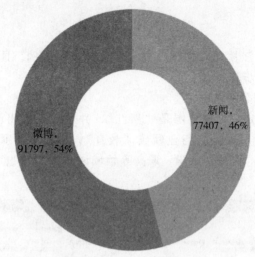

度，通过图表展示监控词汇和时间的分布关系。

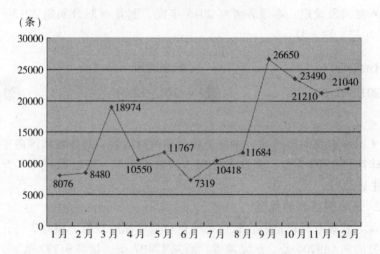

● 褒贬分析：网民表达的对浙江教育的正面、中性、负面态度，包括总体态度、新闻和微博里的表现具体态度、对各地市的态度等。

总体态度

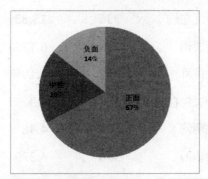

新闻和微博态度

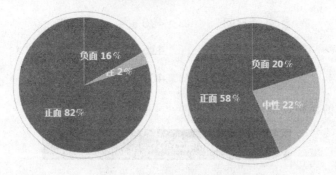

各地市舆情信息褒贬情况统计

地市	关注度（条）	正面（%）	中性（%）	负面（%）
杭州	54788	72.65	13.12	14.23
宁波	23674	75.01	11.92	13.06
温州	14874	66.92	12.76	20.32
嘉兴	5287	79.38	7.58	13.03
金华	4512	72.01	6.01	21.99
绍兴	4351	78.05	8.14	13.81
舟山	3501	82.46	6.46	11.08
台州	3306	77.22	5.72	17.06
丽水	2325	78.11	8.90	12.99
衢州	1891	75.62	11.16	13.22
湖州	1880	77.29	7.55	15.16

- 来源分析：对新闻来源进行统计分析，列出 TOP10。

1	浙江在线	2361	18.83%
2	新浪网	774	6.17%
3	人民网	651	5.19%
4	中关村在线	617	4.92%
5	光明网	562	4.48%
6	新华网	548	4.37%
7	中国新闻网	518	4.13%
8	搜狐网	490	3.91%
9	杭州网	416	3.32%
10	和讯网	401	3.20%

- 微博用户地域分布：

☰ 微博人口地域分布

	省份	总量 ▼	正面 ▲	负面 ▲
1	浙江	62054	36608	10029
2	北京	6309	3598	1443
3	上海	4416	2524	886
4	广东	3440	1854	793
5	江苏	2572	1323	704
6	山东	1232	568	439
7	福建	1191	628	314
8	湖北	1032	560	260
9	河南	974	457	293

← 1 2 3 4 →

● 分类排行榜：

区/县	总量（条）	正面（%）	中性（%）	负面（%）
杭州	54788	72.65	13.12	14.23
萧山区	2709	69.47	9.63	20.89
西湖区	1138	78.38	9.31	12.30
上城区	1068	81.27	4.31	14.42
下城区	792	78.03	6.94	15.03
余杭区	683	76.28	9.22	14.49
拱墅区	644	84.01	8.70	7.30
江干区	596	77.85	6.38	15.77
滨江区	581	85.71	5.68	8.61
桐庐县	212	77.36	3.30	19.34
淳安县	209	84.21	4.78	11.00
富阳市	197	82.23	8.63	9.14
临安市	150	82.00	3.33	14.67
建德市	144	82.64	8.33	9.03
宁波	23674	75.01	11.92	13.06
江北区	1267	80.58	5.05	14.36
江东区	942	86.52	5.84	7.64
余姚市	865	49.48	7.75	42.77
海曙区	826	83.90	7.26	8.84
鄞州区	815	79.75	8.71	11.53
慈溪市	491	75.76	12.02	12.22
宁海县	275	82.55	3.64	13.82
北仑区	258	81.78	7.36	10.85
象山县	187	86.10	5.88	8.02
奉化市	156	82.05	13.46	4.49
镇海区	35	88.57	5.71	5.71
温州	14874	66.92	12.76	20.32
平阳县	588	83.67	3.91	12.41
鹿城区	450	69.33	3.56	27.11
洞头县	428	90.19	1.64%	8.18
乐清市	404	64.36	7.43	28.22

续表

区/县	总量（条）	正面（%）	中性（%）	负面（%）
苍南县	353	58.64	10.20	31.16
瑞安市	341	70.09	7.33	22.58
龙湾区	299	77.59	4.35	18.06
瓯海区	248	60.89	3.23	35.89
永嘉县	246	67.48	5.28	27.24
泰顺县	165	70.91	7.27	21.82
文成县	95	77.89	4.21	17.89
台州	3306	77.22	5.72	17.06
温岭市	883	63.99	2.72	33.30
仙居县	246	83.33	6.91	9.76
椒江区	198	86.87	0.51	12.63
临海市	180	80.56	3.89	15.56
天台县	165	83.03	6.06	10.91
玉环县	152	81.58	3.29	15.13
路桥区	138	82.61	2.17	15.22
黄岩区	131	87.79	1.53	10.69
三门县	108	75.00	0.93	24.07
衢州	1891	75.62	11.16	13.22
江山市	551	77.68	5.08	17.24
衢江区	186	81.18	9.14	9.68
龙游县	151	86.09	5.96	7.95
柯城区	134	72.39	5.22	22.39
开化县	117	86.32	0.85	12.82
常山县	88	93.18	1.14	5.68
嘉兴	5287	79.38	7.58	13.03
秀洲区	864	92.94	1.27	5.79
南湖区	718	87.60	1.25	11.14
海宁市	585	84.62	6.50	8.89
海盐县	542	84.87	3.69	11.44
桐乡市	508	87.60	3.35	9.06
嘉善县	409	85.82	2.93	11.25

区/县	总量（条）	正面（%）	中性（%）	负面（%）
平湖市	329	77.20	3.34	19.45
绍兴	4351	78.05	8.14	13.81
绍兴县	398	73.37	9.80	16.83
诸暨市	369	74.53	10.30	15.18
上虞市	312	88.78	2.88	8.33
新昌县	292	90.41	0.68	8.90
越城区	212	66.51	10.85	22.64
嵊州市	176	82.95	4.55	12.50
金华	4512	72.01	6.01	21.99
东阳市	686	81.92	2.19	15.89
婺城区	567	88.01	1.94	10.05
义乌市	443	79.01	4.06	16.93
永康市	297	69.70	3.37	26.94
浦江县	234	72.22	3.42	24.36
武义县	206	90.29	0.49	9.22
金东区	167	59.88	1.80	38.32
兰溪市	132	74.24	2.27	23.48
磐安县	96	93.75	1.04	5.21
舟山	3501	82.46	6.46	11.08
定海区	913	88.17	6.13	5.70
普陀区	766	85.64	4.44	9.92
岱山县	70	94.29	1.43	4.29
嵊泗县	56	82.14	10.71	7.14
丽水	2325	78.11	8.90	12.99
云和县	440	93.18	1.14	5.68
莲都区	372	82.26	1.88	15.86
青田县	338	86.39	0.59	13.02
龙泉市	224	95.09	0.45	4.46
缙云县	185	70.81	19.46	9.73
遂昌县	146	91.10	0.00	8.90
松阳县	124	87.90	1.61	10.48

续表

区/县	总量（条）	正面（%）	中性（%）	负面（%）
庆元县	76	90.79	2.63	6.58
景宁县	57	94.74	1.75	3.51
湖州	1880	77.29	7.55	15.16
安吉县	205	88.78	2.44	8.78
德清县	199	90.45	7.54	2.01
长兴县	141	86.52	3.55	9.93
吴兴区	105	78.10	4.76	17.14
南浔区	25	92.00	0.00	8.00

5. 人工审定，撰写分析报告

最后进行人工数据复核，对相关数据进行归因分析，撰写分析报告。

三　优势与不足

1. 技术优势

语义分析技术为网络舆情分析带来了很大的便利和良好的效果，主要体现在以下几个方面：

（1）迅速及时，处理海量信息：覆盖全媒体，包括主流论坛、新闻、博客和微博；支持全网搜索监测和自定义来源监测；可提供多语种监测；可7×24小时监测，扫描间隔缩小到分钟级。

（2）分类聚类，自动处理：语义分析技术带来的一大优势是文本内容处理的自动化，减少了大量的人力投入，内容包括自动分类、聚类分析、自动排重、自动过滤等。

（3）热点热度分析，自动预警：可对突发事件等舆情热点自动发现，对热点事件进行跨时间分析，生成趋势曲线；可对热点事件进行统计分析，生成专题报告；对突发事件、涉及内容安全的敏感话题及时发现并短信、邮件预警。

（4）态度分析，自动褒贬：可以实现自动褒贬打分，对不同事件和内容进行满意度分析；结合时间趋势可进行事件倾向性分析。

（5）可视化报表，一键导出：对抓取的专业信息文本自动进行分析，根据分析的数据结构自动制表；支持根据需求定制报表，支持报表自动导出。

2. 局限与不足

由于网络的特殊性、复杂性，如何判断网络谣言、网络暴力、人身攻击、网络色情等不良信息，以及如何量化所造成的后果都没有明确的标准，这些都为网络舆情进一步研究带来困难。网络舆情毕竟只是社会舆情的一部分，研究者在对热点事件和突发事件进行语义分析时，还要对网络舆情进行仔细甄别，做出恰当的评估。

尽管网络语义分析运用于网络舆情研究有重要价值，但其核心技术——数据挖掘同时也面临着许多力所不及的问题：

• 面对网络时刻在更新变化的海量信息，怎样提取其中有价值的信息，尤其是对于社情民意、情绪意愿、态度和意见等较主观的内容，怎样对数据进行抽样，抽取多大的样本，又怎样评价；针对不同问题，不同内容需要怎样的界定等，还需要努力探索。

• 网络舆情监测与分析等过程中的智能信息处理技术问题，不仅涉及语义层面的因素，还要结合知识发现、文本挖掘、机器学习、数据分析等相关技术的应用。

• 在具体网络舆情的应用研究方面面临着一系列的挑战，例如网络舆情监测体系中还存在很多亟须完善的地方，如监测源的获取和更新、复杂舆情倾向判断、舆情自动预警等，这些关键点的研究不仅需要我们充分利用已有的新闻学、社会学、心理学等理论知识和先进的技术手段，还需要我们能够根据网络技术的新发展，创新性地提出更符合网络舆情实际的解决方案。

总之，网络语义分析只是一个工具，它可以帮助发现和分析问题，但是不能准确地揭示原因。只有将网络语义分析与相关领域专业知识紧密结合，才能对数据挖掘的结果提出合理的解释。在网络舆情信息研究中引入、开发计算机网络技术，还有待两个不同领域研究人员的共同努力。

第六部分

民意研究的运用

第十七章　政治选举

对世界上相当一部分国家来说，民意调查已经成为其政治进程的一个重要组成部分。在现代民主社会中，获得选民的选票成为官员当选的唯一合法途径。因此，如何赢得选民的信任、如何根据民调结果及时调整竞选策略和政策方向以争取更多的选民支持，就成为民主制下政治候选人必须面对的问题。民意调查的目的在于第一时间跟踪民意变化态势，为政治候选人提供策略依据，为社会提供观察、监督选举的参考。

第一节　民意调查与政治选举的渊源

一　民意调查诞生于选举预测

民意调查从一开始就与政治选举结下了不解之缘。

民意调查最早可以追溯到 1824 年由报纸举行的模拟投票（李道揆，1999）。位于宾夕法尼亚州首府的《宾夕法尼亚人报》为了预测选民对当时 4 位总统竞选者亚当斯、杰克逊、克劳福德和克莱的支持度，对选民进行了调查并于同年 7 月 24 日发布了调查结果。尽管由于抽样方法的原因，其调查数据未能准确预测选举结果，但这次调查仍被看作最早的民意调查活动。

《文学文摘》（*Literary Digest*）的知名度也与总统竞选联系在一起，该杂志因准确地预测了 1916 年至 1932 年间举行的五次总统大选而闻名美国，也因 1936 年的预测失误而宣告破产。

真正的民意调查是随着科学抽样方法的问世而诞生的。成立于 1935 年的盖洛普民意调查机构因准确预测 1936 年的总统大选崭露头角。其实，早在 1932 年，乔治·盖洛普就曾运用科学抽样方法准确预测其岳母胜选州务卿。在 1936 年的美国大选中，盖洛普再次使用科学抽样法进行选情调查，显示富兰克林·罗斯福的得票率将是 55.7%，而大选的结果是罗斯福赢得 62.5% 的选票。从此，民意调查不但成为美国政治生活中反映和度量民意的重要手段和渠道，也成为历届美国总统大选中经久不衰的主题之一，并越来越受到美国公众和各界人士的关注。

约翰·肯尼迪是第一个将民意调查作为其竞选策略基础的美国总统候选人。他聘请哈里斯（Louis Harris）作为他的民意调查顾问，帮助制定选举内容与策略。肯尼迪将大量议题纳入民意调查的框架中，据此了解公众的观点和意见。他还运用民意调查评估自己的优势与差距，并以此制定选举策略与内容，包括确定竞选搭档、寻求反击对手的切入点等。在哈里斯的帮助下，肯尼迪在各个州找寻最重要的政治问题，并评估其是否可以在这些主要问题上有所作为。如，肯尼迪通过民意调查发现，美国只有30% 家庭的孩子上大学，而 80% 的家庭希望孩子上大学。由此，肯尼迪在选战中一直将教育作为重要议题，向公众传达他将致力于改善孩子们的受教育机会。1976 年，卡特任用民意调查专家卡德尔（Patrick Cadell）作为其竞选顾问。卡特当选总统后，卡德尔走向前台，成为进入白宫核心圈的第一个民意调查专家。如今，美国所有的总统候选人竞选班底中都有民意调查专家。

民意调查作为发展成熟的政治及沟通策略，对于西方国家政治体系中的政党选举和政府管理具有重要的意义。德国美因茨大学政治学教授米克·歌德指出，在德国，民意调查广泛存在于竞选活动、政策制定、政策实施和反馈以及问题及争端解决之中。广泛存在的民意调查作为政治规划的高效工具，给予了公民在选举期间自由发表意见的机会，从而加强了民主，降低了政治冲突的风险。

二　大选预测的失误促进了民调技术的发展

民意调查技术的发展与政治特别是选举政治密不可分。1920 年、1924 年、1928 年、1932 年，美国《文学文摘》杂志采用大样本（样本量达到 200 万人）准确地预测了美国总统竞选的结果，但由于当时的样本选择具有随意性，而不是随机性，使得悲剧终于在 1936 年上演。《文学文摘》主要是通过邮寄回收方式收集资料，而邮寄的地址是通过汽车牌照登记和电话登记记录来获得的，从而产生样本偏差。

《文学文摘》杂志的失败使民意调查者意识到，"样本量越大，调查结果越准确"的做法是想当然的，随机抽样、样本的代表性等观念开始成为现代民意调查的基础。在第一次"草根调查"110 年后的 1936 年，盖洛普第一次使用随机抽样方法进行全国性的调查。以盖洛普、克罗斯利

（Crossley）、罗珀（Roper）为代表的现代意义上的科学调查方式由此确立了自己的地位。他们只调查 2000—3000 个样本，却得出了比过去使用大样本更准确的结论。

然而，通过民意调查预测大选结果并不是一帆风顺的，在大选中闹乌龙的民意调查不乏"经典案例"。在 1948 年的美国总统大选中，盖洛普民调的预测与最后的结果大相径庭，让素有盛名的盖洛普备感蒙羞。事后分析，这次民意调查的失误缘于调查手段的"科技进步"。20 世纪 40 年代，美国家庭电话的数量迅速增加，但还没有达到完全普及的程度，盖洛普为提高调查效率而采用的电话调查方式，恰恰疏忽了这样一个重要事实，即家中装不起电话的普通选民，致使调查结果更倾向于富裕家庭。预测失误的另一个原因是，盖洛普在大选前两星期停止民意调查，但当时有近 14% 的摇摆选民还没有确定立场。

盖洛普等人对总统选举的成功预测，得益于其所采用的科学抽样方法，当时所使用的系统选择的配额抽样方法是一种基于科学调查的重大突破。如今，民意调查方法已经形成了从整体设计、抽样方法设计、样本框建立、问卷设计、样本获取、数据处理和报告形成并发表的一整套规范的原则与程序。作为一种严肃的、科学的调查方式，民意调查被越来越多的人所接受。

如今，民意调查经过近 200 年的发展，其程序已变得复杂而精致，可以更好地确保调查的客观、充分、均衡、科学。然而，民意是动态的，影响民意的因素错综复杂，宗教的、社会的、性别的因素都有可能妨碍调查结果的准确性，在不同的历史环境和社会条件下，有些因素有可能对民意调查产生无法预估的影响，如"布拉德利效应"[①]。2008 年大选期间，舆论和选举专家时常提及"布拉德利效应"，认为奥巴马具有黑人血统，基于社会理念和种族舆论，一般会出现中立选民或者白人选民在民意调查时不说不选奥巴马，但正式投票时却不投奥巴马的情况。尽管奥巴马最终获胜，但谁又能说"布拉德利效应"就失效了呢？

三　民意调查在政治选举中的作用

民意调查来自民意，又影响民意，独立于选情，又左右选情，在大选中发挥着微妙的作用，成为选举中不可或缺的政治"拐杖"。

美国"佐格比国际"民调机构的总裁约翰·佐格比曾以减肥为比喻

[①] 这是由加利福尼亚州洛杉矶市前市长、非洲裔美国人汤姆·布拉德利得名。布拉德利 1982 年竞选加州州长时，民调结果显示他大幅领先对手，而投票结果证明民调结果是错误的。

生动地阐述民调的作用。大多数减肥者就像专业政治人士和政治迷一样，希望随时追踪信息数据。尽管正在节食的人不一定能在既定日期达到目标，但减肥效果数据能为是应进一步努力还是偶尔可吃一块巧克力蛋糕提供依据。

民意调查就好比这样的效果数据。民调不仅能显示哪些候选人在竞选中处于领先地位，也能提供其他多种信息：比如某个特定时期的主要议题有哪些？这些主要议题会不会改变？是否必须对此做出反应？早期民调还能反映公众的整体情绪：比如他们对国家或所在地区的发展方向是否感到满意？民意调查的作用在于将候选人的见闻和选民的直觉科学地数据化——是满意还是不满意，是充满信心还是气愤、气馁甚至绝望？

首先，民调可能对选民心态产生影响。在每次大选中，由于不少选民对候选人了解不多，拿不定主意，这样民意调查的结果就很可能对这些游离的选民产生潜移默化的影响，他们通常会支持民调领先的候选人。正是因为如此，所以一些候选人会发布操纵的民意调查，以影响选情。

如果犹豫不决的中间选民群体较为庞大，其投票方向很可能会决定最终的选举结果，从而出现民意调查中的"优者"更胜、"劣者"更败的现象。在2009年举行的日本众议院选举中，当时的民意调查显示民主党所获席位有可能超过300个，结果民主党最终获得了308个席位，推翻了自民党政权，实现了政权更迭。而在2005年众议院选举时，当时自民党在民意调查中也显示有望获得半数以上的席位，其最终获得的296席远远超过了半数。对于这种选举中选民的"见风使舵"倾向，分析人士指出，这表现了众多选民对获得多数人支持的候选人会感到更放心，在自己拿不定主意的时候，就会借助大众的判断能力。

其次，民意调查有助于候选人了解选民，并在此基础上提出或修订政纲，制定有效且可行的竞选策略。1952年，艾森豪威尔的竞选智囊就曾利用民意调查来制定宣传策略。他们在畅销的《读者文摘》上登出4个竞选口号，并将大多数人最感兴趣的"艾克是个和平使者，可以结束朝鲜战争"作为他竞选总统的中心口号。

再次，民意调查还有助于美国的"权势阶层"发现合适的总统候选人。比如，1997年秋天，美国的一项民意调查显示，小布什在共和党内呼声最高。于是，很多共和党人出面说合小布什出山，希望他帮助共和党夺回白宫的宝座。

如今，在美国，几乎每个总统候选人都有自己的民意调查班子，都要依赖民意调查机构提供的咨询。美国各州和地区的民意调查机构也会定期公布民众意向报告。经过多年的发展和改进，民意调查已经被西方各国普遍采用，其他一些非西方国家也开始加以仿效。

媒体与选举民调的发展密不可分。被认为是最早的选举民调就是由宾夕法尼亚州哈里斯堡的一家地方报纸进行的，20 世纪 30 年代后独立的民意调查开始成为政治竞选新闻中的常见内容。到了 20 世纪 70 年代，美国三大电视网（美国广播公司、哥伦比亚广播公司和全国广播公司）的新闻节目都开始报道它们自己就总统大选进行民意调查的结果，后来还把民调范围扩大到重要的州长选举和国会议员选举。

在美国，电视新闻网和与之合作的报纸（如：哥伦比亚广播公司/《纽约时报》，美国广播公司/《华盛顿邮报》，全国广播公司/《华尔街日报》）联合进行的民意调查极为普遍，它们可以每周甚至每天跟踪公众对候选人和议题的看法。几十年来，独立的政治民调为人们提供了客观的选情报道，包括对每位候选人的优点和弱点的评估，以及对支持各个候选人的人口群体的分析。这种独立的民意调查使记者和编辑能够对竞选活动做出如实的评估和报道，使选民对政治格局有更好的了解。

第二节　选举民调中的抽样

选举民调主要是考察选举范围内所有选民对候选人的支持度以及对候选人所提出的一些政策措施的看法。对于美国大选来说，其选民是指所有居住在美国（50 个州和哥伦比亚特区）的 18 周岁以上的成年人，包括生活在军事基地的军人和暂时存在于一些机构中的人，例如囚犯或者住院病人等。

一　入户访问

下面以盖洛普民调为例，阐述选举民调中的抽样。盖洛普民意调查机构采用的是由调查地区构成的全国性概率抽样样本，具体抽样过程是分层两阶段抽样。

（一）按照地理位置、都市化程度和社区规模对全国各地区进行分层

盖洛普抽样首先根据人口普查资料，按照地区的人口规模和都市化程度进行分层，将全国各地区划分为以下 7 类：

1. 中心城市人口在 100 万人和 100 万人以上；
2. 中心城市人口在 25 万人至 100 万人之间；

3. 中心城市人口在 5 万人至 25 万人之间；

4. 人口规模低于以上三组，但其地理位置处在（人口普查局确认的）都市化地区；

5. 城市和乡镇（人口密集地区和人口普查标识地区）的人口数为2500 人至 49999 人之间；

6. 乡镇和村庄（人口密集地点和人口普查标识地点）的人口数在2500 人以下；

7. 其他地区。

接下来，盖洛普抽样又把全国划分为若干地理区域：新英格兰地区，大西洋中部地区，中东部地区，中西部地区，东南部地区，山区和太平洋沿海地区。经过这样的以社区规模、都市化程度和地理区域的逐次分层之后，全国被划分为人口规模相当的若干地区，并且将这些地区按照各自的地理位置呈螺旋状的带状排列。这样，就可根据与人口规模等比例的原则，从这一带状分布的地区中抽出调查地区。

（二）抽取调查地区。以多阶段概率抽样方式，分阶段抽取地区样本。

（三）将抽中的调查地区进一步分成数个分区。然后仍然按照各分区的人口规模，等比例地抽取分区样本。倘若缺少分区的人口资料，而且各分区的地理面积差异又不大时，亦可采取等概率方式抽取分区样本。

（四）在进行入户调查时，若能取得有关分区中各街道的资料，则应按照与住宅数目等比例的抽样概率，抽取街道或街区样本。在那些缺少有关统计资料的分区中，可按照等概率的原则抽取街区或街段。

（五）从调查地区中抽取家庭和个人。在城市以街区为单位，在乡村以乡（或者同等大小面积的地区）为单位，抽取入户调查点。在进行全国性调查时，大约需要 300 个这样的调查点。在每一个由街区或街段构成的调查点上，都要根据该地区的地图，随机确定抽样的起点。调查员将从这一点开始，顺着一条事先定好的访问路线，挨家挨户地进行调查。直到面访的男性和女性的被调查者人数达到任务规定的数额时，这次入户调查方告结束。

（六）调整调查点。盖洛普抽样依据人口普查局最新公布的各地区人口结构抽样数据，定期地校正各地区抽样前分层的人口结构，使之与人口普查局的最新资料一致。例如，根据人口普查局的抽样数据，对样本中的受教育程度、年龄、性别等人口结构进行一些小的调整。

二　电话调查

电话调查是选举民调的重要方式。20 世纪 80 年代中期以后，95% 的美国家庭都拥有了电话，使得利用电话进行调查成为可能，同时也使调查费用大大降低，调查结果得以迅速发表。那么，如何确保电话调查样本的随机选取？盖洛普民意调查研究所采取的方法是利用计算机从全美电话号码中随机选出数量足够的电话样本。当然，确保提问方式的中立性也很重要，因为这样才不会对被提问者的回答产生误导。

下面以《纽约时报》联合 CBS 新闻频道的一次电话调查为例，介绍选举电话调查中的抽样。这次电话调查的样本为来自全美国的 1070 位成人，其中 972 人表示他们已经注册为选民。

电话调查包括座机和手机。座机样本是从全美国 42000 多个地区分局中随机抽取的，选取的原则是，保证全国每个地方都有与其人口比例对等数量的被调查者。

在每个电话分局内，为了组成完整的电话号码，调查者采用了随机数字组合的办法，因此，清单内和清单外的电话号码都有可能被抽到。被抽到的家庭再根据随机方式选出一名成人作为此次调查的访问对象。

为了增加覆盖率，除了通过座机获取样本外，调查者还随意拨打了一些手机号，并把两种样本结合起来统计。这两种样本通过加权，使之与全美国的地理区域、性别、种族、婚姻状况、年龄和受教育程度的多样性相符。此外，通过座机民调的对象也通过家庭大小和当地电话线数量加权，通过手机民调时以他们是否只能通过手机联系或者也可以通过座机联系来加权分析。

第三节　影响民调的主要因素

民意调查凭借科学的方法和技术赢得它在政治选举中的地位，正是由于民意调查的准确性和可靠性，作为政治选举结果晴雨表的民意调查才日益引起人们的关注，并逐渐演变成政治研究的一种视角和方法。在许多西方发达国家中，民意调查贯穿于每次大选。在整个大选过程中，媒体与各个民调机构围绕着一定的选题，实施大量的民意调查。那么影响民调的主要因素有哪些呢？

一　大选议题

在历届美国总统大选中，大量民意调查都会涉及一些重要的议题，这些议题不但考量总统候选人与选民之间的相互认同程度，而且还是影响或左右选举结果的重要变量。

在大选的不同阶段，民意调查机构会根据环境的发展变化抛出不同的问题来试探选民的投票意向。总体上讲，民意调查所涉及的大选议题不外乎两个方面的内容：一是与选民切身利益相关的内容，二是政治候选人的能力和个性品格方面的内容。

就第一个方面的内容来看，根据美国广播公司和《华盛顿邮报》于2004年9月上旬公布的民调结果，2004年大选所涉及的议题主要包括：税收、经济、反恐、伊拉克状况、美国最高法院的任命、教育、创造就业机会、健康保险（包括医疗保险）以及帮助中产阶层等。《新闻周刊》当年9月初公布的普林斯顿民意研究机构所做的民意调查则略有不同，增加了恐怖主义与国内安全、外交政策与对外竞争、同性婚姻（家庭）和环境问题等项。然而，这次调查并未涉及美国最高法院的任命和帮助中产阶级两项内容。就第二个层面的内容来看，民意调查所涉及的问题主要包括：候选人是否果断、是否能分享选民的道德价值观、是否忠实可信、对国家的未来前途是否乐观、有否有能力使国家保持统一、是否关注选民的需求、在国家困难时期能否提供强有力的领导、是否胜任国家武装部队总司令这一职务、对问题的表达和理解是否清晰等项。由此可见，第二个层面的内容是全方位的，考量的是作为美国总统候选人的人格魅力和体格的健康程度。

当然，在大选的不同阶段，问题的措辞和提问顺序发生变化时，以及被调查对象有所区别时（已登记选民、可能的选民与全国范围所有成人），民意调查的结果也会有所不同。作为整体的大选议题是历届美国总统大选中经常起作用的变量，不过，在特定背景下，某一特殊议题可能成为影响较大的变量，候选人对这一问题的态度及其所属政党的相关战略和策略，就成为衡量其成败的关键因素。

二　被调查者的人口统计学状况

在上述大选议题的框架下，我们来考察选民的人口统计学分层。被调查者的人口统计学状况是理解美国总统大选及总统候选人支持率的基础。王军等人（2005）选取了2004年5月初至9月中旬的盖洛普民意测验数据，对布什与克里两人基于已登记选民的人口统计学进行分析。结果表明，从人口统计学角度来看，选民的分层主要表现在性别、年龄、种族、分布地区、受教育程度、收入状况、意识形态偏好和党派隶属关系8个方面。

从性别看，男性和女性在投票支持布什和克里方面有细微差别。女性选民自 20 世纪 80 年代以来一直都比较支持民主党，男性选民则始终给予共和党更多的支持。8 月底和 9 月初的民意测验显示，克里在女性选民中的支持率仍然高于布什，但是到 9 月中旬以后，克里由落后 2 个百分点扩大至 11 个百分点。

从种族看，白人对布什的支持率远远高于克里，非白人对克里的支持率则远远高于布什。在这一点上，由于美国白人比例远高于其他种族，因而布什占优势。

从年龄看，盖洛普民意调查将选民分成三个年龄段，即青壮年组（18 岁至 49 岁）、中年组（50 岁至 64 岁）和老年组（65 岁及以上）。调查结果显示，在 9 月份举行的两次民意调查中，只有在 50—64 岁这一年龄段，布什与克里的支持率接近，而在其他两个年龄段，布什有明显优势。

从地区分布看，布什在中部和南部获得支持率较高，克里则在东部获得较高的支持率。在西部，克里于 8 月底 9 月初所获得的优势地位逐渐沦落为 9 月中下旬明显的劣势地位。

从受教育程度看，受过高等教育特别是研究生教育的选民，给予克里更热情的支持。从民意测验走势看，受过大学教育的人由原来支持克里转而支持布什。受教育程度低的选民明显支持布什，布什在这一群体所获得的支持率比克里高出将近 20 个百分点。

从意识形态偏向看，保守派明显支持布什，自由派明显支持克里。而中间派在 8 月底到 9 月中旬对布什的支持率要高克里近 20 个百分点，至 9 月下旬，对两者的支持差距缩小为 2 个百分点。

意识形态因素与党派隶属关系密切联系在一起。共和党人和民主党人都有强烈的党派忠诚，绝大多数党员会绝对支持本党。但调查数据显示，二者之间也有一些细微的反差，共和党对本党的支持率要明显高于民主党对本党的支持率。

从收入状况看，低收入群体明显支持克里，而高收入群体则给予布什很高的支持。即便如此，到 9 月下旬时，收入不超过 3 万美元的群体，给予克里的支持率也比给予布什的支持率低了 1 个百分点。

上述关于选民人口统计学分层的民意调查，是针对布什与克里"二维"模式进行的。此外，还有"三维"和"多维"模式，即布什、克里与第三党候选人模式以及布什、克里、第三党候选人以及其他候选人等多人模式。无论是在"二维"、"三维"还是"多维"模式中，从选民的角度看，都存在"独立选民"这一群体，其作用和影响不容低估。

第四节 民意调查在国内干部选拔中的运用

民意是执政的唯一合法性基础，敬畏民意是现代政治文明的重要标志。

随着经济全球化和信息化的迅猛发展，民意调查作为国家政治、经济和社会生活中不可或缺的一部分，在现代社会中的运用越来越普遍。调查研究是中国共产党的优良传统，是过去的革命、建设和改革成功的重要保障。早期的调查研究主要采取的是开座谈会的方式，就一个主题进行专门调研，但在社会利益显著分化、价值观日趋多元的现在，仅仅采取开座谈会的方式已难以准确了解民意。执政党和政府要学会并善于运用现代民意调查的方法。在干部选拔中引入民意调查，有助于建设高素质的干部队伍，提高各级党委政府的执政能力。

一 民意调查开始引入干部选拔

过去干部的考核主要在其"工作圈"内进行，采取的主要形式是"两民主一谈话"，"民意"的唯一依据就是测评率高低和推荐票多少。这种由干部评价干部的方式，由于普通群众的参与缺位，由于服务对象主体的缺失，难免从源头上影响干部考核信息的完整性和干部选拔的公正透明性。在干部考核中导入民意调查，较好地弥补了传统干部考核方式的不足，使干部工作的参与主体扩大到社会各个层面，听取意见的范围也大大拓宽了，这有助于减少干部考核失真现象，使考核评价更接近领导班子和领导干部的本来面貌，使人民群众对考核结果也有了更高的认同感，有助于提升干部队伍的整体形象，有助于密切干群关系。这是民意调查走进干部考核的直接原因。

2004 年，中组部在考察省部级后备干部中首次使用民意调查，派出农调队到居民家中抽样调查。根据党的十六届四中全会的要求，中组部分别在内蒙古、浙江、四川、辽宁、江西、河南等 12 个省区进行了两轮综合考核评价试点工作。其间比较实验了民意调查的多种具体方式，包括"两代表一委员"（党代表、人大代表、政协委员）问卷调查、入户调查、网上调查、访谈调查等。在此基础上，2006 年 7 月中组部印发实施了《体现科学发展观要求的地方党政领导班子和领导干部综合考核评价试行方法》，将民意调查作为综合考评领导班子和领导干部的 6 种具体方法之一，列入领导干部的选拔任用程序。

2007 年 7 月中组部召开专门会议，部署并实施针对组织工作的首次民意调查。从 2008 年开始，中组部委托国家统计局每年在全国 31 个省区市以及中央和国家机关、中央企事业单位开展组织工作满意度民意调查，其中有关干部选拔的民意调查为该项调查的核心。调查采用抽样问卷的方式，其内容主要是：干部群众对组织工作、组工干部形象、干部选拔任用工作、防止和纠正用人上的不正之风工作的满意程度，以及对组织工作的具体意见、建议。

在中组部部署首次民意调查之前，湖南等部分地区已先行开展试点。根据省民意调查中心的实施方案，2007 年 "湖南省组织工作及组工干部形象民意调查活动" 需调查 1 万人，其中 5000 人（农村和城市各 2500 人）由民意调查中心直接电话调查，另 5000 人由省统计局确定单位进行邮寄问卷调查。民调中心根据与组织工作及组工干部接触的频率，确定机关、事业、企业，并分别按 50%、35%、15% 的比例抽取；每类单位抽取 3 人：领导班子成员、中层干部或者技术骨干、一般干部或者工人各 1 名。

近年来，在中国省、市、县和乡（镇）四级党委集中换届中，绝大多数地方对换届人选进行了民意调查。内蒙古呼伦贝尔市下辖的扎兰屯市，在 2009 年的干部选拔任用工作中，有 15 个乡镇和街道办事处被列入提高民意调查数据权重的试点。根据新的规定，民意调查的权重将逐步提高到 60%。

山东省临沭县在县乡换届中坚持把考察对象的民意调查结果作为干部选拔任用的重要依据，注重倾听来自各个领域、各个层面的声音，参加民意调查的范围既包括未参加民主测评的 "两代表一委员"、本系统的职工代表，又包括部分群众代表和服务对象。在 2012 年的县乡换届中有 2 名领导干部因分管工作成绩一般、群众评价较差被暂缓使用。

将民意调查引入地方基层领导干部的考核和选拔，意味着中国干部选拔工作日益走向民主化。在干部选拔中引入民意调查，让民意成为干部任用的 "风向标"，有助于改变工作中 "对上负责"、眼光 "向上看" 的习惯，改善广大干部面对基层的态度和工作作风，更好地服务人民群众。实践证明，在干部选拔任用中引入科学的民意调查，极大地提高了干部群众对组织工作的满意度。

二 民意调查的科学性有待提高

近年来，随着社会化干部考评体系的逐步构建，各地在干部考评工作中加大了民意调查的力度，但由于没有形成统一的规范，干部选拔中的民意考察效果往往取决于组织者的知识、能力水平,特别是对民意调查的认识和理解。民意调查走过场,民调科学性不足的情况仍不同程度地存在。

(一)民意调查样本的代表性不足

按照《综合考核评价试行方法》,各地在试点中主要是在"两代表一委员"中产生调查样本。参加调查的,一般为未参加测评的本行政级以上党代会代表、人大代表、政协委员以及其他群众代表,调查人数不少于本行政级以上"两代表一委员"总量的1/5,比例大体为:党代表占40%、人大代表占30%、政协委员占30%。拟提拔人选考察对象为部门负责人的,民意调查对象还包括考察对象所在部门和下属单位的工作人员及有关工作服务对象。抽样原则为参加调查的对象随机确定。

然而,将民意调查的范围限定在"两代表一委员",使调查对象缺乏广泛性和代表性。科学的民意调查首先要明确调查的总体和样本的选取办法,以及样本的容量等,这是民意调查反映民意质量的关键。因此,在民意调查对象的选择上,既要考虑数量上是否足够,也要考虑是否能够充分代表各个群体、各个层面。调查的人数并非越多越好,人数的确定跟调查的主题、调查的总体密切相关。参与调查的样本既要考虑该调查主题所涉及的各个阶层、各个群体,也要考虑各个阶层、各个群体的权重,而不能平均分配人数。

(二)问卷的设计不够严谨,问题过于宽泛、表述过于"书面"

民意调查所用的问卷就如量身高的尺,尺准才能量出精确的身高。同理,问卷设计严谨才能测量出干部的德才表现。

《综合考核评价试行方法》中对领导班子的民意调查有5类12个评价要点,对领导干部的民意调查有3类6个评价要点。具体操作中,可针对不同层次、不同类型领导班子及成员的服务范围、行政职能、工作特点等实际情况和不同考察任务要求,以及群众关注的突出问题,分类设计相应的问卷。比如,对县乡班子及成员,侧重了解群众的直接感受和工作成效;对部门班子及成员,侧重了解依法办事、机关效能、完成工作的成效、内部建设等情况;对拟提拔对象,侧重了解考察对象工作作风、工作成效、公众形象等方面的情况。

现行干部考核和选拔中的问卷常常存在问题过于宽泛、表述不够口语化的问题。比如,问题的直观性、具体性不够,没有围绕群众看得见、摸得着和感知度强的内容出题,没有做到小中见大,没有用表象反映抽象。对于一些敏感问题未能运用心理投射原理,未能在不经意间了解调查对象的内心倾向。调查内容过于笼统,没有细化成若干具体情况、数据和现象，语言过于抽象或"书面"，没有转换成被调查者易于理解的简明朴实的群众性语言，进而影响了问卷的可操作性、信度和效度。有时候选项的设计没有做到互斥和穷尽，或者没有做到明确无歧义，使调查对象难以选择或胡乱选择。此外，在问卷设计或调查实施中，存在不注意保护被调查者隐私的现象，这也会极大地影响调查的质量。

（三）民意调查的数据分析不够专业

调查结束后应聘请专业人士对所得数据进行整理分析，而不能仅仅统计几个百分比。比如，如何剔除不合格的问卷，如何控制数据处理时的误差，如何对原始数据进行统计分析和显著性检验等等，这些步骤决定了民意调查后期的数据分析具有较强的专业性，绝非普通工作人员可以完成。

（四）民意调查结果运用的有效性不够明确

干部选拔中的民意调查，最令外界关注的是民意调查结果的适用性。民意调查结果如何准确具体地进行公示？民意调查在干部考察中的权重如何确定？民意调查结果与民主测评、民主推荐、实绩分析等如何相互印证，以最大限度地使干部考核评价接近干部的本来面目？如何放大调查效应，将民意调查作为反映干部工作不足、提高干部施政水平和群众满意度的基点？

中央党校教授、著名政治学者叶笃初非常强调民意调查的客观性，他认为，如果"委托第三方"进行民调，则昭示着领导干部的选拔与任用制度将由党内民主走向社会民主，将更多地吸收民意，从而有利于打破干部选拔任用过程中的弊端。实践证明，将科学的民意调查手段引入干部考察，建立有机联系、完备可行的样本采集系统、调查问卷系统、统计分析系统、评价反馈系统和公示整改系统，对于推进党内民主、密切干群关系具有重大意义。

第十八章 公共决策

公共决策是指国家行政机关、社会公共事务管理机构作为管理主体，在公共事务管理中的目标设计、方案抉择活动。如何实现公共决策的科学化、民主化是当今社会政府面临的重要课题，而公民参与公共决策正是实现决策科学化、民主化的重要途径。公共决策过程有没有公民的参与，是否符合社会公众的利益需求，决定着公共决策的合法性、合理性与实施的可行性。

第一节　公民参与公共决策的意义

公共决策的基轴是公共权力与公民的关系。政府作为公共权力的正式代表，受托管理国家公共事务，因此其所制定的政策必须符合民意。在现代代议制民主政治体制中，公民既是公共权力的本源，也是被统治被管理的对象。公民同时作为政策主体与政策客体双重角色的矛盾，只有在公民充分参与公共决策过程且决策结果体现和维护公民利益时才能获得正确解决（宁骚，2004）。

一　社会发展呼唤公共决策模式的转变

公共决策模式，指的是公共政策制定、执行和反馈的方式。根据民意在决策过程中的作用，可将决策模式划分为精英模式和大众参与模式两类。托马斯·戴伊将精英模式称为自上而下的政策制定模式，即"国家的精英集团通过设定的过程将他们自己的价值观念和兴趣喜好转化为公共政策"。大众参与模式则是指民众直接参与政策制定过程，并把自己的意愿转化为决策者的决策方案。

新中国成立以来，在很长的一个时期内，政治动员与群众运动成为我国公共决策的常态工具。中国共产党在长期的革命和建设实践中形成的

"从群众中来，到群众中去"这一独特的获取民意的决策模式，从根本上说是一种自上而下的精英模式，其具体做法就是决策者主动深入民众中了解民众的具体要求，并依据实际状况制定出反映民众利益的政策方案，以此赢得民众对政策的支持。与此同时，通过宣传教育，改变或提高民众对政策方案的认识，以使政策方案更容易推行。然而，这一居高临下的决策模式在实践中却存在对民意的排斥：从技术理性的角度看，党和政府居于主导地位，控制了民众的意见表达渠道，单个的、分散的民意往往难以到达决策者；从社会权力角度看，在政策议题建构中，"往往并不考虑合法性问题，而由国家单方面强硬设定后动员群众参与，人民是被动员来执行党的精英人物已经制定好了的政策，而不是参与制定政策"（孔繁斌，2006）。

总体而言，当前我国公共政策的制定和实施依然存在民意基础薄弱的现象，公民事实上只是政策的执行者和服从者。经济市场化、政治现代化、利益多元化和信息网络化的发展，使主体意识日渐觉醒的民众开始积极寻求参与公共决策的途径和权利。民众不再愿意像过去那样被动地认可和接受政府的政策安排，不再满足于仅仅通过他们的代表行使决策权，不再甘于作为动员参与的工具，而是越来越强烈地要求介入公共决策过程。因此，通过政治动员、群众运动的方式获取民意，已经难以适应时代发展的需要。以民众表达为基础、公民参与为具体方式的新的公共决策模式，在政府政策议程中的作用正日益为社会所认可。

这里需要对公共参与模式与政治动员模式做一个区分，两者存在本质的不同。首先是内涵不同。政治动员模式，是由执政党或者政府设定政策议程，动员民众参与以获取政策制定和执行的社会和民意基础；而公民参与模式，则是民众自发认定和识别利益，进行利益和问题的表达，将之传递到政策议程中，期望个体意志能够影响决策者，使得政策方案体现自己的意志。其次，政策向度不同。政治动员模式是自上而下的政策向度，决策者自上而下地为政策方案获取民意，征求民意的范围和方式都具有局限性；而公民参与模式则是自下而上的，下位的民众主动参与到政策过程中，民意的广泛性和真实性更易得到保证。再次，政策环境不同。政治动员模式所处的社会环境处于高度管制状态，决策环境不透明、不公开，不易受到外界监督；而公民参与模式，则是政策环境较为开放，民众具备较为宽松的表达环境，能够影响到决策者，并推动决策者采取行动。

20世纪六七十年代以来，为了摆脱传统政府陷入的所谓"管理性危机"或"不可治理"困境，西方国家掀起了一场席卷全球的"新公共管理"运动，其中最引人关注的是，公民参与成为这场运动的核心内容。

如今，公民参与已经逐渐成为现代政府治理过程和公共管理者日常工作中的一部分，公民越来越多地通过各种渠道，表达自身利益诉求，影响政府的公共决策。

随着我国社会主义市场经济的发展和政治民主化进程的加快，公民不再满足于作为公共决策的客体而存在，被动地接受和认可政府的公共决策，而是强烈要求向公共决策系统表达自己的意愿，具体介入公共决策过程。公共决策从以政治动员与群众运动为主要形式的精英模式向以民主选举、民意调查等为主要形式的公民参与模式的转变，既是社会现实的呼唤，也是时代发展的必然。

二 公民参与公共决策的意义

公共利益是公共决策的逻辑起点，也是公共决策的终极目标，公民参与公共决策对于确保公共决策的公共性、科学性、可操作性以及提升政府形象、培育公民社会均具有积极的意义。

第一，公民参与有利于协调多方面利益，确保公共决策的公共性。公共选择理论认为政府存在自利性，公民直接参与公共决策必然会给更多的人更好地表达利益要求的机会，使政策制定者能够及时地将更为广泛的公共利益要求全面、准确地吸收到政策制定中来，从而限制、约束政府自利性，使尽可能多的公众利益在政策制定中得到最大限度的体现。

长期以来，我国实行的是单一主体的决策模式，政府作为唯一决策主体常常导致"唯上唯绩唯己"的决策结果，从制度上赋予公民必要的权利和途径参与公共决策，有助于确保各方面、各利害关系人的利益诉求得到充分表达，从而有效保障公共决策的公共性，避免"多数人的暴政"、弱势群体的利益被忽视以及以公牟私等情况的出现。

公民参与公共决策，是通过权利分享、权力监督和博弈制衡实现的。权力的分享可以实现以权力约束权力，限制决策制定人员、部门、行业牟取私利的行为。公民参与使决策过程透明化，公民获得了更多的知情权。同时，公民参与使得对决策权力运用的监督更加有效，各种权钱交易现象就会减少。公民以合法的途径参与公共决策，有助于形成各种利益力量和利益集团之间的博弈制衡局面，促使政府在决策过程中不得不考量各个方面的利益诉求，形成代表公共利益的公共决策，从而避免个别利益集团用非法形式对决策施加单独影响，扭曲公共决策的公共利益价值取向。

第二，公民参与有利于提高政策质量，确保公共决策的科学性。科学性是实现公共决策价值的保证。公民参与有助于从不同角度、不同层次为决策提供丰富的信息，有助于发挥公民巨大的创造力，公民中的专家学者可为实现决策科学性提供必需的专业知识，有助于形成最优的决策方案。

公民参与决策过程可以集思广益，将产生于公民社会的各种各样信息进行采集、整理、加工并输入公共决策系统，使来自公民社会方方面面的信息源源不断地在决策系统和公民社会间循环往复，从而形成一个决策信息交流网络，有效改善政府公共决策过程中的政令不通、信息不全等问题。

公共决策要顺乎民意、合乎现实，避免"好心办坏事"，就必须全面、准确地了解民意。公民参与有助于管理者了解民众愿望，获得有关公共服务需求的更完善的信息，从而以更低的成本为民众提供公共服务，避免公共管理者工作的盲目性，促进更加开放、更具回应性的公共管理体系的形成。

公民参与公共决策便于充分论证，进而为公共决策提供最为科学的依据。公众遍布于社会各个层面和各个领域，他们的意见建议最能反映真实情况。借助大众传播，在最广泛的社会范围内进行讨论和沟通，使有利于公共决策的民意倾向得到尽可能充分的表达，可以避免政策的盲目性或由于情况不明造成的决策偏差，保证决策的科学性和可行性。

第三，公民参与公共决策有助于提高公共政策的可操作性，降低执行成本。公民亲自参与选择的公共决策容易得到公民的广泛认同和支持，使决策在执行中不会遭到普遍的抵制。公共决策可行性的提高又降低了公共决策执行的成本，公民为追求利益广泛参与公共决策扩大了公共决策惠顾的范围，增加了公共决策的产出收益。

社会公众对政策不认同、不理解、不支持、不配合而导致政策执行成本增加、难度增大和效果不佳，是近年来比较普遍的社会现象。赋予公民一定的权利和途径参与到公共决策中来，不但可以使他们知道公共决策何以如此，而不是另外一种形态，而且加深他们对公共决策的认可、接受，进而遵从和推行公共决策，从而保证政策执行的效果，提高政府推行公共决策的效率，促进社会的和谐与稳定。

在利益多元化的今天，公共决策所要处理的利益关系呈现更为复杂的局面，这就要求必须有公民的参与，从而使政府部门能够从整个地区的公共利益出发，通过公民参与倾听各阶层人士的呼声，公正地面对各种社会主体。如果缺乏有效的参与机制，公民的利益得不到表达，不但会降低公民对公共政策的认同度，而且有可能引发公众对公共决策的逃避甚至对抗。近年来，在许多地方所发生的围绕 PX 项目、垃圾处理等公共事务的群体性事件，突显了当前公共决策的困境。

第四，公众参与有助于公共政策的传播。长期以来，政府公共政策的发布与传播始终带有计划经济时代的烙印，面临着传播渠道单一、过分依赖组织传播；反馈机制缺乏，不注重对社会公众的研究；宣传色彩浓厚，单面政策解读等一系列问题，传播效果不理想，更谈不上舆论引导。公众参与特别是民意调查有助于宣传工作者以系统和精确的方式来对其宣传和说服活动进行准备和计划（cf. Campbell, 1946, p. 16；Carlson, 1957；pp. 343ff.）。美国自 1935 年盖洛普民意测验中心开始定期发表民调结果、著名传播媒体予以刊播以来，一有民意调查的结果发表，各媒体总是争先报道。民意调查结果通过大众传媒及时发表，加强了它的影响力。

第五，公民参与有利于增强政府公信力，提升政府形象。公民参与有助于提升公民对政府行政系统的认同。在公共政策制定中，公民的畅所欲言，不仅能够强化政府的服务观念，还有助于正确定位政府与民众的关系，有利于民众提高对政府的信任与支持，有利于政府、社会、公众良性互动关系的实现。

公民参与政府公共决策，有助于改变传统公共决策过程中的政府与公民自上而下的单一沟通路径，以形成自上而下和自下而上的双向回应路径，增进政府与公民的沟通与交流，增强群众对政府的信任感，提高政府公信力。

公民参与有利于政府树立良好形象。政府形象的塑造是一个动态的过程。随着公众心理期望的变化、各种信息的作用和社会舆论的发展，公众对政府的形象要求会越来越高。政府形象作为政府体系输出的一项综合性"产品"，需要由"消费者"来评价，所谓"金杯、银杯不如老百姓的口碑"，公民有效地参与公共决策是政府树立自身形象的主要方法和途径。

第六，公民参与有利于塑造公民精神，培育公民社会。公民参与有助于体现公民价值，强化公民的公共责任感和集体荣誉感。改革开放和建设社会主义市场经济，在激活公民个体意识的同时也使我国出现了社会原子化现象，相当部分公民缺乏公共责任感。公民参与公共决策，有助于充分唤醒其主体和权利意识，从而主动自觉地参与国家管理、社会管理，在实践中体会"天下兴亡，匹夫有责"。

公民参与有助于促进社群意识的形成、社会资源的整合和有效利用，实现社会多元氛围和公民对话空间的形成。

三　我国公民参与公共决策存在的问题

改革开放以来，我国政府积极推动公民参与公共政策，并从制度上、法律上逐步保障公民和社会组织的立法参与权、发言权、监督权。近年来，在修订法律、出台政策的过程中，决策机构常常通过信件、网络等方式广泛征求民众意见。在依法治国方略的指引下，具有中国特色的公民参与正步入健康有序的发展轨道。

与此同时，我们也应该看到，现阶段的公民参与由于受政治、经济、文化发展等诸多因素的制约，实践中仍然存在许多不足，如公民参与的领域不够广泛、参与意识和参与水平不高、参与的制度化保障还不健全等等。其中最突出的是制度化程度不高，在一些地方和单位，公民参与往往流于形式。

1. 传统政治文化环境不利于公民参与的推进

公民参与公共决策是现代民主的体现，而我国传统政治文化所形成的"本位"思想、臣民意识等不利于公民参与的推进。虽然"为人民服务"的"公仆"意识一直被倡导，但在现实中"为官者"高高在上的官僚主义，往往使决策者仅把公众当作公共决策的客体，认为公众理所当然应绝对接受和服从公共决策，使"公民参与"流于形式，或被当成某些领导的恩惠或权宜之计。一些政府官员凌驾于公众之上，"为民做主"的观念比较浓厚，认为公共决策只是政府的事、领导的事，或者片面强调"职业化"、"专业化"、"精英"治国，无视公众的参与，从而导致政府治理中的公共精神被否定，公众在公共决策中的主体地位被削弱。

2. 公民参与的制度化程度不高

改革开放以来，我国公民参与公共决策的方式有了明显的变化，主要表现为由政治运动式参与向分配性、利益性参与发展，由单一的官方参与渠道向多样化民间参与渠道发展，由被动参与向主动参与发展。

公民参与需要依靠一整套健全的制度来实现，制度化程度的高低直接影响着公民参与公共决策的广度和深度。我国现行法律对公众的参与权虽有相关规定，公民参与的基本原则也很明确，但在规划参与行为、畅通参与渠道、保证参与实施的具体制度方面却存在诸多缺陷，致使公民参与常以非制度化的形式出现。除民意代表制（人民代表大会制度）制度化程度较高外，其他参与体制的制度化程度总体较低，公众缺乏可以依据的法律规则和程序对公共决策施加影响。听证制度、咨询制度、公示制度等制度虽然已经建立起来，但还有待进一步完善与制度化。

3. 信息公开不足

信息公开不足主要表现为公众的知情权、参与权、监督权得不到体现。知情是参与和监督公共决策的前提，无知情权就不可能真正地参与和监督。一些政府部门出于对自身利益的保护或遭受某些利益集团的压力，不愿公开决策的详细信息，通过制定大量"内部文件"、"内部决定"作为管理依据，使那些原本应当向公共政策对象、利益关系人公开的规范性文件被列入保密范围。决策信息的不对称和渠道不畅，造成公众或政策对象不能准确理解政策的价值目标，缺乏对政策的认同感，无法对政策制定或政策调整发表正确的意见和建议，使公民参与的热情和效率大大降低。

4. 参与渠道较少，参与方式单一

目前，我国公民参与公共决策的正式渠道有两个：人民代表大会和政治协商会议，通过选举人大代表和推荐政协委员的方式参与政策制定；各级党委政府开设的来信来访、领导接待日、各种不定期座谈会、各类下基层调研等等。前者为主要渠道，但对于普通公众来说直接参与的机会毕竟太少；后者为辅助渠道，很大程度上是为了党和政府密切联系群众，克服党政机关和领导者官僚主义作风而开设的。由此可见，真正能够吸纳公民参与公共决策的渠道还需要拓宽，唯有这样，公众表达自己意见和愿望的要求才能得以充分及时的满足。

5. 公民参与缺乏组织依托

现实中，公民作为分散的个体对政府决策的影响是微不足道的。由于长期以来我国政治系统的力量过于强大，社会系统的力量又过于薄弱，导致公民参与公共决策的活动具有典型的行政化倾向。公众的一切活动都依赖于各种"组织"，如工作单位、居委会、村委会、工会和妇联等，而这些组织又依附于各级党委政府，具有鲜明的行政色彩，因此以这类组织为依托的公众参与往往受到较多的制约。此外，传统的组织是以户籍和工作单位为基础建立的，目前，大量的不在原籍生活工作的流动人口和自由职业者，往往是公民参与中的"弱势群体"。随着经济的发展，这种"组织"的制约力量呈现越来越弱化的趋势，然而新的组织参与要真正发挥作用，还有待于进一步的发展壮大。

6. 公民参与意识与参与能力不足

总体而言，目前我国公民的参与水平有限。主要表现在如下三个方面：其一，公民参与的主动性和自觉性较低。有资料显示，真正出自主意识自愿参加的公民参与行为很少，很多参与行为具有随大流性质。其二，公民参与的理性化程度较低。相当数量的公民参与不是基于公民的责任感，不是出于对自己权利和义务的尊重，而是凭着一时冲动，甚至只是为了发泄心中的不满情绪，不能采取规范化、程序化的参与方式。其三，公民参与的能力不足。由于公民的自身素质、对资讯的掌握程度、理解程度及对政策目标实现的可能性和途径的认识等诸多因素的影响，使得现实中公民参与的能力与参与要求不符，参与效率低微。

第二节　民意调查——公民参与公共决策的重要方式

一　当前公民参与公共决策的主要途径

公民参与公共决策，不能仅仅停留于制度上、法律上的原则规定，而应落实到具体的方式或途径上。参与方式或途径越具体越规范越成熟，公众的影响力也就越能体现，公共决策就越科学，越能促进公共政策的有效实施。

克威特夫妇（Mary G. Kweit and Robert W. Kweit）根据公民参与程度的由浅入深将公民参与公共决策的方式划分为四种类型：选举参与、团体参与、公民与政府的接触、公民实际参与政府决策过程。选举参与是指以选举投票方式间接影响公共决策，团体参与是指公民参与利益集团或通过团体的方式进行游说并影响政策制定。公民与政府的接触是指公民通过写信、打电话、私人晤谈以及政府主动传达政策讯息给民众等诸多方式，使民众与政府之间就公共决策保持良好的互动沟通。公民实际参与政府决策则是指民众通过畅通的意见表达参与实际的公共决策过程。

周丽君（2007）以公民参与对公共政策的影响力为视角，将公民参与分为三类：（1）政府自主决策，公民无参与或低度参与，对公众的政策发布主要是通过公告、文件。这又可以分为两种情况：一是决策制度是政府控制型的，政府在公共政策制定中完全采取精英决策模式，政策自上而下从精英流向大众，不反映来自大众的需求，只是通过公告、信息发布等方式让公民接受公共政策。二是当政策议题呈现较高专业化、技术化或结构化特征时，公众与该政策议题的利益关系密切程度无论是高是低，公共参与的代表性、程度和范围都会受到一定限制。公民要实现实质性的参与或对政策产生实质影响力，需要具有相应的职业化水平和充分的时间。因此，一些公共决策采用小范围的专家参与方法，有时则采取低度的或形式上的参与途径，旨在了解公众对政策的基本态度。（2）协商式决策。管理者从不同的公众群体中搜寻信息，然后独自决策，公民群体的要求可能会也可能不会得到反映。此类参与的主要目的在于为政府提供决策信息基础，而不是以授予公众实质影响力为宗旨。因而协商式决策是以获取政策信息为目的的公民参与，并不要求参与形式的深度，但要确保参与形式的广泛代表性和沟通渠道的畅通性。现代信息技术为此类参与提供了重要的技术支持，其形式包括关键公众接触、由公民发起的接触、公民调查、公民网上参与、公民投诉等。（3）公众决策。管理者与公众探讨问题，听取其观点和建议，并在问题解决方案上尽量取得共识以最终做出反映公民团体要求的决策。这种参与类型可体现公民与政府之间的深度双向互动和充分对话，不仅促进公民对公共政策的理解和接受，而且保证了政策的顺利执行，是公民积极参与的方式。其形式包括公民大会、听证会、咨询委员会、调解斡旋等。

现阶段我国公民参与公共决策的方式主要有如下几种：

（一）听证会

听证制度是一种直接民主的制度方式，也是公民有序地直接参与公共决策过程的方式之一，是实现决策民主化、科学化、公开化、公正化的一种重要制度设计。听证在法律上的根据可以追溯到英国 1215 年的《自由大宪章》，而作为现代民主政治和现代行政程序支柱性制度的听证制度，在英美等国得到确立的时间还只有六七十年。1946 年美国国会制定的《联邦行政程序法》，第一次明确规定听证程序为行政程序的核心。

听证在我国尚处于探索阶段，与一些听证制度已经建立几十年的发达国家相比还存在许多问题和不完善的地方。第一，目前我国还没有关于听证的专门立法，对于听证的性质、依据、程序、法律效力等缺乏明确的法律规定，对于听证范围的规定较为笼统。尽管 1996 年制定的《行政处罚法》中首次规定了正式听证程序，但《行政处罚法》对正式听证的规定过于原则和简单。第二，听证参加人的确定及其权利保障存在缺陷。在实际操作过程中由于受部门利益和主办者主观期望等因素的影响，听证参加人的代表性不能得到保证，听证过程的随意性和听证组织者的主观控制较强，听证参加人的质询、辩论、解答等权利常常得不到保障。第三，听证结果处理存在缺陷。听证会往往变成决策民主的宣传、演示会和价格提高的吹风会。其结果是公众对听证会的期望很高，但对听证结果常常感到失望。

（二）公民投票制度

公民投票既是民意表达的最后决定权，符合民意政治之精神，运用得法可防止立法与行政机关之专断与失职，促进公民参政之兴趣，又可提高公民之政治智识。

选举是我国公民参与国家事务管理的重要手段。选举投票是公民在多个竞争性的政策或候选人之间及其他有争议的问题上表示偏好或要求的一种政治行为，是公民表达意愿、选择干部、影响公共决策的主要途径和有效手段，它包括选举和公决等活动。尽管选举本身并不能够使民众直接控制公共决策，但在客观上能够使民众对公共决策产生一定程度的影响。

（三）参与政治团体活动

政党是最重要的政治团体，参与政党活动是我国公民通过组织方式影响公共决策的最重要方式。在我国，中国共产党是执政党，拥有统一、严密的组织体系，处于决策的核心地位。党的群众路线可以使党积极、主动地对群众的各种利益要求做出及时反应。党的民主集中制有利于党形成正确、果断的公共政策。参与作为参政党的民主党派活动，同样有利于加强公共决策的科学化、民主化，有利于群众利益诉求的充分表达。此外，参与工会、共青团和妇联等群众组织，也是公民影响公共决策的重要途径。

（四）信息公开和重大决策公示制度

信息公开能够满足公民的知情权，为其提供足够的信息，是促使和保证公民参与的前提条件。信息公开的程度和获取信息的途径直接影响公民参与的广度和深度。瑞典在 1776 年制定了《新闻自由法》，首次从法律上确立公众获取政府信息的权力，美国较为完善的政务公开法律体系则由 1966 年制定的《信息自由法》、1976 年制定的《阳光下的政府法》和 1974 年制定的《隐私权法》共同组成。在亚洲，韩国和日本分别在 1998 年、2001 年实施了相关的法律。2008 年 5 月 1 日《中华人民共和国政府信息公开条例》开始实施。

（五）民意调查

民意调查是衡量决策民主化的一个重要标志。通过民选政治代表或公众媒体虽然也可以反映民意，但由于信息路线长、中间环节多，再加上人为因素的干扰，难免存在信息破损、失真、扭曲等现象，而民意调查是公民直接参与，通过设计科学的问卷和询问具有代表性的样本就能真实地反映民意的有效途径。而且，与听证会、参与政治团体活动等方式不同，民意调查能够为每个公民提供平等的表达意见的机会。

建立民意调查制度是实现人民主权原则的需要，也是加强政府服务和政策制定的需要。有的国家法律规定，政府的重大政策出台前都要进行民意调查，以保证政策符合民意。民意调查的过程也是传播政策内容、获取国民支持的过程。在加拿大的民意调查机构中，有中央政府和各部委的民意调查机构，有民间研究咨询性的民意调查机构以及私营民调企业。在 2000 多家私营民调企业中，有 600 多家从事政治性的民调业务。加拿大政府 1999 年聘用民意调查私营企业开展了 600 多次民意调查。民意调查为政府的政策制定奠定了良好的民意基础。

党的十七大报告提出，要"保障人民的知情权、参与权、表达权、监督权"，"从各个层次、各个领域扩大公民有序政治参与"。民意调查是公民政治参与的方式之一，公民参与可以使公共决策具有更符合公民偏好的价值基础，可以降低公众对政府的不信任，也可以使政府获得更高的公众支持和满意度，从而减少分歧和冲突。

除了上述公民参与方式以外，为使公共管理科学化，从中央到地方，许多政府都建立了智囊团，吸纳各方面专家参与决策，以减少决策的主观性和随意性。公民的来信来访、反映情况、申诉问题、陈述要求、咨询政策、提出批评建议等接触活动，也是政府与公民沟通、公民参与决策的辅助方式。

二　民意调查与公共决策

"知屋漏者在宇下，知政失者在草野。"政府执政得失，公共决策当否，社会公众最有发言权。各级政府只有广泛吸纳"草野"阶层的诉求，把握基层大众的意愿，才能最大限度地避免和减少决策失误，赢得人民群众的拥护和支持。

为了更好地了解和吸纳民意，近年来各地政府陆续成立了民意调查机构，装备了计算机辅助电话调查等民调设施，开展了一系列的社情民意调查。官方民意调查的广泛开展，表明政府将民意调查引入日常决策已成风尚。

各地的民意调查机构中，比较有代表性的是广州社情民意研究中心，该中心成立于 1988 年，挂靠在广州市政协，可以说是国内第一家半官半民性质的民意调查机构。该中心成立之初就定位为领导层决策服务，凡有涉及民众利益的重大决策出台，如物价、交通、房改、社会治安、城市卫生、社会就业等，决策部门都会委托该机构进行民意调查。此外，当突发事件发生时，该机构往往迅速展开相应的民意调查。1988 年，该中心针对住房改革进行了广泛深入的民意调查，调查对象涉及 1000 户家庭，调查方式包括座谈会、问卷调查等形式，搜集的意见超过 3000 条，为完善当地的住房改革政策起到了积极的作用。

隶属于省统计局的湖南省民意调查中心，其宗旨是建立社会舆情汇集和分析机制，畅通社情民意反映渠道，倾听民声，了解民意，为党政官员和管理部门提供决策参考依据。该中心采取入户面访、座谈会、上街询问、计算机辅助电话调查等方式收集民意，自 2004 年 12 月成立以来，先后完成了一系列民意调查项目，如人民币加息对城市居民家庭生活的影响，公众对湖南省政府承诺的"八件实事"的看法，社会公众对湖南"两会"关注度的调查等等。2005 年 4 月 5 日至 7 日在岳麓山门票涨价民意调查中，该中心利用计算机辅助电话调查系统进行民意调查，共随机抽取长沙市区 17000 个电话号码样本，实际拨打 4746 个电话，成功访问问卷 400 份。

北京市统计局信息咨询中心顺应时代发展的需要，建立了"北京社情民意调查网"，通过多种调查手段了解民情民意，及时反映北京市民对热点问题的看法和意见，更好地为市委、市政府的决策提供参考。自 2001 年成立以来，北京社情民意调查网共完成了几十项调查，涉及社会政治、经济、百姓生活、突发性事件等多个方面。目前，北京市社情民意调查网的规模已完全覆盖全市各区县，并具有全市和农村共 1 万户居民家庭的固定样本，这 1 万户家庭将不定期地接受调查访问，样本按每年 1/3 比例进行更换。

科学的民调有助于公众了解舆论环境，有助于政府提升决策科学性，服务于公共政策决策、传播、实施整个周期的舆论引导。因此，适当合理地运用民调，可被视为提高公共管理效率、服务管理目标的支持性举措。

西方一些发达国家在公共决策中非常重视民意调查，关于这部分内容可参见本书第二章第二节"欧美政府对民意调查的重视与运用"。

第三节 公共决策中民意调查的使用问题

民意调查极大优化了政府决策，各级政府也在实践中积累了许多宝贵的经验。但不容否认的是，我国公共决策中的民意调查尚处于初步发展阶段，在方法、程序、数据分析和运用方式上都存在不同程度的问题。

一 预设调查结论

预设调查结论是当前政府主导的许多民意调查最容易出现的问题。即调查者先持有观点或结论，调查的实施只不过是要证明这个结论，这样的民调不可能对问卷设计、样本抽取、调查程序等进行科学管理，这种做法的危险在于误导人们的判断、误导公共决策。这类所谓的"民意调查"甚至是一种骗局，它利用人们对民意调查的信任，故意歪曲事实。云南电视台《民生》节目曾报道，该省彝良县政府曾就拆迁工作进行"民意调查"，调查结果是多数人同意拆迁，但实施拆迁时，却遭到多数住户的阻挠。实际上拆迁调查表只印制了 50 份，回收上来的只有两份，由此得出的结论可想而知。拆迁既然是政府预设的结果，那么调查也就成了走过场的"民主秀"，以此为依据的政府拆迁决策岂能顺利实施？

二　调查泛"形式化"

在互联网基本普及的今天，各级政府积极推进电子政务工程，旨在了解民意、供百姓反映情况的"省长信箱"、"市长信箱"、"局长信箱"，可谓比比皆是。北京、上海、山东等地，还专门设立民意征集渠道，通过"民意调查"、"百姓评议"等栏目来收集公众对即将发布的政策法规的意见建议。应该肯定的是，确实有一批优秀的政府网站在信息公开形式、公共服务内容设计等方面做了大量人性化的探索，但同时也应看到，不少政府网站无论是在内容设计、服务方式，还是在信息获取渠道等方面，均缺乏以人为本的理念，公众难以通过网站了解所关注的公共信息。绝大多数政府网站上的"民意调查"，访问者填写提交后却不能看到结果，使公众对政府所发布的调查结果的真实性产生怀疑，也在一定程度上挫伤了参与者的积极性。一些地方政府在民意调查上走过场、走形式，甚至弄虚作假。湖南邵阳市政府为了调查各个窗口部门的群众满意度问题，在《邵阳日报》刊登调查问卷，但一些相关部门竟然收购报纸、自行填写，像这样的民意调查不但结果不可信，而且必将严重损害政府自身的形象。

三　调查结果利用率低

前面已经提到，绝大多数省市政府挂靠统计局设立了民意调查中心，这些民调中心也开展了一系列调查，但花费大量人力、物力、时间所获得的调查结果，却常常以保密为由不予公开发布。调查所得的民意仅停留在参考阶段，还没有把民意调查结果与政府决策形成一种制度化的衔接。各民调中心所进行的大多是政府部门委托的调查和调查中心根据政府的任务所做的一些自主调查，调查结果如何向公众发布，发布的方式和内容，都取决于政府的态度。换言之，作为政府部门之一的民意调查机构，许多调查结果并不对外公开，仅仅供政府部门领导了解"民意"之用。这就不可避免地在政府和公众之间形成"信息沟"，并不可避免地挫伤公众参与民意调查的积极性。

四　缺乏行业规范和行业管理

成立于 20 世纪 40 年代的世界民意调查协会即将迎来它的第 68 届年

会，然而，到目前为止，我国大陆尚无全国性的民意调查行业组织，对民意调查缺乏相应的法律法规和健全的行业管理，还没有明确的资质审批或等级认证制度，在调查质量、行为规范、服务标准、收费价格等方面缺乏自律机制和技术规范，对于民意调查结果更没有相应的评估程序和评价标准，由此常常导致一些粗制滥造的"民意调查"误导民众。从民调运行过程看，普遍缺乏专业训练，很多是用现代技术手段搭建起来的"草台班子"。一些从事民意调查的人员，缺乏社会调查的专门知识和技能，再加上利益的驱使和不正之风的影响，使民意调查偏离了客观和科学的轨道。这在一定程度上败坏了民意调查的声誉，抑制了民意调查作用的进一步发挥。

第四节 完善民调制度，提高公共决策质量

各级政府在公共决策中对民意调查的运用尚处于初始阶段，离规范化、制度化、常态化尚有很大的差距。由于大多数民意调查中心隶属于各地的统计局，缺乏调查的中立性，而且调查结果并非完全向全社会公开，因此民调对于公共决策的作用还没有很好地发挥，在很大程度上民意调查机构的形象意义大于实际意义。要提高公共决策的质量，必须进一步完善民意调查制度。

一 不断完善民意调查方法

民意调查的方法是随着相关学科与技术的发展而不断发展的。科学的民意调查始于20世纪二三十年代，其发展得益于社会学、心理学、统计学、政治学、传播学以及计算机技术等学科的发展，这些学科的学者以各自领域的研究推动着民意调查方法的不断完善。本书第七—十六章对各类抽样方法、调查方法做了详细的介绍，从中可以清晰地看到民意调查方法和技术的发展轨迹。因此，要有效地和最大限度地发挥民意调查在公共决策中的积极作用，就要强化研究各种调查手段，博采相关学科的最新研究成果，不断改善民意调查方法。要根据不同的调查目的、调查对象、对策要求，采取不同的调查方法或多种方法并用。

二 建设民意调查队伍

高水平且相对稳定的民调队伍，是民意调查质量的重要保证。目前，

国内很多民意调查机构主要聘用在校大学生做调查员，这虽可减少调查成本，但因队伍流动性大等因素易造成调查质量高低不均问题。大学生调查员缺乏必要的社会经验和公关能力，不熟悉民意调查的具体方法和技巧，虽然经过必要的培训，但仍难以胜任一些相对复杂的调查任务。此外，由于调查机构对临时聘用的调查员缺乏有效的约束力，在日常管理和人员流动上存在难以克服的障碍。更有甚者，无论是在校大学生还是其他形式聘用的调查员，都可能出现因个别人缺乏基本的职业道德并由此形成弄虚作假、误导民意的调查结果。

民意调查机构应努力建设一支高水平且相对稳定的民调队伍，并对他们进行正规的、严格的岗前培训。民调队伍建设不仅仅指向一线的调查员，还包括调查设计、结果分析、计算机技术等方面的人才。调查设计人员主要负责对民意调查组织形式、调查内容和具体指标的设计和策划，一次成功的民意调查需要有高水平的策划。民意调查的最终结果要通过民意调查报告来体现，同样的信息，可以从不同的角度、不同的深度和广度去解读，这就需要具有较高业务素质和职业道德素质的分析解读员对民调结果进行解读并拟写调查报告。计算机是信息社会开展民意调查的必备工具，无论是调查结果的分析处理还是诸如计算机辅助电话调查这样的调查方法，均离不开计算机技术人员的配合。除了岗前培训外，还应该对调查人员定期进行业务培训，以交流经验、更新知识进而不断提高民调队伍的业务素质和职业道德水平。

三 发挥网上调查优势

网络民意实际上是基于网络技术，主要通过新闻跟帖、互联网论坛、微博等手段自由发表评论和意见，聚合某种愿望和诉求，从而形成特定的民意。网络民意作为民意表达的一种新方式，具有许多传统民意表达所不具备的优势和特点。

网上调查主要有两种方式：一种是调查者借助互联网这一载体发布调查问卷，由网页的访问者自愿填写。这种方式样本的代表性无法保障，如果调查总体恰巧比较吻合上网群体，则有助于迅速、低成本地收集到大量有效的民意信息。如果调查者事先通过线上或线下的方式建立大容量的样本库，每次调查时对样本库进行抽样，对有效样本的年龄、性别、受教育程度等进行配额，可有效提高样本的代表性，但由于实际操作中存在种种困难，也存在一定的误差。另一种是采用语义搜索和分析软件，通过对网络新闻、论坛、博客和微博的深度挖掘和分析，了解民意的走向。近年来，一些民调机构发挥网上调查优势，取得了一定的成效，但其弊端也是显而易见的。比如，参与调查需要上网，这对于缺乏上网的必要硬件设施或必备的上网知识的民众，就难以获得相应的意见建议。此外，一些调查项目内容设置过于简单，参与者只能对各部门工作在"满意"、"不满意"、"不清楚"中进行选择，却无法说明对其中的哪些方面不满意，致使调查结果无助于调查主体有针对性地开展工作。网络语义分析，难以知晓信息发布者的年龄、性别等人口统计学特征，使调查结果的解释受到了很大的局限。然而，我们不能就此否认网上调查方法的益处，重要的是不断完善这一调查方法，或结合其他调查方法，以更好地提高调查效率和调查质量。

四　促成民意调查制度化

要真正发挥民意调查在公共决策中的作用，就必须实现民意调查制度化。国家有关部门或行业组织应该制定权威性的关于民意调查的规章制度，使民意调查的各项活动在规范下运作。这些制度既包括民意调查的实施、管理，也包括民意调查结果的发布和应用。在制度上规定民意调查对政府决策的地位和作用的方式，有利于减少人为因素的干扰，有利于公共决策的科学性和可操作性。

五　提高民意调查结果的功效

中国正迎来崭新的"民意时代"。一方面，老百姓在公共事件中越来越渴望表达，并且渐渐养成了表达意见、提炼观点、建言献策的习惯；另一方面，决策者也越来越希望走出"精英决策"困局，将话语权下移，变被动的"民意不可违"为主动的"公开征集民意"。

民意调查结果的新闻发布，在为民众提供社会运行信息、把握社会环境变迁方面起着重要的作用。民意调查结果一经发布，往往会成为社会大众关心、议论和思考的话题，并对人们的态度和行为产生某种影响，从而引导着社会心理和舆论。传播学四大先驱之一的勒温所提出的心理场理论认为，人的任何行为都是场的产物，人的一切行为都随着个体和环境的变化而变化。民调的发表从某种意义上讲，就是为公众构建起一定的心理环境，在一定程度上形成一种社会控制机制，它对个人和社会的思想和行为方式具有导向和约束作用。

民意调查机构调查什么，不调查什么，都是经过慎重考虑并有明确的社会功利性目的的。尽管在严格遵循调查程序和规范的条件下，这种功利性目的并不会影响调查的客观性，但调查活动本身至少为社会起到了"议程设置"的作用。从这个意义上说，有选择地进行民意调查本身就是一种对社会舆论的引导活动，它在协调社会成员之间的观念，缩小人们在某些社会问题上的思想差距方面所起的作用，既是潜移默化的，又是明确有效的。

单个民众往往很局限，甚至愚蠢，但是在一定规模上，大数定律便可以发挥作用，个体只有真理的碎片，而总体则趋近真理（袁岳，2005）。广泛地收集民意仅仅是公共决策科学化的第一步。确保决策科学化一定要正确把脉民意，在收集民意过程中要科学、全面，要分层次、多范围地进行，确保征集到的民意的真实性。某些时候，民众的大多数也未必预见到具有未来价值的重大利益（袁岳，2005）。因此，民意的采纳应该十分谨慎，要有一个全面的、理性的取舍，避免决策被所谓的"民意"误导，避免将真正符合国家长远利益和整体利益的民意排除在外。

第十九章　新闻报道

民意调查在新闻报道领域的运用最重要的体现就是精确新闻报道。本章主要阐述新闻媒体与民意调查的渊源，我国民意调查报道的发展阶段与特点，以及民意调查报道存在的问题与改进措施等内容。

第一节　新闻媒体与民意调查的渊源

民意调查自诞生之日起，就受到新闻媒体的青睐。而媒体对民意调查的关注，又加速了民调的发展。

一　民意报道的起源和精确新闻学的发展

1810 年 3 月，美国《北卡罗来纳州明星报》的两位编辑以传阅信件的方式进行了一次问卷调查，调查内容涉及居民生活状况和农产品的生产销售等，被认为是新闻媒体开展的第一次民意调查。不过，这次调查虽然由新闻媒体发起，但最终没有以新闻报道的方式刊登。

1824 年是美国的大选年，为了解选民对两位总统候选人的支持率，《宾夕法尼亚人报》对当地选民进行了一次民意调查，并于同年 7 月 24 日公开发表了调查结果，这被认为是民意调查报道的第一次实践。

然而，上述两次调查由于没有采用严格的抽样和严谨的问卷设计，只能算是有意义的尝试。20 世纪以后，特别是以盖洛普为代表的科学调查机构的兴起，民意调查作为一种严肃的、科学的调查方法开始为越来越多的人所接受，美国新闻界进行的选举民意调查快速增多，而且逐渐拓展到居民的日常生活领域。

精确新闻报道（precision journalism）是民意调查报道的重要组成部分。从内容上看，民意调查的内容往往是公众所关注的社会热点问题，也是媒体报道的焦点。从形式上看，民意调查结果的量化表述恰恰吻合精确新闻报道以数据信息为报道内容基础的需求。从某种意义上说，精确新闻报道的发展史就是一部民意调查的演进史，几乎所有的精确新闻报道所采用的方法都是以调查的方式来完成的。精确新闻学的创始人，美国北卡罗来纳大学新闻学教授菲利普·迈耶认为：精确新闻报道是一种"侧重采用抽样检测、数据分析等手段，对社会现象进行精密的分析、加工，使公众从一般事件中看出其潜在意义"的报道方式。德国新闻学者麦库姆斯在《精确新闻学：一种新出现的新闻报道理论和技巧》一书中写道："所谓精确新闻学，就是要求记者用科学的社会观察的方法去采集和报道新闻。这些方法包括：民意调查、内容分析、亲自观察和现场实验等。"美国学者戴维·派克·德默斯等人在其著作《精确新闻学——实务指南》一书中指出："精确新闻学是一种探寻世界的方法，只不过是采用定量的社会科学研究方法来获取新闻。"

1967 年，底特律发生严重的黑人暴动，迈耶作为《底特律自由报》的记者，和另外两位社会科学家采取随机抽样的方法，对居住在该市种族骚乱地区的 437 名黑人进行调查，并对调查结果进行统计分析。结果表明，参加骚乱的黑人中，上过大学的和在中学就退学的人数所占比例相当，说明黑人是否参加骚乱，与他们的受教育程度没有直接联系。这纠正了当时占统治地位的看法：参加骚乱的主要是那些受教育程度低的黑人。另外，调查结果还纠正了"骚乱的根源在于在南方长大的黑人难以与北方文化融合"的主流观点。分析结果表明，参加骚乱的人大部分是在北方长大的。迈耶等人将这一调查结果写成报道《十二街那边的人们》，发表在《底特律自由报》上。这组系列报道充分运用数据说明问题，具有确凿性和说服力，发表后在社会上产生了广泛的影响。1968 年，这组报道获得美国新闻界的最高奖——普利策新闻奖。

迈耶称这组报道为精确新闻报道。一时间，精确新闻报道声名鹊起，受到美国以及世界各地新闻界的重视。20 世纪 70 年代初期，迈耶进入北卡罗来纳大学新闻系执教，并着手从理论上总结精确新闻学。1973 年，他在这一领域的开山之作《精确新闻学——一个记者关于社会科学方法的介绍》正式出版，这本书标志着精确新闻学的正式形成，书中较为详尽地论述了该报道形式的起源、功能及操作程序。该书出版后产生了广泛的影响，后来成为美国各大新闻学院普遍采用的教科书。1996 年，美国民意研究协会把该书列为关于舆论研究的最重要的 50 本书之一。2000 年，美国《新闻学季刊》将该书列为 20 世纪新闻学与大众传播学领域最重要的 35 本书之一。

精确新闻报道旨在运用精确的数据、概念来分析新闻事件，尽可能避免主观的、人为的错误，从而使新闻报道更加客观、公正、令人信服。我国过去长期以来的新闻报道大多注重定性分析，而往往忽视量的呈现和变化分析。随着人们信息获取渠道的不断增加和认知水平的不断提高，特别是近年来政府和传统媒体公信力的下降，使得受众不再满足于记者编辑把一大堆的概念、判断简单地塞给读者，而希望自己占有事实、数据，进行独立思考和判断。从受众心理看，基于客观事实和数据的民意调查，更具有公信力，因而也更有利于舆论引导。

我国媒体的精确新闻报道始于 20 世纪 80 年代。1982 年，由北京新闻学会、中国社会科学院新闻研究所、《人民日报》《工人日报》《中国青年报》联合开展的对北京地区的受众调查具有里程碑意义。1983 年 1 月 29 日，《中国日报》（China Daily）以《首次运用电子计算机进行民意测验：读者相信报纸》为题将此次受众调查的结果以新闻报道的形式公之于众。此后，包括受众调查在内的各种社会调查相继由媒体单独或与其他单位联合实施，以之为基础的精确新闻报道也逐渐为广大受众所熟悉和认可。

目前，国内精确新闻报道从来源看大致可以分为四种类型：一是媒体独立调查。《中国青年报》是最典型的代表，这类媒体往往有自己的调查机构，选题、抽样、统计分析、报道内容，均由媒体自身完成。当然，调查的资金可能来自媒体自己，也可能是来自企业集团的赞助。二是媒体委托调查。顾名思义，这是媒体出资并策划选题，并委托专业调查机构实施的调查。《北京青年报》"公众调查"版刊登的大多数精确新闻报道都是采用这一模式，即版面编辑负责选题策划，调查机构在规定的时间内完成科学规范的调查并将完成的调查分析报告交给版面编辑，版面编辑对调查报告进行刊发前的编辑加工。三是非媒体委托调查。这种类型是调查机构受非媒体机构的委托进行调查，其调查结果具有新闻价值，在征得委托方许可后在媒体公开发表。四是民调机构调查。这种类型是调查机构自行针对社会热点问题所做的调查，调查结果以投稿的形式发往媒体。《北京青年报》的"公众调查"版偶尔会刊登这样的稿子。

二　民意调查报道的发展是新闻报道客观化原则的必然要求

新闻的本源是事实。马克思认为，新闻报道要根据事实来描写事实，而不是根据希望来描写事实。被誉为国内"新闻学界最初开山祖"的徐宝璜先生，在其所著的《新闻学》①一书中强调："新闻须为事实，此理极明，无待解释，故凡凭空杜撰、闭门捏造之消息，均非新闻。"美国新闻学者 C. 约斯特在其所著《新闻学原理》中也认为一切新闻的主要因素是真实。可见，无论国内国外，无论所处的社会制度如何，真实性都是新闻的生命。

新闻报道的真实性与客观性原则，除了要求报道中的时间、地点、人物、事情、原因等要素真实准确外，还要求不能以偏赅全、以点代面，不仅要做到所报道的单个事情的真实、准确，还尤其要注意和善于从总体上、本质上以及发展趋势上去把握事物的真实性，做到局部真实和整体真实的统一，杜绝片面性和绝对化的报道。

精确新闻报道是一种适应复杂世界的深度报道方式。麦库姆斯等认为，精确报道的出现缘于社会变得日益复杂，已经不再是一个"简单世界"，而是一个相互关联的系统，其中有各种亚文化群体和持不同见解的人群。任何某一个时刻的报道都无法充分地解释一则新闻事件。对记者来说，仅靠基于个人立场的观察显然无法完成对新闻事件的全面报道，自然就无法做到准确。

陈力丹在《深刻理解"新闻客观性"——读〈维系民主：西方政治与新闻客观性〉一书》（《新闻大学》2006 年第 1 期）一文中曾经提到："就目前我国的新闻业现状而言，客观性的形式不是太多了，而是还不够。"在他看来，客观性是真实与客观形式的统一，即作为形式的客观报道与作为客观性理念之一的真实性要求，不可或缺。新中国成立前民营报纸的客观性理想和实践在中断了几十年之后，随着变革时代的到来，也在重建之中。即便在最黑暗的时期，真实性的问题也被数次提出并付诸实践。这意味着客观性内生于媒体，是新闻业自身的规定性，是媒体保持自主性的根本原因。

从新闻实践来看，多数记者的采访具有的共同特征，过多地依赖新闻源来报道已经发生的和可能发生的事情。比如在一些报道领域如时政新闻，官方的新闻发言人、政府声明、记者招待会往往是最为重要的消息来源。人们无法通过这些消息源了解更为广泛的意见和全面的状况，比如政策在实施过程中所牵涉的各方反应。记者可能由于时间、精力、媒体版面乃至认知方面的局限性，无法提供足够的信息和解释。记者的观察要么是直接的却非系统的采访，要么就是间接的、非系统的采访。

---

① 发表时曾名《新闻学大意》，后又改名《新闻学纲要》，1919 年 11 月出版，是中国最早的新闻学专著。

与此相比，社会科学的研究方法则非常系统，如民意调查、内容分析等。运用这些方法，通过科学的抽样方式所得出的数据，要比个体随随便便采访几个人的做法严肃可靠得多。尤其在了解广泛人群的意见和兴趣方面，传统的采访方式（主要是间接的、非系统的观察方式）很难有用武之地。

不仅如此，社会科学研究方法受自然科学影响极大，遵循严格的程序，强调命题的证实或证伪，甚至还能够根据这些研究做出预测，是一种系统的、间接的科学观察。与记者个体观察相比，借助于社会科学调查方法所获得的数据信度和效度更高。

精确新闻报道作为区别于传统报道的新闻生产方式，强调社会的客观实在性、可测量性和可认知性，注重研究过程的量化、严谨性和规范性、研究结论的可验证性，这使得精确新闻报道所采集的新闻信息更加准确、客观、全面。

三　民意调查报道是媒体竞争的重要手段

现在媒体间的竞争可以说是史无前例的激烈。从媒介内容看，人无我有，人有我优，瞄准受众的心理，满足受众的需求，无疑是提高媒体公信力和影响力的不二选择，而增加民意调查报道的比重，提高民意调查报道的质量，则是媒体形成竞争优势的重要手段。

民意调查对媒体而言具有多种用途，它可以丰富媒体的报道内容，可以帮助记者编辑决定选题，可以用来证实或证伪来自其他渠道的信息。民调结果既可以当作完整的新闻进行报道，也可以作为新闻的一部分进行报道，前者重在介绍民调发现，解释民调结果的含义，后者有助于让报道内容更加丰富。

在新闻选题中忽视社会热点、忽视民意是危险的事，满足受众的信息需求，才可能受到足够的关注，才可能提高订阅率或视听率。20 世纪 80 年代末 90 年代初，华盛顿邮报的大卫·布罗德（David Broder）要求其各地的同事关注选民心声，让有关选举的新闻尽量满足选民的需要，多报道公众认为重要的议题，而不是只报道当天的竞选活动或最新的竞选策略。《夏洛特观察报》（The Charlotte Observer）和《威切特老鹰报》（The Wichita Eagle）在 1992 年也将选举新闻报道的方向做了同样的调整。

事实上，美国民众几乎每天都会从新闻媒体上看到或听到各类民调报道。在国内，随着民意调查的日益增加，民调报道也呈逐年增加的趋势，一些媒体甚至设立了民调报道专栏。1994 年 1 月，《北京青年报》推出每周一期的"公众调查"版,以"用科学的眼光观察世界、给你一个量化的真实"为口号,将社会民意调查机构关于公众的日常民生问题、休闲及文化等方面的调查结果以新闻的方式登载。1995 年 1 月,《中国青年报》依托其社会调查中心的调查优势开办专刊《调查·观察》,独立策划、实施并发布民意调查结果。1994 年中央电视台《与你同行》栏目推出《微型调查》版块,1997 年 8 月同样是央视旗下的《中国财经报道》栏目推出《每周调查》版块,以居民投资等财经类话题进行民意调查报道。上述媒体善于利用自己的优势,以公众最关心的、涉及群众切身利益的事情为主要关注点,采用用事实说话的方式,满足公众的知情权、表达权、监督权、参与权,较好地促进了所在媒体的品牌建设,极大地提高了所在媒体的公信力和影响力。

第二节　我国民意调查报道的发展阶段及其特点

由于历史、国情、媒介体制等方面的原因,我国的民意调查报道仍处于初级阶段,所占比重也偏低。有研究表明,从报道类型看,近年来媒体主导的民意调查不到两成;从调查机构的性质看,政府背景类超过六成;从民意调查的方法看,专业性仍显不足(冯诚,2011)。

一般认为,我国最早的一项民意调查是由留美归国的心理学者张耀翔先生于 1922 年在北京高等师范(今北京师范大学)校庆期间在北京主持进行的一次时政问题问卷调查,调查结果在《晨报》上公开发表,这被公认为国内第一次现代意义上的民意调查,同时也是国内第一次民意调查报道。1942 年 10 月 10 日《大公报》所主持的关于中国民众对抗战前途问题看法的民意调查,共收到读者回复答卷 1230 份,是旧中国所进行的一次社会影响较为强烈的民意测验。然而,由于特殊的历史政治现实,在此后半个世纪左右的时期中,中国大陆没有出现过一家专门的民意调查机构,也没有进行过一次全国规模的民意调查活动,直到中共十一届三中全会确立了改革开放的基本方针后,民意调查和民意调查报道才逐步复苏并快速发展起来。

有研究者(冯诚,2011)以 1984 年为起点,将近 30 年国内民意调查报道的发展情况划分为三个阶段,笔者在此予以引用。

一　萌芽阶段(1984—1993 年)

1984 年 1 月 29 日,《中国日报》在国内新闻头版报道了由中国社会科学院新闻研究所发起的，《人民日报》《工人日报》《中国青年报》等新闻媒体联合开展的基于科学抽样的调查。这是我国第一次运用计算机进行抽样和数据统计分析的大型调查，在我国民意调查和新闻报道历史上都具有极为重要的意义。

不过，《中国日报》作为一份全英文报纸，其主要功能是向国外读者介绍中国，国内读者一般较少阅读，因此这次报道从影响力上来说并不是很大。

20 世纪 80 年代中后期，中国人民大学舆论研究所、全国社会调查网、中国社会调查系统等机构先后建立，然而在当时的历史条件下，只有调查机构和发布媒体同时具有非常可靠的官方背景，民意调查报道才可能被登载，因此数量很少。由于这个时期民意调查报道数量较少且管控严格，所以只能算是我国民意调查报道的萌芽。

二　发展阶段（1993—2002 年）

1992 年邓小平南方谈话，为新闻界解放思想带来了勇气和机遇，我国的民意调查报道也开始进入了真正的发展时期。

1993 年 1 月，以《中国青年报》社会调查中心成立为标志，民意调查开始成为媒体的关注点。该中心的任务是专门就人们所关心的社会热点问题进行民意调查，同时每月开辟两个版面刊登调查结果。这种由媒体成立调查机构、实施调查并刊登的形式，在我国尚属首创。

1994 年 1 月《北京青年报》在报界率先推出每周一期的"公众调查"版、"公众焦点"，以"用科学的眼光观察世界、给你一个量化的真实"为口号，将社会民意调查机构关于公众的日常民生问题、休闲及文化的调查结果以新闻的方式登载。

1995 年 1 月 21 日《北京青年报》创刊的《调查·观察》专刊，独立策划、实施、发布民意调查与市场研究结果，这是国内新闻界第一个全国性民意调查报道专版。

1997 年 8 月 16 日，中央电视台《中国财经报道》栏目推出"每周调查"，首开我国电视媒体精确新闻报道的先河。

此后，采用民意调查报道的媒体逐渐增多，影响也越来越大。1998 年 2 月，WJ 新闻调查网①调查了上海人对时任市长徐匡迪所做的政府工作报告的关注度后，又对报告中四个焦点问题进行民意调查，并于上海

---

① 1997 年的下半年，《文汇报》经济部（拼音缩写：WJ）推出了三个系列的新闻栏目：WJ 新闻调查网、WJ 现场测试、WJ 街头调查。

"两会"期间连续刊登在《文汇报》的"两会"专题上,徐匡迪市长在人民代表大会上还专门引用了 WJ 新闻调查网的民意调查报道。

总的来说,这一阶段我国的民意调查报道取得了长足的进步,一些媒体的民意调查报道从无到有,从不定期刊登到设立专版,从被动发布其他民意调查机构信息到自主调查。但由于调查成本高昂、相关部门对主题管控十分严格等客观原因,民意调查报道在这一时期远远没有达到繁荣的程度。

三 新发展阶段（2002 年至今）

相比于 20 世纪 90 年代,新时期的民意调查报道并没有获得质的飞跃,仅仅是出现了不同的发展动向。从 2002 年始,党和政府开始重视对民情、民意的调查。从 2004 年年初开始,各省市统计部门陆续建立社情民意调查中心,并逐渐向地级市甚至县级市延伸。民意调查从民间或准民间行为转而成为政府行为,社情民意调查中心、城乡调查队等机构纷纷开展民意调查,从一定程度上说,挤占了媒体和社会机构开展民意调查的空间。

这一阶段,由媒体主导的民意调查报道呈减少趋势。从媒体选择素材的角度说,统计局系统的调查结果往往更加"红色"和"正面",虽然报道的阻力和风险小了,但其作为新闻产品的使用价值也随之变小。在大众都市类报纸占主流且市场化竞争激烈的局面下,如果此类民意调查报道不能满足受众的信息需求,媒体自然不会重视和增加此类新闻。

由此可见,由于政府和其他社会类民意调查机构的快速发展,新时期民意调查报道的趋势是媒体主导相对减少,而被动发布其他民意调查机构调查的结果增多,综合来看并没有比前一个时期有突破性进展。

第三节 民意调查报道存在的问题

在现代社会中,大众传媒已经成为我们生活环境的一部分,并经常地、广泛地诱导和制约着我们的日常生活。各种政治的、经济的、思想文化的信息,纷纷随同大众传媒的巨大辐射力以其快捷、直接、形象具体的方式充斥着我们的生活空间。大众传媒已经十分具体地参与了我们的日常生活过程,成了我们的日常生活内容、生活方式和生活环境。

民调可以作为探测民意、辅助决策的根据,但如果被不当或恶意利用，则可能产生有损政府公信力以及误导民众的后果。有实证研究显示，至少有一半以上的民众根本不了解民调的执行过程，对于各项见诸媒体的民调数字，或似懂非懂，或将信将疑，或奉为真理。比如，某项民调对于某一公共政策民意支持度的调查发现，A、B、C 三种方案的支持度分别为 32%、33%、34%，如果媒体在报道该民调结果时不说明样本来源、样本大小、抽样方法、置信区间、抽样误差等，那么很容易对民众产生误导。因为，在 95% 的置信区间和正负 3 个百分点的抽样误差范围内，公众对该政策三种方案的支持度难分伯仲。民众被误导，受损的不仅仅是媒体的公信力，还包括民调的公信力。

因此，梳理分析民调报道存在的问题，提高民调报道的科学性至关重要。

一　选题问题

从目前的情况看，国内各媒体精确报道的选题大多由编辑部设定，但编辑部确定选题的流程和规范性千差万别。章永宏（2012）研究发现，国内绝大多数媒体的精确报道由各条线的记者或是深度报道记者完成，即便是《瞭望东方周刊》这样长期做精确报道的媒体，在编辑部内也未设置专职人员。只有极少数媒体，如《中国青年报》《东方早报》等编辑部设置了专门的精确报道机构或指定专门人员。

从选题的类型看，总体而言，社会生活类选题过多，而时政类选题偏少。章永宏（2012）对《中国青年报》《北京日报》《北京青年报》《解放日报》《东方早报》《南方日报》《南方都市报》这 7 家有代表性的报纸在 2010 年 9 月 1 日至 2011 年 9 月 1 日刊出的 364 篇精确新闻报道进行内容分析后发现，出现频率最高的是社会生活类选题，占 51%；其次是经济类选题，占 20.3%。涉及时政的只有 30 多篇，不足 10%。其直接原因，是严密的把关及自我审查机制过滤了时政方面的很多选题。对比国外媒体的精确报道，时政新闻恰恰是最为重要的选题领域。据日本《读卖新闻》调查部主任介绍，其民调主要包括三个方面：一是每月进行的电话调查，主要是关于内阁支持率、党派支持率以及当今政治动向等的国民意识调查；二是面对面访谈调查，每年实施数次，涉及政治、经济、社会等多种多样的选题；三是国际调查，比如美国、中国、韩国共同实施的民众意识调查，以及英国 BBC 在世界 20 多个国家实施的国际舆论调查中，《读卖新闻》舆论调查部负责实施关于日本部分的调查。

二 方法问题

精确新闻报道的最大特点在于其科学的信息采集方式。通过严谨规范的科学流程采集到的数据具有系统、全面、准确的特征，从而区别于基于个体的、经验式的采集方法。一项严谨的民意调查包括诸多技术环节，如问卷设计、抽样方法与样本选择等，在这些方面，我国媒体的民调报道尚处于"初级阶段"。

1. 数据来源不明

没有数字来源的新闻报道，即使是正确的，其真实性、科学性也会遭到受众的怀疑；如果是错误的，更会误导公众。

我们经常会发现很多新闻报道里的数字找不到出处，如："60%的市民表示，年味渐淡与禁放鞭炮有很大关系"、"消费者满意度不到六成"等等。虽然这些数字看起来很"精确"，但因为信源不明，且无法得到证实，其准确性让人怀疑。冯诚（2011）对2011年3月1日至2011年3月31日中国大陆地区所有主要报纸的118篇民意调查报道进行研究后发现，45.8%的报道未注明数据获取的方式。

2. 问卷设计不规范

数据的真实性和准确性跟问卷设计的科学性密切相关。如果媒体或记者不懂或不遵循规范的问卷设计程序，其自行设计的问卷所列出的问题和选项，通常零散随意，缺乏系统性、逻辑关系或严谨结构。一些问题的选项甚至没有做到穷尽和互斥。此外，在调查前很少有调查者进行问卷评估和前测。

3. 抽样方法欠科学

所谓抽样就是从所研究对象的全体（总体）中，抽取一部分（样本）进行调查、观察或测量，然后根据所获取的样本数据，对所研究总体的某些数量特征（参数），进行描述或做出推断。抽样调查结果是否准确、可信，很大程度上取决于抽样调查方法的正确与否。

媒体报道的许多调查采用便利抽样方式，常见的做法是，记者以调查报道之名在街头随意拦截几位行人采访，这就会带来一系列的问题：样本结构是否反映总体？有效样本量如何？是否存在大量的自愿样本？事实上，无论是媒体自己的样本库，还是网络调查、街头访问等，都带有浓厚的便利抽样的色彩。一些借助于专业公司实施的CATI调查，虽然宣称是概率抽样，但由于缺乏足够的资料，其随机抽样的科学性和可靠性如何，往往无从得知。

《东方今报》在 2005 年 6 月 8 日刊载了一篇《央视热播大剧〈大宋提刑官〉遭质疑》的报道，记者"在郑州街头随机采访了 31 位年龄在 14—57 岁，职业分别为学生、公务员、教师、工人、自由职业者，收入亦各不相同的普通市民，调查了他们对《大宋提刑官》的收视评价"（史静远、李雅静，2005）。这种方法其实是偶遇抽样法，是研究者根据现实情况，以自己方便的形式抽取偶然遇到的人作为对象，或者仅仅选择那些离得最近的、最容易找到的人作为对象。这种方法方便省事，简单易行，但是不能保证总体中的每一个成员都具有同等被抽中的概率，违背了抽样调查最基本的原则。

媒体调查有一种比较流行的方式就是将调查问卷随报纸、杂志分发到读者手中，或在网上刊登问卷，让公众就某事发表看法。这类完全依赖个人意愿填写问卷的被调查者，称为自愿样本。志愿者的某些特征与一般公众相比往往存在系统偏差，他们在许多方面不具有典型意义。尽管通过自愿样本收集公众意见并非完全没有借鉴意义，但是调查结果的公布应该慎重，而且要尽量在报道中列出问卷内容、抽样总体、访问成功率、抽样误差等等，以供读者判断分析。

4. 数据处理较为随意

对于精确报道而言，记者的专业性首先体现在数据的准确性上，无论是采集数据还是处理数据。如果调查实施的技术规范决定了数据采集的精确程度，那么如何选择和发布这些数据，则体现记者的新闻专业程度。

在数据处理方面，从目前情况看，总体而言，由媒体或记者自己实施的调查倾向于自己进行数据分析。外稿的数据分析通常由执行者进行，媒体则对数据进行选择。名义类数据居多，不注重数据"赋值"，在文本中以百分比作简单描述的居多，作总体描述的较少，作关联分析（如因果分析）的极少；数据的选择无统一标准，有明显的倾向性，不少文本有印证式报道的痕迹；图表的使用不是很普及，数据多以文字呈现。

5. 商业"作弊"

现代商业行为越来越善于用所谓的"新闻性"来包装自己。《大河报》在 2005 年 1 月 19 日的"楼市/调查"版中刊载了一篇题为《七成调查者认为——2005 年房价不会涨调查者呼吁：回归理性购房，切莫盲目跟风》的文章。文中指出，该报委托一家调查公司对郑州的购房者进行了调查，结果显示七成调查者认为 2005 年郑州房价不会上涨。虽然该调查列出了样本量等项目，但从其刊登的版面（"大河楼市"版）看，难逃为房地产商做广告之嫌。而且，此次调查的结果没有得到第三方的公证，其客观公正性让人质疑。

6. 民调报道不符合国际规范

除了上述五个突出的问题外，在我国还存在民意调查报道不符合国际规范、忽略民调报道应有的公布选项的情况。一些民意调查，即便运用了科学的社会调查方法，其过程也真实可信，但是在发表和传播时常常遗漏民调报道的基本要素。

在美国，随着精确新闻越来越多，学者们对精确新闻的质量不断提出质疑。为了确保精确新闻报道的水平和可信度，有关组织机构提出，媒介报道民意调查应该列出有关调查本身的一些信息。如美国民意研究会（AAPOR）就建议，报道至少要给出样本数、负责机构、抽样误差、访问方法、调查时间等八个重要参数，这已成为国际惯例。

然而，即便是国内运用精确新闻报道比较成熟的报纸《北京青年报》，其在报道规范性上也存在不少问题。张庆和肖明曾对该报不同时期的精确新闻进行分析（见表19－1）。

表19－1　　　　《北京青年报》精确新闻报道存在的问题

	《北京青年报》(1999.07.01—2000.06.30)		《北京青年报》(2004.09.01—2005.09.17)	
报道总数	46 篇		43 篇	
	频数（次）	百分比（%）	频数（%）	百分比（%）
执行机构	40	100	42	97.67
访问时间	38	83	43	100
访问方式	40	87	42	97.67
样本量	44	96	42	97.67
访问成功率	29	63	0	0
抽样总体	43	94	42	97.67
抽样方法	33	72	42	97.67
抽样误差	0	0	0	0
样本结构	0	0	0	0

（资料来源：引自张庆《精确新闻报道研究》，河南大学硕士学位论文，2006年，第30页。肖明分析的样本是1999年7月1日到2000年6月30日一年中《北京青年报》"精确新闻"栏目所刊登的全部精确新闻，共有46篇。张庆分析的是2004年9月1日到2005年9月17日一年中全部"公众调查"栏目所刊登的精确新闻，共43篇。）

章永宏（2012）通过对其所选取7家报纸一年中发表的364篇精确新闻报道进行分析后发现，就APPOR的几项指标看，标注出调查时间的报道不到三分之一，列出全部问题的不到一成，指明问题顺序的仅占11%，将问卷作为附件列出的只有3%，对调查对象作出较为清晰描述的文本约占五分之一，清楚交代样本量信息的报道略高于五分之一（22%），指出抽样误差的报道数量为零。

三　提高民调报道质量的措施

1. 提高记者编辑的民调识读能力

媒体是民意调查从少数特定人士流向多数公众的"把关人"，民众是否能够准确理解民调报道，取决于媒体能否根据所在媒体受众的基本特征和解读能力，正确诠释民调数字。如果记者编辑无法正确解读民意调查，那又如何能够期待作为一般公众的受众准确解读民调数字所蕴含的意义呢？

随着民意调查数量的逐年增加，新闻媒体工作者也日益频繁地接触到各类民调报告，这对其无疑是一种挑战，因为他们必须花更多的时间精力来评估哪些民调结果值得报道。如果记者编辑不加甄别地轻信民调数字，而没有花时间或费工夫来细察民调的设计是否缜密、实施是否稳妥、结果是否令人信服，其后果可想而知。要想在一大堆民调结果中找出值得报道且可信的信息，记者和编辑需要受过良好的社会科学方法的训练，而这样的训练在传统的或现有的许多新闻专业课程中往往被忽略，以至于大多数媒体人对如何评估民调结果一无所知或一知半解。媒介评论家爱泼斯坦曾指出，记者如果想要从事实的传播者变成真相的挖掘者，必须借用系统性或科学性的方法来查证事实，甚至自己用科学方法来搜集资料，作为新闻报道的素材。

2. 审核民调的基本要素

调查者、调查方式、样本规模、误差幅度等内容构成民意调查的基本要素，也是民意调查报道不可缺少的要素。从世界民意研究会（WAPOR）、美国民意研究会（AAPOR）等主要民调机构制定的规范或标准看，均要求媒体在报道民意调查时遵循"样本资料下限原则"，要求在报道中明确调查机构、赞助者、调查时间、调查对象和抽样方法、样本规模、应答率、误差范围等基本资料。

新闻媒体在决定是否报道某个民调结果之前，首先要了解这项民调是谁做的？实施该民意调查的是不是声誉卓越、具有公信力的民调机构？该民调机构是市场化运作的民调公司，还是附属于政府的民调中心，抑或高校研究机构或媒体自身？记者应该像查证消息来源一样，审慎判断民调结果的来源是否可靠。否则，如果连民调的执行机构是谁这样基本的信息都不了解，那就几乎没有报道该民调结果的价值。

其次，要了解民调的委托者是谁，只有了解民调的委托者是谁，即谁出资做了这项民调，才能准确判断民调结果的有效性。

最后，需要清楚调查的对象是如何获得的、样本量大小、问卷题目是否恰当以及调查误差的范围是多少等问题。

上述这些民调的基本要素，媒体在报道之前必须予以认真审核，这样才能确保民调报道的质量和信誉。

3. 慎用网络调查方法

网络调查一般有两种方式。一种是非随机抽样，调查者将问卷挂在网页上，由网页的访问者自愿填写，这种方式的样本代表性难以保障。另一种是先通过线上或线下的方式建立大容量的样本库，每次调查的时候对样本库进行抽样，对有效样本的年龄、性别、学历进行配额。这种方式的样本代表性强于前一种方式，但由于实际操作中的种种困难，也存在一定的误差。

由于网络调查具有成本低、不受空间限制等优势，国内目前利用互联网展开的在线调查比例非常高。冯诚（2011）对2011年3月1日至2011年3月31日中国大陆地区所有主要报纸的118篇民意调查报道进行研究后发现，有45.8%的报道未注明数据获取的方式，而利用互联网展开的在线调查比例达到29.7%，超过其他各种非在线方式的总和（24.6%）。

网络调查最大的问题是样本的代表性，无论在线调查的样本量有多大都不可能做到随机抽样。因而其调查结果在新闻报道中的兴起甚至过度使用会降低民意调查报道的公信力。

4. 加强民调报道的可读性

民调报道的诞生和发展符合时代发展的需要，也是对受众需要的一种满足。从《中国青年报》所刊登的民意调查报道看，报道文本除了列举调查数据外，还常常配合以大量的补充采访和专家解读，分析数字背后的本质。

新闻的轻松化处理，是快速发展的信息社会的一种趋势。对于属于深度新闻报道的精确新闻，既需要表达上的严谨，也要依赖于受众的轻松和理解。如果描述现象的数据过多，让受众眼花缭乱，抓不住重点，或者让受众感到枯燥，晦涩难懂，那就有违精确新闻的初衷了。

要增强精确新闻报道的可读性，首先要简化数据。精确新闻虽然是用数字说话，但文中若穿插大量的数字，很容易陷入单调枯燥的境地，反而给受众造成阅读障碍，所以在进行精确新闻报道时应注意简化数据，并采取图表等手段让数字尽量具象化表达。其次，要增强数字的人文性。正如精确新闻创始者迈耶所说的，记者不要变得过于熟练地使用数据，以至于失去了把所要表达的意义变成读者能够理解并欣赏的文字的能力。最后，可以加强数据分析，帮助读者解读数字背后的意义。

　　要提高民调报道的质量，有条件的媒体还应加强团队建设。据了解，《中国青年报》社会调查中心现拥有社会学、心理学、经济学、统计学、金融学、数学、传播学、政治学、社会工作等专业的研究人员，另有从业经验丰富的新闻编辑和记者，与国内重点大学和研究机构的知名教授和研究员也保持着密切联系，拥有丰富的学术资源。此外，进一步丰富和优化选题，围绕社会热点、焦点话题开展民意调查和民调报道，也是提高民调报道质量的重要举措。

附录 世界民意研究会(WAPOR)专业守则

(修订版自 2011 年 12 月 1 日起生效)

I 引言

1. 为推动民意调查的科学应用及履行机构的公众责任,世界民意研究会(WAPOR),特此制定会员专业守则,以及一套研究者及大部分公众人士均认同的专业操守框架。

2. 在日益复杂的世界中,社会和经济的长远计划越来越取决于可靠的民意调查。一般公众是这类信息的主要来源。因此,世界民意研究会成员认同,有责任保护公众免受鱼目混珠的"研究"所误导或利用。与此同时,研究会确定研究者拥有个人发表意见和收集公众意见的自由。

3. 为恪守科学调查的基本标准,世界民意研究会成员必须对其专业负责,亦要为此专业提供协助及支持的人士做出承担。

4. 此守则旨在为民意研究领域制定专业准则和规范。成员应恪守此守则,以维护公众的信心,令他们相信该领域的研究者受到一套经多年经验发展而来的健全且基本的原则所约束。

II 研究者(RESEARCHER)与赞助机构(SPONSORS)之间的守则

A 研究者的责任

5. 所有研究的指导原则是,必须客观地研究事实和数据,以可用的资源和技术进行最精确的调查。

6. 研究者应该向赞助机构准确提供有关其经验、能力以及所属组织的信息。

7. 在执行工作时,研究者应做出一切合理的努力以履行曾经向赞助机构提出并获得其认可的调查要求。如果研究者发现有必要偏离这些具体要求规格,须获得赞助机构的预先批准。

8. 如果某结论并没有科学根据,研究者不得因为某分析方法可得到支持他/她希望得到的结论，而刻意去选择该分析方法。

9. 研究者在每个报告中，必须清楚区别他/她手上的实际数据，和基于其他证据的观察或判断。

10. 如果某调查的结果数据需要提供给多于一个或多个赞助机构，研究者必须如实通知每一个赞助机构。

11. 除非研究者和赞助机构相信，向被访者透露赞助机构的身份会令对方的反应出现偏差，否则必须如实告知被访者。

12. 赞助机构提供的所有信息和数据必须保密。这些信息只能用于调查本身，而且未经赞助机构的事先许可，不得提供给第三方。

13. 未得到赞助机构的预先批准，研究者不得私自公开该机构委托进行的调查结果［19（c）的情况例外］。

14. 除非双方同意，赞助机构或研究者不得把调查资料出售或者转让给没有涉及在原合约内的第三者。如果双方均同意转让数据，则必须在转让中确保被访者的身份不被泄露。

15. 除非研究者与赞助机构之间另有协议，否则由研究者开发的调查技术和方法，例如抽样设计、访员操作指南、试验设计、问卷措辞、分析工具，等等，研究者均应可保留拥有权利。

16. 除非另有协议，否则所有数据、研究文件（例如调查报告和问卷）或用于调查工作的其他资料都应是研究者的资产。然而，研究者必须把数据储存一段时间（每个国家各自制定的规定时间）。研究者为履行此责任时，可把数据储存在一个可识别的数据文件库，如有需要，甚至可限制存取的权利。

17. 当研究完成并在研究者提交其最后报告后，倘若赞助机构愿意负担合理费用，以及承诺对被访者的身份保密，赞助机构可以根据双方先前互相同意的规格，要求研究者把由调查问卷所得的所有资料提供一套副本。

B 赞助者的责任

18. 在合作未落实及尚未缴付任何费用之前，赞助机构若要求得到研究建议书和报价单，此类文件的知识产权应为研究者全权拥有。赞助机构尤其不得利用研究者的建议书，向其他投标者争取降低价格的要求。

19. 一般而言，由研究者撰写的报告只限于赞助机构及其代理者使用。就如何向第三方或公众发布全部或部分的研究结果，研究者应与赞助机构商讨并达成共识。

（a）赞助机构和研究者应尽力确保任何与调查有关的出版物不会出现不能引证的内容，或者歪曲任何事实或研究结果。

(b) 赞助机构必须与研究者商讨关于出版物的形式，若赞助机构违反了上述条件（a），研究者有权拒绝他/她的名字在调查的出版物内被引述。

(c) 如果研究者意识到调查的结果将会严重地误导公众，在失实的研究结果公布时或之前，若恰当的话，研究者可公开揭露任何可以更正视听的调查数据，包括对大众传媒或其他组别发布声明。

C 关于报告和研究结果的守则

20. 每个完整的研究报告应该包括对下列各点的阐释：

(a) 赞助机构（者）及研究机构（者）；

(b) 研究的目的；

(c) 研究对象及可推断的代表人口；

(d) 选取样本的方法，包括抽样的类型（随机、配额等），抽样的具体程序以及样本的实际规模；

(e) 实际执行抽样设计的成功程度，包括无应答率以及如何计算无应答率，如何比较实际样本与预期样本的规模和特征；

(f) 描述用于调整原始数据的评估程序和加权程序；

(g) 详细描述所应用的调查方法；

(h) 调查的完成时间，及收集数据的时间；

(i) 复印或打印出的调查问卷、访问程序表或收集数据的其他工具，包括说明书；

(j) 清楚交代哪些结果是基于部分样本，而非整体样本；

(k) 报告数据的准确程度，包括抽样的误差估计（如适用）。

21. 研究报告内学术术语的使用，需依据一般理解的科学用法。

Ⅲ 研究者（RESEARCHER）与被访者（RESPONDENTS）之间的守则

D 消息提供者的责任

22. 消息提出者或被访者，不应因为他/她所回答的答案或在访问过程中受到不利的影响。研究者亦不可使用任何方法或技术，剥夺被访者在访问的过程中行使退出或拒绝回答的权利。

23. 研究者应尊重消息提供者、被访者或其他任何参与调查的人员有关隐私、保密和数据保护方面的要求。

24. 调查中的应答或其他研究发现均不应与某个可识别的被访者联系起来。被访者的身份必须受到保密。除非在极个别的情况下，身份的披露得到被访者的特别许可且不违反国家的法律。研究者必须采取措施避免被访者的身份受到推论性的披露。

25. 研究者所采用的访问方法或其他任何调查方法，均不得用于其他目的的伪装，如营销、推销、筹款或政治竞选。

E 对于访员

26. 对于收到的研究任务和物资，以及被访者提供的任何信息，访问员除向负责研究的机构透露外，必须对外保密。

27. 访问员不可将透过研究活动所获得的信息，直接地或间接地从被访者身上谋取个人利益或优势。

28. 研究必须严格地按照制定的规格进行。除非得到研究机构和有关人士同意，访问员不可对被访者同时进行多于一项的访问工作。

Ⅳ 研究者（RESEARCHERS）之间的守则

29. 所有研究者必须奉行公平竞争的原则，即使他们可能是该地区内唯一的可进行研究的机构。

30. 在个人和商业关系的范畴上，研究者应受制于传统，及同业间的互相尊重。

31. 研究机构不能以外部压力、政治或者商业理由，作为违反本守则的理据。

32. 世界民意研究会的成员资格并不等同于专业能力及质量的保证，它只意味着成员对这个守则的认同。

参考文献

Achen, C. (1975). Mass political attitudes and the survey response. *American Political Science Review*, 69, 1218—1231.

Allport, F. H. (1924). *Social psychology*. Boston: Houghton Mifflin.

Anderson, R. (2000). Reporting public opinion polls: The media and the 1997 Canadian election. *International Journal of Public Opinion Research*, 12, 285—298.

Armstrong, J. S., & Luske, E. J. (1987). Return postage in mail surveys: A meta-analysis. *Pubic Opinion Quarterly*, 51, 223—248.

Arzberger, K. (1980). Social structure and the ruling class. *British Journal Sociology*, 1, 1—17 and 126—144.

Asch, S. E. (1955). Opinions and social pressure. *Scientific American*, 193 (5), 31—35.

Asch, S. E. (1965). Effects of group pressure upon the modification and distortion of judgements. In J. H. Campbell & H. W. Hepler (Eds.), *Dimensions in communication: Readings*. Belmont, CA: Wads worth.

Asher, H. (1992). *Polling and public: What every citizen should know* (2nd ed.). Washington, DC: CQ Press.

Atrostic, B. K., Bates, N., Burt, G., & Silberstein, A. (2001). Nonresponse in U. S. government household surveys: Consistent measures, recent trends, and new insights. *Journal of Official Statistics*, 17, 209—226.

Baker, R. P., Bradurn, N. M., & Johnson, R. A. (1995). Computer-assisted personal interviewing: An experimental evaluation of data quality and cost. *Journal of Official Statistics*, 11, 413—431.

Berelson, B. (1952). *Content analysis in communication research*. New York: Free Press.

Bernays, E. L. (1965) . *Biography of an idea*: *Memoirs of public relations counsel.* New York: Simon & Schuster.

Biemer, P. P. , & Lyberg, L. E. (2003) . *Introduction to Survey Quality.* New Jersey: Joho Wiley & Sons, Inc.

Biemer, P. P. , Groves, R. M. , Lyberg, L. E, Mathiowetz, N. A. , & Sudman, S. (1991) . *Measurement errors in surveys.* New York: John Wilely.

Bishop, G. F. , Oldendick, R. W. , & Tuchfarber, A. J. (1980) . Psedo-opinions on public affairs. *Public Opinion Quarterly*, 44, 198—209.

Bishop, G. F. , Oldendick, R. W. , & Tuchfarber, A. J. (1983) . The effects of filter questions in public opinion surveys. *Public Opinion Quarterly*, 47, 528—546.

Bishop, G. F. (2005) . The illusion of public opinion: Fact and artifact in American public opinion polls. *Political Communication*, 13, 373—384.

Blendon, R. J. , Benson, J. M. , Brodie, M. , Morin, R. , Altman, D. E. & Gitterman, D. (1997) . Bridging the gap between the public's and Economists' views of the economy. *Journal of Economic Perspectives*, 11, 105—118.

Blumberg, S. , Luke, J. , & Cynamon, M. (2006) . Telephone coverage and health survey estimates: Evaluating the need for concern about wireless substitution. *American Journal of Public Health*, 96, 926—931.

Brettschneider, F. (1997) . Press and polls in Germany, 1980—1994. *International Journal of Public Opinion Research*, 9, 248—265.

Brick, J. M. , Brick, P. D. , Dipko, S. , Presser, S. , Tucker, C. , & Yuan, A. (2007) . Cell phone survey feasibility in the U. S. : Sampling and calling cell numbers versus landline numbers. *Public Opinion Quarterly*, 71, 23—39.

Bronfenbrenner, U. (1979) . *The Ecology of Human Development.* Cambridge, Harvard University Press.

Burklin, W. , & Rebenstorf, H. (Eds.) (1997) . *Eliten in Deutschland Rekr utierung und Integration* [Elites in Germany. Recruitment and Integration]. Opladen: Leske + Budrich.

Burks, A. T. , Lavrakas, P. G. , Camayd, E. , & Bennett, M. A.(2007) . *The use of progress involvement techniques in a telephone survey introduc-*

tion. Presented at the annual conference of the American Association for Public Opinion Research, Anahiem, CA.

Byrant, J. & Zillmann, D. (Eds.) (2002) . *Media effects: Advances in theory and research*, (2nd ed.) . Mahwah, NJ: Lawrence Erlbaum Associates.

Camburn, D. , Lavrakas, P. J. , Battaglia, M. P. , Massey, J. T. , & Wright, R. A. (1995) . Using advance respondent letters in random-digit-dialing telephone surveys. *Amerian Statistical Association 1995 Proceedings: Section on Survey Rearch Methods.* (1996) , 969—974.

Cannon, L. (1991) . *Ronald Reagan: The role of a lifetime.* New York: Simon & Schuster.

Cantor, D. , Allen, B. , Schneider, S. J. , Hagerty-Heller, T. , & Yuan, A. (2004) . *Testing an automated refusal avoidance training methodology.* Paper presented at the annual meeting of the American Association for Public Opinion Research, Phoenix, AZ.

Casey, S. (2001) . *Cautious crusade: Franklin D. Roosevelt, American public opinion, and the war against Nazi Germany.* Oxford: Oxford University Press.

Church, A. H. (1993) . Estimating the effect of incentives on mail survey response rates: A meta-analysis. *Public Opinion Quarterly*, 57, 62—79.

Cohen, B. (1963) . *The press and foreign policy.* Princeton: Princeton University Press.

Connelly, N. A. , Brown, T. L. , and Decker, D. J. (2003) . Factors affecting response rates to natural resource-Focused mail surveys: Empirical evidence of decling rates over time. *Society and Natural Resources*, 16, 541—549.

Conrad, F. G. , & Schober, M. F. (1999) . A conversation approach to text-based computer administered questionnaires. In Association for Survey Computing (Ed.), *Proceedings of the Third International ASC conference.* Chichester, UK: Association for Survey Computing.

Converse, P. (1964) . The nature of belief systems in mass publics. In D. E. Apter (Ed.), *Ideology and discontent.* New York: Free Press.

Couper, M. P. (2000) . Web surveys: A review of issues and approaches. *Public Opinion Quarterly*, 64, 464—494.

Curtin, R. , Presser, S. , & Singer, E. (2005) . Changes in telephone survey nonresponse over the past quarter century. *Public Opinion Quarterly*, 69, 87—98.

Czudnowski, M. M. (1987) . Interviewing political elites in Taiwan. In G. Moyser & M. Wagstaffe (Eds.) *Research methods for elite studies*. London: Allen & Unwin.

Davis, F. (1992) . *Fashion, culture, and identity*. Chicago: University of Chicago Press.

Davison, W. P. (1983) . The third-person effect in communication. *Public Opinion Quarterly*, 47 (spring 1983): 1—15.

De Heer, W. (1999) International response trends: Results of an international survey. *Journal of Offical Statistics*, 15, 129—142

de Leeuw, E. D. , & Collins. (1997) . *Data collection methods and survey quality: An overview*. In L. Lyberg, P. Biemer, M. Collins, E. de Leeuw, C. Dippo, N. Schwarz & D. Trewin (Eds.), Survey Measurement and Process Quality. New York: Joho Wiley & Sons, Inc.

De Leeuw, E. D. , & van der Zouwen, J. (1988) . Data quality in telephone and face to face surveys: A comparative meta-analysis. In R. M. Groves, P. N. Biemer, L. E. Lyberg, J, . T. Massey, W. L. Nicholls, & J. Waksberg (Eds.), *Telephone survey methodology*. New York: Joho Wiley.

De Leeuw, E. , Joop, H. , Korendijk, E. , Mulders, G. L. , & Callegaro, M. (2005) . The influence of advance letters on response in telephone surveys: A meta-anaysis. In C. van Dijkum, J. Blasius & C. Durand (Eds.), *Recent developments and applications in social research methodology. Proceedings of the RC 33 sixth International Conference on Social science Methodology, Amsterdam* 2004 [*CD-ROM*] . Leverkusen-Opladen, Germany: Barbara Budrich.

De Leeuw, E. (2005) . To mix or not to mix data collection modes in surveys. *Journal of Official Statistics*, 21 (2), 233—256.

De Leeuw, E.. (1992) . *Data quality in mail, telephone, and face-to-face surveys*. Amsterdam: TT Publications.

Delli Carpini, M. , & Keeter, S. (1996) . *What Americans know about politics and why it matters*. New Haven: Yale University Press.

DiClemente, R. J. , Forrest, K. A. , Mickler, S. , & Principal Site Investigators. （1990）. College students' knowledge about AIDS and changes in HIV-preventative behavious. *AIDS Education and Prevention*, 2, 201—212.

Dillman, D. A. , & Christian, L. M. （2005）. Survey mode as a source of instability across surveys. *Field Methods*, 17 （1）, 30—52.

Dillman, D. A. & Carley-Baxter, L. R. （2001）. Structural determinants of mail survey response rates over a 12-year period, 1988 – 1999. 2000 *Proceedings of American statistical association survey methods section*. Alexandria, VA.

Dillman, D. A. （1978）. *Mail and telephone surveys: The total design method*. New York: Wiley-Interscience.

Dillman, D. A. , Clark, J. R. , & West, K. K. （1994）. Influence of an invitation to answer by telephone on response to census questionnaires. *Public Opinion Quarterly*, 58, 557—568.

Dillman, D. A. （2000）. *Mail and internet surveys: The tailored design method*. New York: John Wiley & Sons.

Donsbach, W. , & Patterson, T. E. （2004）. Polittical news journalists: Partisanship, professionalism, and political roles in five countries. In F. Esser & B. Pfetsch （Eds. ）, *Comparing political communication: Theories, cases, and challenges*. Cambridge: Cambridge University Press.

Donsbach, W. （2004）. Psychology of news decisions. Factors behind journalists' professional behavior. *Journalism*, 5, 131—157.

Donsbach, W. , & Traugott, M. W. （Eds. ）. （2008）. *The SAGE Handbook of Public Opinion Research*. London: SAGE Publications Ltd.

Eisinger, R. M. , & Brown, J. （1998）. Polling as a means toward presidential autonomy: Emil Hurja, Hadley Cantril and the Roosevelt adminstration. *International Journal of Public Opinion Research*, 10, 237—256.

Entman. （1993）. Framing: toward clarification of a fractured paradigm. *Journal of Communication*, 43 （4）, 51—58.

Entman, R. （2003）. *Projection of power: Framing news, public opinion, and U. S. foreign policy*. Chicago: University of Chicago Press.

Erdos, P. （1970）. *Professional mail surveys*. New York: McGraw-Hill.

Huang, E. H. , Socher, R. , Manning, C. D. & Ng, A. Y. Improing word representations via global context and multiple word prototypes. *Proceedings of the 50th Annual Meeting of the Association for Computational Lin-*

guistics: *Long Papers*. Volume 1. 2012.

Erikson, R. S. , & Wlezien, C. (1999) . Presidential polls as a time-series. *Public Opinion Quarterly*, 63, 163—177.

Fishman, M. (1978) . Crime waves as ideology. *Social Problems*, 25, 531—543.

Fiske, S. T. , Lau, R. R. , & Smith, R. A. (1990) . On the varieties and utilities of political expertise. *Social Cognition*, 8—31—48.

Fowler, F. J. , Jr. , & Mangione, T. W. (1990) . *Standardized Survey Interviewing*: *Minimizing Interviewer-Related Error*. Nesbury Park: Sage.

Fowler, F. J. , Jr. (1993) . *Survey research methods* (2nd ed.) . Newbury Park, CA: Sage.

Fuchs, M. , Couper, M. P. , & Hansen, S. E. (2000) . Technology effects: Do CAPI or PAPI interviews take longer? *Journal of Official Statistics*, 16, 273—286.

Gallup, G. (1947) . The quintamensional plan of question design. *Public Opinion Quarterly*, 11, 385—393.

Gauntlett, D. , & Hill, A. (1999) . *TV living*: *Television*, *culture and everyday life*. London: Rutledge.

Gaziano, C. (2005) . Comparative analysis of within-household respondent selection techniques. *Public Opinion Quarterly*, 69, 124 —157.

Gitlin, T. (1980) . *The whole world is watching*: *Mass Media in the Making and Unmaking of the New Life*. Berkeley: University of California Press.

Glynn, C. J. , Hayes, A. F. , & Shanahan, J. (1997) . Perceived support for one's opinions and willingness to speak out: A meta-analysis of survey studies on the 'spiral of silence.' *Public Opinion Quarterly Research*, 17, 298—323.

Groves, R. M. Dillman, D. A. Eltinge, J. L. , & Little R. J. A. (Eds.), *Survey Nonresponse*. New York: onJh Wiley & Sons, Inc.

Groves, R. M. , & McGonagle, K. A. (2001) . A theory-guided interviewer training protocol regarding survey participation. *Journal of Official Statistics*, 17, 249—265.

Groves, R. M. & Couper, M. (1998) . *Nonreponse in household interview surveys*. New York: Wiley.

Groves, R. M. , Fowler, F. J. , Jr. , Couper, M. P. , Lepkowski, J. M. ,

Singer, E. , & Tourangeau, R. (2004) . *Survey Methodology.* New York: John Wiley & Sons Inc.

Groves, R. M. , Singer, E. , & Corning, A. (2000) . Leverage-saliency theory of survey participation: Description and illustration. *Public Opinion Quarterly*, 64, 299—308.

Groves, R. M. (1989) . *Survey errors and survey costs.* New York: John Wiley.

Gunho, L. (2005) . *Agenda Setting Effects in the Digital Age uses and effects of online media.* Doctoral dissertation, University of Texas at Austin.

Hallin, D. C. , & Mancini, P. (2004) . *Comparing media systems: Three models of media and politics.* New York: Cambridge University Press.

Hamilton, J. (2004) . *All the News that' s Fit to Sell: how the market transforms information into news.* Princeton, NJ: Princeton University Press.

Hardmeier, S. (1999) . Political poll reporting in Swiss print media. *International Journal of Public Opinion Research*, 11, 257—274.

Hartley, E. (1946) . *Problems in prejudice.* New York: Kings Crown Press.

Hayes, A. F. , Glynn, C. J. , & Shanahan, J. (2005) . Willingness to self-censor: A construct and measurement tool for public opinion research. *International Journal of Public Opinion Research*, 17, 298—323.

Heberlein, T. A. , & Baumgartner, R. (1978) . Factors affecting response rates to mailed questionnaires: A quantitative analysis of the published literature. *American Sociological Review*, 43, 447—462.

Hedrick, S. (1988) . *The power game: How Washington works.* New York: Random House.

Helweg-Larsen, M. , & Collins, B. E. (1997) . A social psychological perspective on the role of knowledge about AIDS prevention. *Current Directions in psychological Science*, 6, 23—26.

Hippler, H. J. , & Schwarz, N. (1989) . "No Opinion" -filter: A cognitive perspective. *International Journal of Public Opinion Research*, 1, 77—87.

Hoffmann-Lange, U. (1992) . *Eliten, Macht und Konflikt in der Bundesrepublik* [Elites, power and conflict in the Federal Republic of Germany] . Opladen: Leske + Budrich.

Holbrook, A. L. , Green, M. C. , & Krosnick, J. A. (2003) . Telephone versus face-to-face interviewing of national probability samples with long questionnaires: Comparisons of respondent satisficing and social desirability response bias. *Public Opinion Quarterly*, 67, 79—125.

Holsti, O. R. (1969). *Content analysis for the Social Science and Humanities*. Reading, Mass: Addison-Wesley.

Hoover, J. B., & Shuttles, C. D. (2005). *The Evolution and expansion of advanced response techniques (ART) training*. Presented at the Council for Marketing and Opinion Research's Improving Respondent Cooperation Workshop, Washington DC.

House, C. C., & Nicholls III, W. L. (1988). Questionnaire design for CATI: Design objectives and methods. In R. M Groves, P. P. Biemer, L. E. Lyberg, J. T. Massey, W. L. Nicholls, II & J. Waksberg (Eds.), *Telephone Survey Methodology*. New York: Wiley.

Hox, J., & de Leeuw, E. (1994). A comparison of nonresponse in mail, telephone, and face to face survey. *Quality and Quantity*, 28, 329—344.

Hox, J., & de Leeuw, E. (2002). The influence of interviews' attitude and behavior on household survey nonresponse: An international comparison. In R. M. Groves, D. A. Dillman, J. L. Eltinge, & R. J. A. Little (Eds.), Survey Nonresponse. New York: John Wiley & Sons, Inc.

Hume, D. (1752/1906). *Hume's Political Discourses*. Edited by W. B. Roberston. London: Walter Scott.

Ikeda, K. (1989). "Spiral of silence"hypothesis and voting intention: A test in the 1986 Japanese national election. *Keio Communication Review*, 10, 51—62.

IPSOS-INRA. (2004). *EU Telecomm Service Indicators*. Retrieved August 20, 2006 from http://europa. eu. int/information _ society/policy/ecomm/ doc/info_ centre/studies_ ext_ consult/inra_ year2004/report_ telecom_ 2004_ final_ reduced. pdf.

Iyengar, S., & Kinder, D. R. (1987). *News that matters. Televison and A-merican opinion*. Chicago, London: University of Chicago Press.

Iyengar, S. (1991). *Is anyone responsible? How television frames political issues*. Chicago: University of Chicago Press.

Jacobs, L. R., & Shapiro, R. Y. (1995). The rise of presidential polling:

The Nixon White House in historical perspective. *Public Opinion Quarterly*, 59, 163—195.

James, J. M. , & Bolstein, R. (1992) . Large monetary incentives and their effect on mail survey response rates. *Public Opinion Quarterly*, 56, 442—453.

Jason Yu. (2005) . News on the Web: agenda setting of online news in websites of major newspaper, television and online news service. *Paper presented to the International Communication Association*, New York.

Jasperson, Amy, Shah, Dhevan, Watts, M. , Faber, R. J. & Fan, David (1988) . Framing and the Public Agenda: media effects on the importance of the federal budget deficit. *Political Communication*, 15.

Jenkins, C. R. , & Dillman, D. A. (1997) . Towards a theory of self-administered questionnaire design. In L. Lyberg, P. Biemer, M. Collins, L. Decker, E. de Leeuw, C. Dippo, N. Schwarz, & D. Trewin (Eds.) . *Survey measurement and process quality*. New York: Wiley-Interscience.

Joseph, T. , Ratinov, L. , & Bengio, Y. (2010) . Word representations: a simple and general method for semi-supervised learning. *Proceedings of the 48th Annual Meeting of the Association for Computational Linguistics (ACL)* .

Kallgren, C. A. , & Wood, W. (1986) . Access to attitude-relevant information in memory as a determination of attitude-behavior consistency. *Journal of Experiment Social Psychology*, 22, 328—338.

Katz, C. , & Baldassare, M. (1994) . Popularity in a freefall-Measuring a spiral of silence at the end of the Bush presidency. *International Journal of Public Opinion Research*, 6, 1—12.

Kaufman, G. (1999) . The portrayal of men's family roles in televison commercials, *Sex Roles*, 41, 439—458.

Keene, K. H. , & Sackett, V. A. (1981) . An editor's report on the Yankelovich, Skelly and White's mushiness index, *Public Opinion*, 4 (2), 50—51.

Kepplinger, H. M. , & Habermeier, J. (1995) . The impact of key events on the presentation of reality. *European Journal of Communication*, 10, 371—390.

Kircheisen, G. (Ed.) (1912) : *Memoiren der Frau von Stael* [Memoirs of

Madame de Stael〕. Berlin: Morawe & Scheffelt.

Kocher, R. (1986) . Bloodhounds or missionaries: Role definitions of German and British journalists. *European Journal of Communication*, 1, 43—64.

Krippendorff, K. (2004) . *Content analysis. An introduction to its methodology* (2nd ed.) . Beverly Hills: Sage.

Krosnick, J. A. (1998) . Review of "What Americans know about politics and why it matters" by M. X. Deli Carpini and S. Keeter. *Annals of the American Academy of Political and Social Science*, 559, 189—191.

Kuklinski, J. H. , & Quirk, P. J. (2001) . Conceptual foundations of citizen competence. *Political Behavior*, 23, 285—311.

Kunczik, M. (1997) . *Geschichte der Offentlichkeitsarbeit in Deutschland* 〔The history of public relations in Germany〕. Koln: Bohlau.

Lang, G. E. , & Lang. K. (1983) . *The Battle for Public Opinion: The President, the Press, and the Polls During Watergate.* New York: Columbia University Press.

Lasorsa, D. L. (1991) . Political outspokenness – Factors working against the spiral of silence. *Journalism Quarterly*, 68, 131—140.

Lavrakas, P. J. , & Shuttles, C. W. (2005) . Cell phone sampling, rdd surveys, and marketing research implications. *Alert*!, 43 (6), 4—5.

Lavrakas, P. J. , Harpuder, B. , & Stasny, E. A. (2000) .*A further investigation of the last birthday respondent selection method.* Paper presented to the annual conference of the American Association for Public Opinion Research, Portland OR.

Lavrakas, P. J. (1993) .*Telephone surveys methods: Sampling, selection, and supervision.* Newbury Park, CA: Sage.

Lavrakas, P. J. (1996) . To err is human. *Marketing Research*, 8 (1), 30—36.

Lazarsfeld, P. M. , Berelson, B. R. , & Gaudet, H. (1948) . *The people's choice: How the voter makes up his mind in a presidential campaign.* New York: Duell, Sloan & Pearce.

Lesser, V. A. , Dillman, D. A. , Carlson, J. , Lorenz, F. , Mason, R. , & Willits, F. (2001) . Quantifying the influence of incentives on mailsurvey response rates and nonresponse bias. *Proceedings of American Statistical Asso-*

ciation Survey Method Section. Alexandria, VA.

Lessl, J. T. , Weeks, M. F. , & O'Reilly, J. M. (1994) . Results from the National Survey of Family Growth Cycle V Pretest. *American Statistical Association: Proceedings of the Section on Survey Research Methods,* Vol, 1, 64—70.

Lichter, S. R. , & Smith, T. J. (1994) . Bad news bears. *Forbes Media Critic,* 1, 81—87.

Lippman, W. (1922) . *Public opinion (reissue edition* 1997) . New York: Free Press.

Lock, S. (1999) . *Crime, public opinion, and civil liberties.* Westport: Praeger.

Lodge, M. , Steenbergen, M. , & Brau, S. (1995) . The responsive voter: Campaign information and the dynamic of candidate evaluation. *American Political Science Review,* 89, 309—326.

Lyberg, L. E. (1988) . The administration of telephone surveys. In R. M. Groves, P. N. Biemer, L. E. Lyberg, J. T. Massey, W. L. Nicholls, & J. Wa kserg (Eds.), *Telephone survey methodology.* New York: John Wiley.

Mann, J. M. , Tarantola, D. J. M. , & Netter, T. W. (1992) . *AIDS in the world.* Cambridge, MA: Harvard University Press.

Martin, M. C. & Kennedy, P. F. (1993) . Advertising and social comparison: consequence for female preadolescents and adolescents. *Psychology and Mark eting,* 10, 513—530.

Mayer, T. S. , & O'Brien, E. (2001) . *Interview refusal aversion training to increase survey participation.* Paper presented at the 2001 Joint Statistical Meetings, Atlanta.

McClosky, H. & Brill, A. (1983) . *Dimensions of tolerance.* New York: Ressel Sage Foundation.

McClosky, H. (1964) . Consensus and ideology in American politics. *Amercian Political Science Review,* 58, 361—382.

McCombs, M. E. (1981) . The agenda-setting approach. In D. Nimmo. & K. Sanders (Eds.), *Handbook of political communication.* Beverly Hills, London: Sage.

McDonald, D. G. , Glynn, C. J. , Kim, S. H. , & Ostman, R. E. (2001) .

The spiral of silence in the 1948 presidential election. *Communication Research*, 28, 139—155.

Meinhold, J. L. , & Malkus, A. J. (2005) . Adolescent environmental behaviours: Can knowledge, attitudes, and self-efficacy make a diffence? *Environment and Behavior*, 37, 511—532.

Miller, J. M. , & Krosnick, J. A. (2000) . News media impact in the ingredients of presidential evaluations: Politically knowledgeable citizens are guided by a trusted source. *American Journal of Political Science*, 44, 301—315.

Mixa, S. (2004) . *Otto Lenzzls PR-Berater von konrad Adenauer von 1951 bis 1953* [Otto Lenz as pr consultant of Konrad Adenauer from 1951 to 1953] . Unpublished master thesis. University of Mainz, Germany.

Mnih, A. , & Hinton, G. (2007) . *Three new graphical models for statistical language modelling.* International Conference on Machine Learning (ICML) .

Moore, J. C. & Moyer, L. (1998) . Questionnaire design effects on interview outcomes. *American Statistical Association: Proceedings of the Section on Survey Research*, Vol. 2, 815—856.

Morgan, D. L. (1988) . *Focus groups as qualitative research.* Newbury Park. CA. Sage.

Moy, P. , Domke, D. , & Stamm, K. (2001) . The spiral of silence and public opinion on affirmative action. *Journalism & Mass Communication Quartely*, 78, 7—25.

Murray, S. K. , & Howard, P. (2002) . Variation in White house polling operations. Carter to Clinton. *Public Opinion Quarterly*, 66, 527—559.

Muthukrishnan, A. V. , Pham, M. T. , & Mungale, A. (1999) . Comparison opportunity and judgment revision. *Organizational Behavior and Human Decision Processes*, 80, 228—251.

Neuwirth, K. J. (1995) . *Testing the "spiral of silence" model: The case of Mexico.* Unpublished doctoral dissertation, University of Wisconsin-Madison, Madison, WI.

Nisbet, M. C. , & Lewenstein, B. V. (2002) . Biotechnology and the US media: The policy process and the elite press, 1970 to 1999. *Science Communication*, 23, 359—391.

Noelle-Neumann, E. (1973) . Return to the concept of powerful mass media.

Studies in Broadcasting, 9, 67—112.

Noelle-Neumann, E. (1984). *The spiral of silence: Public opinion, our social skin.* Chicago University of Chicago Press.

Noelle-Neumann, E. (1993). *The spiral of silence: Public opinion, our social skin* (2nd ed.). Chicago University of Chicago Press.

O'Reilly, J. M., Hubbard, M., Lessler, J., Biemer, P. P., & Turner, C. F. (1994). Audio and video computer assisted self-interviewing: Preliminary tests of new technologies for data collection. *Journal of Official Statistics*, 10, 197—214.

Parry, G., Moyser, G., & Day, N. (1992). *Political participation and democracy in Britain.* Combridge: Cambridge University Press.

Patterson, T. E. (1999). *The American democracy* (4th ed.). New York: McGraw-Hill.

Patterson, T. E. (2005). Of polls, mountains: US journalists and their use of election surveys. *Public Opinion Quarterly*, 69, 716—724.

Paull, G. & Glencross, D. (1997). Expert perception and decision making in baseball. *International Journal of Sport Psychology*, 28, 35—56.

Price, V., & Tewksbury, D. (1997). News values and public opinion: A theoretical account of media priming and framing. In G. Barnett, & F. J. Boster (Eds.), *Progress in the communication sciences.* Greenwich, CT: Ablex.

Price, V. (1992). *Public opinion.* Newbury park, CA: Sage.

Prior, M., & Lupia, A. (2005). *What citizens know depends on how you ask them: Experiments on political knowledge under respondent-friendly conditions.* Paper presented at the 101st annual meeting of the American Political Science Association, Washington, DC.

Ratneshwar, S., & Chaiken, S. (1991). Comprehension's role in persuasion: The case of its moderating effect on the persuasive impact of sourcecues. *Journal of Consumer Research*, 18, 52—62.

Redline, C. D., Dillman, D. A., Dajani, A., & Scaggs, M. A. (2003). Improving navigational performance in U. S. census 2000 by altering the visual languages of branching instructions. *Journal of Official Statistics*, 19, 403—420.

Rhee, J. W. (1996). How polls drive campaign coverage: The Gallup/

CNN/USA Today Tracking Poll and USA Today's coverage of the 1992 presidential campaign. *Political Communication*, 13, 213—229.

Rogers, T. F. , Singer, E. , & Imperio, J. (1993). AIDS-An update. *Public Opinion Quarterly*, 57, 92—114.

Rosenstiel, T. (2004). *Character and the campaign: What are the master narratives about the candidates and how are voters reacting to them*. Project for Excellence in Journalism, Washington, D. C. Retrieved October 31, 2006, from http: //www. journalism. org/node/168.

Rosenstiel, T. (2005). Political polling and the new media culture: A case of more being less. *Public Opinion Quarterly*, 69, 698—715.

Scheufele, D. A. , & Moy, P. (2000). Twenty-five years of the spiral of silence: A conceptual review and empirical outlook. *International Journal of Public Opinion Research*, 12, 3—28.

Scheufele, D. A. , Shanahan, J. , & Lee, E. (2001). Real talk: Manipulating the dependent variable in spiral of silence research. *Communication Research*, 28, 304—324.

Scheufele, D. A. (1999). Deliberation or dispute? An exploratory study examining dimensions of public opinion expression. *International Journal of Public Opinion Research*, 11, 25—58.

Schmidtchen, G. (1965). *Die befragte Nation. Uber den Einfluß der Meinungsforschung auf die Politik* [The interrogated nation: About the influence of public opinion research on politics] (rev. ed.). Frankfurt am Main: Fische r-Bucherei.

Schober, M. F. , & Conrad, F. G. (1997). Does conversational interviewing reduce survey measurement error? *Public Opinion Quarterly*, 61, 576—602.

Shaw, D. R. , & Roberts, B. E. (2000). Campaign events, the media, and prospects of victory: The 1992 and 1996 US presidential elections. *British Journal of Political Science*, 30, 259—289.

Sherif, M. (1967). *Social interaction: Processes and products*. Chicago, IL: Aldine Publishing Company.

Sinclair, B. , & Brady, D. (1987). Studying members of the United States congress. In G. Moyser & M. Wagstaffe (Eds.), *Research methods for elite studies*. London: Allen & Unwin.

Soroka, Stuart (2002) . *Agenda Setting Dynamics in Canada.* Vancouver: UBC Press.

Steeh, C. , Kirgis, N. , Cannon, B. , & DeWitt, J. (2001) . Are they really as bad as they seem? Nonresponse rates at the end of the twentieth century. *Journal of Official Statistics*, 17, 227—304.

Stern, M. J. , & Dillman, D. A. (2005) . *Does the internet strengthen or weaken community ties?* Proceedings of the 68th Rural Sociological Society Meeting.

Storin, M. (2002) . *While America slept: Coverage of terrorism from* 1993 *to September* 11, 2001 (Working Paper 2002—7) . Cambridge, Mass. : Harvard University, The Joan Shorenstein Center on the Press, Politics, and Public Policy.

Sudman, S. (1982) . The presidents and the polls. *Public Opinion Quarterly*, 46, 301—310.

Taylor, S. (2003) . Telephone surveying for household social surveys: The good, the bad, and the ugly. *Social Surveying Methodology Bulletin*, 52, 10—21.

Tourangeau, R. , & Smith, T. W. (1996) . Asking sensitive questions: The impact of data collection mode, questions format, and question contest. *Public Opinion Quarterly*, 60, 275—304.

Tourangeau, R. , Rasinski, K. , Jobe, J. B. , Smith, T. W. , & Pratt, W. F. (1997) . Sources of error in a survey on sexual behavior. *Journal of Official Statistics*, 13, 314—365.

Tourangeau, R. , Rips, L. J. , & Rasinski, K. (2000) . *The Psychology of Survey Response.* Cambridge: Cambridge University Press.

Trussel, N. , & Lavrakas, P. J. (2005) . *Testing the impact of caller ID technology on response rates in a mixed mode survey.* Paper presented at the annual conference of the American Association for Public Opinion Research, Miami Beach, FL.

Tuckel, P. , & O'Neill, H. (2002) . The vanishing respondent in telephone surveys. *Journal of Advertising Research*, 42, 26—48.

Tucker, C. , Brick, M. , & Meekins, B. (2004) . *Telephone service in U. S. households in* 2004. Paper presented at the Annual Meeting of the American Association for Public Opinion Research, Phoenix, Arizona.

Tucker, C. , Brick, M. , & Meekins, B. (2007) . Household telephone service and usage patterns in the United States in 2004: Implications for telephone samples. *Public Opinion Quarterly*, 71, 1—20.

Turner, C. , Lessler, J. , & Devore, J. (1992) . Effects of mode of administration and wording on reporting of drug use. In C. Turner, J. Lessler & J. Gfroerer (Eds.) , *Survey Measurement and Drug Use: Methodological Studies*. Rockville, MD: National Institute on Drug Abuse.

Unger, A. L. (1965) . The public opinion reports of the Nazi party. *Public Opinion Quarterly*, 29, 565—582.

Visser, P. S. , Krosnick, J. A. , Marquette, J. , & Curtin, M. (1996) . Mail surveys for election forecasting? An evaluation of the Columbus dispatch poll. *Public Opinion Quarterly*, 60 (2), 181—228.

Wagstaffe, M. , & Moyser, G. (1987) . The threatened elite: studying leaders in an urban community. In G. Moyser & M. Wagstaffe (Eds.) , *Research methods for elite studies*. London: Allen & Unwin.

Wanta, W. , & M. J. Roy (1995) . *Memory decay and the agenda-setting effect: An examination of three news media.* Paper presented at the annual meeting of the Association for Education in Journalism and Mass Communication, Washington, D. C.

Weaver, P. (1972) . Is television news biased? *The Public Interest*, 27, 57—74.

Welch, R. L. (2002) . Polls, polls, and more polls. *Harvard International Journal of Press/Politics*, 7, 102—114.

Westerstahl, J. , & Johansson, F. (1986) . News ideologies as molders of domestic news. *European Journal of Communication*, 2, 126—145.

Willnat, L. , Lee, W. P. , & Detenber, B. H. (2002) . Individual-level predictors of public outspokenness: A test of the spiral of silence theory in Singapore. *International Journal of Public Opinion Research*, 14, 391—412.

Wood, W. , Kallgren, C. A. , & Preisler, R. M. (1985) . Access to attitude-relevant information in memory as a determinant of persuasion: The role of message features. *Journal of Experimental Social Psychology*, 21, 73—85.

Wood, W. (1982) . Retrieval of attitude-relevant information from memory:

Effects on susceptibility to persuasion and on intrinsic motivation. *Journal of Personality & Social Psychology*, 21, 73—85.

Zaller, J. & Feldman, S. （1992）. A simple theory of the survey response: Answering questions versus revealing preferences. *American Journal of Political Science*, 36, 579—616.

Zaller, J. （1992）. *The nature and origins of mass opinion*. Cambridge University Press.

［德］彼得·阿特斯兰德：《经验性社会研究方法》，李路路、林克雷译，中央文献出版社 1995 年版。

［美］艾比·巴比：《社会研究方法》，李银河编译，四川人民出版社 1987 年版。

［美］斯坦利·巴兰、丹尼斯·戴维斯：《大众传播理论：基础、争鸣、未来》，曹书乐译，清华大学出版社 2004 年版。

［澳］约翰·S. 德雷泽克：《协商民主及其超越：自由与批判的视角》，丁开杰译，中央编译出版社 2006 年版。

［美］托马斯·戴伊：《自上而下的政策制定》，翰方安等译，中国人民大学出版社 2002 年版。

［美］仙托·艾英戈、唐纳德·R. 金德：《至关重要的新闻：电视与美国民意》，刘海龙译，新华出版社 2004 年版。

［英］詹姆斯·博曼：《公共协商：多元主义、复杂性与民主》，黄相怀译，中央编译出版社 2006 年版。

［美］谢尔顿·R. 格威瑟、伊凡斯·威特：《解读民调》，胡幼伟译，（台北）台湾五南图书出版公司 2000 年版。

［美］保罗·利文森：《手机》，何道宽译，中国人民大学出版社 2004 年版。

［美］M. 麦考姆斯、T. 贝尔朱：《大众传播的议程设置作用》，郭镇之译，《新闻大学》1999 年第 2 期。

［美］麦克斯韦尔·麦考姆斯：《议程设置理论概览：过去、现在与未来》，郭镇之、邓理峰译，《新闻大学》2007 年第 3 期。

［英］麦奎尔等：《大众传播模式论》，祝建华译，上海译文出版社 2008 年版。

［美］J. 奈斯比特：《大趋势——改变我们生活的十个新方向》，梅艳译，中国社会科学出版社 1984 年版。

［美］丹尼尔·里夫、斯蒂文·赖斯、弗雷德里克·G. 菲克：《内容分析法——媒介信息量化研究技巧》（第 2 版），嵇美云译，清华大学出

版社 2010 年版。

［美］莱弗（Daniel Riff）、雷西（Stephen Lacy）、费柯（F. G. Fico）：《内容分析法：媒介信息量化研究技巧》，清华大学出版社 2010 年版。

［美］赛弗林、坦卡德：《传播学的起源、研究与应用》，陈韵昭译，福建人民出版社 1985 年版。

［美］沃纳·塞弗林、小詹姆斯·坦卡德：《传播理论：起源、方法与应用》，郭镇之译，华夏出版社 2000 年版。

［美］威尔伯·施拉姆、威廉·波特：《传播学概论》，陈亮、周立方、李启译，新华出版社 1984 年版。

［美］施拉姆等：《传播学概论》，何道宽译，中国人民大学出版社 2010 年版。

［美］西奥迪尼：《影响力》，张力慧译，中国社会科学出版社 2001 年版。

［美］迈克尔·辛格尔特里：《大众传播研究：现代方法与应用》，刘燕南、和轶红、朱霖、施敏译，华夏出版社 2000 年版。

艾岗馨：《网络民意不能代表社会主流民意》，《香港文汇报》2013 年 12 月 31 日。

蔡美瑛：《议题设定理论之发展：从领域迁徙、理论延展到理论整合》，《新闻学研究》1995 年第 50 期。

陈大康：《从数理语言学看后四十回的作者——与陈炳藻先生商榷》，《红楼梦学刊》1987 年第 1 期。

陈力丹：《舆论学——舆论导向研究》，中国广播电视出版社 1999 年版。

陈力丹：《深刻理解"新闻客观性"——读〈维系民主：西方政治与新闻客观性〉一书》，《新闻大学》2006 年第 1 期。

陈月生：《国外政府利用民意调查引导民意研究综述》，《社科纵横》2007 年第 2 期。

崔晓林：《出租车近 7 年来发生超过百起停运事件》，《中国经济周刊》2011 年 9 月 27 日。

董海军、汤建军：《国外民意调查的历史与现状分析》，《学习与实践》2012 年第 2 期。

方建移、金慧：《"富二代"媒体形象的呈现与思考》，《当代青年研究》2013 年第 2 期。

风笑天：《社会调查原理与方法》，首都经济贸易大学出版社 2008 年版。

冯诚：《探索数字民意——我国民意调查报道研究》，复旦大学硕士学位论文，2011 年。

冯颖：《网络舆情敏感话题发现平台的研究》，北京交通大学硕士学位论文，2009 年。

高永光：《台湾民意调查之过去、现在与未来》，《台湾研究集刊》2012 年第 4 期。

郭镇之：《议程设置研究第一人——记马克斯韦尔·麦考姆斯博士》，《新闻与传播研究》1996 年第 3 期。

郭镇之：《关于大众传播的议程设置功能》，《国际新闻界》1997 年第 3 期。

何包钢：《协商民主：理论、方法和实践》，中国社会科学出版社 2008 年版。

胡泳、范海燕：《网络为王》，海南出版社 1997 年版。

柯惠新、丁立宏：《市场调查》，高等教育出版社 2008 年版。

孔繁斌：《政治动员的行动逻辑——一个概念模型及其应用》，《江苏行政学院学报》2006 年第 5 期。

李本乾、张国良：《受众议程、媒介议程与真正现实关系的实证研究》，《现代传播》2002 年第 4 期。

李本乾：《中国大众传媒议程设置功能研究》，甘肃人民出版社 2002 年版。

李本乾：《人口统计学变量对议程设置敏感度影响的实证研究》，《新闻大学》2003 年第 3 期。

李本乾：《议程设置理论研究的趋势》，《当代传播》2004 年第 2 期。

李道揆：《美国政府和美国政治》，商务印书馆 1999 年版。

李河：《得乐园·失乐园——网络与文明的传说》，中国人民大学出版社 1997 年版。

李双龙、刘群、王成耀：《基于条件随机场的汉语分词系统》，《微计算机信息》2006 年第 28 期。

李小武：《网络舆情热点话题自动发现技术的研究与实现》，昆明理工大学硕士学位论文，2012 年。

李莹：《美国政府对民意调查的应用》，《理论界》2007 年第 5 期。

李莹：《瑞士政府在决策中对民意调查的应用》，《理论界》2009 年第 11 期。

林承贤：《问卷调查回收率影响因素之初控分析——以 1999—2003 年台湾硕博士论文为例》，指导老师：刘骏州，台湾中正大学电讯传播研究所。

林竹：《西方民意调查的发展及其对中国的借鉴》，《社科纵横》2007 年第 5 期。

刘本荣：《民意调查与我国地方政府决策》，苏州大学硕士学位论文，

2007 年。

刘建明：《对"议程设置"论的修正——关于传播学未来走向的个案研究》，《国际新闻界》2000 年第 2 期。

刘龙：《中国议程设置理论研究综述——对中国传播学发展方向的探讨》，《法制与社会》2010 年第 9 期。

刘伯红、卜卫：《我国电视广告中女性形象的研究报告》，《新闻与传播研究》1997 年第 1 期。

刘岩：《风险社会新探》，中国社会科学出版社 2008 年版。

卢鑫：《中国议程设置理论研究的本土化致思》，《东南传播》2013 年第 4 期。

聂祎：《关于我国议程设置研究的反思》，武汉大学硕士学位论文，2005 年。

宁骚：《公共政策学》，高等教育出版社 2004 年版。

彭增军：《媒介内容分析法》，中国人民大学出版社 2012 年版。

汝信、陆学艺、李培林：《2009 年中国社会形势分析与预测》，社会科学文献出版社 2008 年版。

沙莲香：《社会心理学》（第三版），中国人民大学出版社 2011 年版。

申丹丹：《网络环境下"议程设置"理论的变化及发展》，《新闻世界》2013 年第 5 期。

世界新闻研究室：《传播学：简介》，人民日报出版社 1983 年版。

史静远、李雅静：《央视热播大剧〈大宋提刑官〉遭质疑》，《东方今报》2005 年 6 月 8 日。

孙学刚、陈群秀、马亮：《基于主题的 Web 文档聚类研究》，《中文信息学报》2003 年第 3 期。

王春泉：《现代新闻写作》，西安出版社 1999 年版。

王东：《中美网络媒体对于"朝核危机"议题报道之比较研究——以人民网、纽约时报为例》，华东师范大学硕士学位论文，2007 年。

王军、刘艳房：《民意测验与 2004 年美国总统大选的变量分析》，《河北师范大学学报》（哲学社会科学版）2005 年第 2 期。

王来华、林竹、毕宏音：《对舆情、民意和舆论三概念异同的初步辨析》，《新视野》2004 年第 5 期。

王石番：《民意理论与实务》，（台北）台湾黎明文化事业股份有限公司 1995 年版。

王怡红：《美国大众传播学的一项新研究——"议程安排"理论的探讨》，《国际新闻界》1986 年第 4 期。

温淑春：《国外民意调查发展研究综述》，《理论与现代化》2007年第1期。

吴琼、谭松波、张刚、段洣毅、程学旗：《跨领域倾向性分析相关技术研究》，《中文信息学报》2010年第1期。

吴晓云：《国外电话访问调查特点和发展》，《国外医学》（卫生经济分册）2003年第3期。

肖明、丁迈：《精确新闻学》，中国广播电视出版社2002年版。

杨超、冯时、王大玲、杨楠、于戈：《基于情感词典扩展技术的网络舆情倾向性分析》，《小型微型计算机系统》2010年第4期。

袁岳、周林谷等：《零点调查：民意测验的方法与经验》，福建人民出版社2005年版。

臧国仁：《新闻媒体与消息来源——媒介框架与真实建构之论述》，（台北）三民书局1999年版。

张超：《文本倾向性分析在舆情监控系统中的应用研究》，北京邮电大学硕士学位论文，2008年。

张国良、李本乾：《行为变量对议程设置敏感度影响的实证研究》，《现代传播》2004年第1期。

张俊：《我们期望银监会什么？》，《社会科学报》2003年6月12日。

张坤：《从"群众路线"到"公民参与"——中国公共政策模式变迁研究》，南京大学硕士学位论文，2013年。

张宁：《试论大众传播媒介的议题设置功能》，《国际新闻界》1999年第5期。

张庆：《精确新闻报道研究》，河南大学硕士学位论文，2006年。

张尚：《七成调查者认为——2005房价不会涨调查者呼吁：回归理性购房，切莫盲目跟风》，《大河报》2005年1月19日（A46）。

张自力：《媒体艾滋病报道内容分析：一个健康传播者的视角》，《新闻与传播研究》2004年第1期。

章永宏：《让新闻真的"精确"起来——我国报纸精确新闻报道现状解析》，《新闻记者》2012年第6期。

赵国栋：《网络调查研究方法概论》（第二版），北京大学出版社2013年版。

周丽君：《论我国公共政策制定中的公民参与》，电子科技大学硕士学位论文，2007年。

周小普、徐福健：《〈新闻联播〉样本分析及研究》，《现代传播》2002年第3期。

周勇、陈慧茹：《多级传播路径下的网络视听信息影响力评估体系建构》，
　　《现代传播》2013 年第 3 期。

朱洁：《网络田野考察——网络传播学研究的新方法》，《广西师范大学学
　　报》（哲学社会科学版）2008 年第 2 期。

朱珉旭：《网络交往环境下的个人态度与意见表达：沉默的螺旋理论之检
　　视与修正》，武汉大学博士学位论文，2012 年。